叢書人物傳記資料類編

仕宦卷

本社影印室編

1

國家圖書館出版社

圖書在版編目(CIP)數據
叢書人物傳記資料類編·仕宦卷(全四冊)/本社影印室編.—北京:國家圖書館出版社,2010.6
ISBN 978-7-5013-4228-0
Ⅰ.叢… Ⅱ.國… Ⅲ.①歷史人物—列傳—中國—古代②政治家—列傳—中國—古代 Ⅳ.K820.2 K827=2
中國版本圖書館CIP數據核字(2010)第011923號

ISBN 978-7-5013-4228-0

責任編輯:王冠 趙嫄
封面設計:邢毅

書名 叢書人物傳記資料類編·仕宦卷(全四冊)
著者 本社影印室 編

出版 國家圖書館出版社(原北京圖書館出版社)
(100034 北京市西城區文津街7號)
發行 010-66139745 66151313 66175620 66126153
66174391(傳真) 66126156(門市部)
E-mail btsfxb@nlc.gov.cn(郵購)
Website www.nlcpress.com→投稿中心
經銷 新華書店
印刷 北京華藝齋古籍印務有限公司

開本 850×1168毫米 1/32
印張 76
版次 2010年6月第1版 2010年6月第1次印刷

書號 ISBN 978-7-5013-4228-0
定價 1200.00圓

出版說明

我國古籍浩如煙海，現存古籍大部分均可自叢書中取得，其中頗多罕見或未見單刻者。叢書在保存和流通書籍方面起到了很大的作用，清人張之洞曾說過：「叢書最便學者，爲其一部之中可該群籍，搜殘存佚，此功尤鉅。」（《書目答問》卷五）叢書可謂文獻之淵藪，爲學術研究提供了豐富的材料，其重要的價值也使其得到了越來越多的出版和利用。

以前對叢書的開發多爲綜合性出版，罕見以類相從專題出版者，而專題出版者，從數量上看，也僅及叢書這座資料寶庫的百分之幾。我社自二〇〇六年起，邀請專家策劃出版了叢書專題資料叢刊，希望使讀者更方便地從叢書中擷取資料。本叢刊的基本編選原則是：近幾年來陸續面世的或常見的文獻資料不再編入；已編入商務印書館《叢書集成初編》、上海書店出版社《叢書集成續編》和我社《叢書集成三編》的文獻不再收錄。

本次推出的《叢書人物傳記資料類編·仕宦卷》，編選上基本依據《中國叢書綜錄》傳記類專錄之屬仕宦部分的著錄，從《酌古準今》、《香蘇山館全集》、《東萊趙氏楹書叢刊》、《三忠合刻》、《崇正叢書》、《詠梅軒叢書》等叢書中遴選歷代仕宦傳記資料共計二十種。如清謝文洊所撰《大臣法則》八卷，輯漢張良至宋李綱凡二十位名臣言行，「完其名，全其實」（《大臣法則》序），記載傳主言行事跡詳盡，意在成爲後世大臣、君子之準繩律度。同是記載名臣事跡的《歷代壽考名臣錄》，收錄了歷代名臣共七百一十七人，重在記錄傳主生平。又如《忠烈編》四卷，卷一、卷二彙集了史傳、方志、編年紀略、官私紀實等有關傳主明代大臣何騰蛟的資料，同時惜其遺集不傳，又輯錄其詩文、奏疏等爲卷三，卷四則記錄後人題詠、額聯。此書的價值誠如《忠烈編》跋中所言：「同時殉節男婦以及公之奏疏文字，史志或刪之而不錄，或載之而不詳，是編實足以補史志所未備，是刻亦烏可少哉。」

可以說，本卷所選之資料在很大程度上彌補了正史和地方志人物傳記資料的不足，對於瞭解張良、蕭何、李泌、范仲淹、司馬光、李綱等千餘位傳主的生平、思想，對於研究傳主所處時代的政治、文化，有很高的史料價值。此外我們還精心編製了人名索引，以便學者使用。

《叢書人物傳記資料類編》系列圖書已出版了學林卷，文學卷、藝術卷、列女卷、釋道卷將陸續出版，希冀對從事相關學術研究者提供更多的幫助。

國家圖書館出版社
歷史文獻影印編輯室
二〇一〇年六月

總目錄

第一冊

第二冊

歷代壽考諸臣附錄

第三冊

第四冊

第一册目録

大臣法則　八卷　（清）謝文洊撰

（清）謝文洊撰

大臣法則 八卷

謝程山全書本

大臣法則

程山裔孫昌賢彙稿

光緒壬辰冬月次男鏞重刊

序

唐虞三代帝臣王佐誠萬世大臣之極則也學者束髮受書固素諳矣夫經詳於理史紀其事既明其理當參以事理其體也事其用也理明而事達事達而理益明則讀史可資治也先生約錄漢張留侯至宋李忠定公名臣凡二十八人爲大臣法則八卷其中所採皆上致下澤制治保邦不爲矯激不爲岸異完其名全其實與君有賴與國有益與社稷有關與生民有福可爲天下後世爲大臣者準繩律度備法則也是大臣立朝廷佐君上理庶務凡論道經邦用人制事求古名

臣之可法者以之為法求古名臣之可則者以之為則達不離道民不失望我以古人為法則後人亦將以我為法則矣此先生編是書之微意也雖然古人之法則可尋求也古人之忠誠不可尋求也法則在書忠誠在心惟有忠誠心方可為後世法則亦惟存忠誠心方能法則古人也心一不忠誠法則雖在奚裨乎心果忠誠法則既得奚難乎讀是書者果能蘊結忠誠參以法則體而行之變而通之擴而充之艱難可以宏濟變故可以鎮定區畫可以協宜疑忌可以感孚上致下澤制治保邦體要既得識量自宏庶不負大臣之職亦克

盡大臣之道將見進而上之與皐夔周召姬美亦所不難是則得讀史之益以成讀書之功此又先生編是書之深望也或曰漢以來名臣言行可爲法則者豈止是二十人且求法則者豈惟在大臣光烈曰先生編是書之意以爲善學古人不在博而在約守約方能立身全行法則不在多也即以是書之法則可以激動其忠誠之心也且書雖爲大臣設然有官君子讀是書而得其法則盡心於其職皆可勵其忠誠圖報稱也則是書爲大臣法則亦豈惟大臣法則云乎哉道光二十九年仲冬月後學譚光烈謹序

大臣法則總目錄

南豐謝文洊約齋纂　孫修擴元孫鳴謙本量鳴盛篁原本

易堂
髻山 諸友評定　同郡後學 饒拱辰 吳榮祖 編 譚光烈 儲粲 挍

受業門人參訂　昆孫鏞重刊

卷之一

漢

張良

大臣法則目錄

南豐謝文洊約齋彙纂　孫修擴元孫鳴謙　鳴盛　本量　鳴篁原本

易堂　髻山　諸友評定　同郡後學饒拱辰　吳榮祖　譚光烈　儲槃編挍

受業門人參訂　昆孫鏞重刊

蕭何

魏相

丙吉

大臣法則卷之一

張良 漢高帝

留侯張良者其先韓人也大父開地相韓昭侯宣惠王襄哀王父平相釐王及悼惠王平卒後二十歲秦滅韓良年少未宦事韓韓破良家僮三百人弟死不葬悉以家財求客刺秦王爲韓報仇以大父父五世相韓故

良嘗學禮淮陽東見滄海君得力士爲鐵椎重百二十斤秦皇帝東遊良與客狙擊秦皇帝愽浪沙中誤中副車秦皇帝大怒大索天下求賊甚急爲張良故也良乃更姓名亡匿下

邳
良嘗閒從容步遊下邳圯上有一老父衣褐至良所直墮其
履圯下顧謂良曰孺子下取履良愕然欲毆之爲其老彊忍
下取履父曰履我良業爲取履因長跪履之父以足受笑而
去良殊大驚隨目之父去里所復還曰孺子可教矣後五日
平明與我會此良因怪之跪曰諾五日平明良往父已先在
怒曰與老人期後何也去曰後五日早會五日雞鳴良往父
又先在復怒曰後何也去曰後五日復早來五日良夜未半
往有頃父亦來喜曰當如是出一編書曰讀此則爲王者師

欲從景駒英雄無立足之地且暫依人

矣後十年興十三年孺子見我濟北穀城山下黃石卽我矣遂去無他言不復見旦日視其書乃太公兵法也良因異之常習誦讀之居下邳爲任俠項伯常殺人從良匿

後十年陳涉等起兵良亦聚少年百餘人景駒自立爲楚假王在留良欲往從之道遇沛公沛公將數千人畧地下邳西遂屬焉沛公拜良爲厩將良數以太公兵法說沛公沛公善之常用其策良爲他人言皆不省良曰沛公殆天授故遂從之不去見景駒及沛公之薛見項梁項梁立楚懷王良乃說項梁曰君已立楚後而韓諸公子横陽君成賢可立爲王益

良初試第一功

貪將必不得軍心固知士卒不從

樹黨項梁使良求韓成立以爲韓王以良爲韓司徒與韓王將千餘人西畧韓地沛公乃令韓王成留守陽翟與良俱南攻下宛西入武關沛公欲以二萬人擊秦嶢下軍良說曰秦兵尚强未可輕臣聞其將屠者子賈豎易動以利願沛公且留壁使人先行爲五萬人具食益爲張旗幟諸山上爲疑兵令酈食其持重寶啗秦將秦將果叛欲連和俱西襲咸陽沛公欲聽之良曰此獨其將欲叛耳恐士卒不從不從必危不如因其懈擊之沛公乃引兵擊秦軍大破之遂至咸陽秦王子嬰降沛公沛公入秦宫帷帳狗馬重寶婦女以千數意欲

留居之樊噲諫沛公出舍沛公不聽良曰夫秦爲無道故沛公得至此夫爲天下除殘賊宜縞素爲資今始入秦卽安其樂此所謂助桀爲虐且忠言逆耳利於行毒藥苦口利於病願沛公聽樊噲言沛公乃還軍霸上項羽至鴻門下欲擊沛公項伯乃夜馳入沛公軍私見張良具告以事欲呼張良與俱去曰毋從俱死也張良曰臣爲韓王送沛公沛公今事有急亡去不義不可不語良乃入具告沛公鍾惺曰臣爲韓王送沛公良此時非沛公臣也尚不忍負之其於韓何如哉留侯此一念與諸將相本領不同然留侯自言項伯殺人臣活之項伯之於留侯猶如姬之於信陵項伯初意止要留侯同去留侯不去而入告沛公項伯欲救留侯自不得不救沛公留侯蓋以救沛公

一事委之項伯反爲留侯用而不得去者也　沛公大驚曰爲之奈何張良曰誰爲大王爲此計者曰鯫生說我曰距關毋內諸侯秦地可盡王也故聽之良曰料大王士卒足以當項王乎沛公嘿然曰固不如也且爲之奈何張良曰請往謂項伯言沛公不敢背項王也沛公曰君安與項伯有故張良曰秦時與臣游項伯殺人臣活之今事有急故幸來告良沛公曰誰與君少長良曰長於臣沛公曰君爲我呼入吾得兄事之張良出要項伯項伯即入見沛公沛公奉卮酒爲壽約爲婚姻曰吾入關秋毫不敢有所近籍吏民封府庫而待將軍所以遣將守關者備

項王不疑伯漏洩舉實被軟語所銜

他盜之出入與非常也日夜望將軍至豈敢反乎願伯具言臣之不敢背德也項伯許諾謂沛公曰旦日不可不早自來謝項王沛公曰諾於是項伯復夜去至軍中具以沛公言報項王因言曰沛公不先破關中公豈敢入乎今人有大功而擊之不義也不如因善遇之項王許諾沛公旦日從百餘騎來見項王至鴻門謝曰臣與將軍戮力而攻秦將軍戰河北臣戰河南然不自意能先入關破秦得復見將軍於此鍾惺曰謝羽辭氣只合如此卻妙在入關秋毫無犯等語先向項伯講明傳意項王後又留與樊噲代為說透此處全然不露蓋謝羽只在平其氣耳不必與論事理今者有小人之言令將軍與臣有隙項王

描見項伯不忍負良處

曰此沛公左司馬曹無傷言之不然籍何以至此項王即日因留沛公與飲項王項伯東嚮坐亞父南嚮坐亞父者范增也沛公北嚮坐張良西嚮坐范增數目項王舉所佩玉玦以示之者三項王默然不應范增起出召項莊謂曰君王爲人不忍若入前爲壽壽畢請以劍舞因擊沛公於坐殺之不者若屬皆且爲所虜莊則入爲壽壽畢曰君王與沛公飲軍中無以爲樂請以劍舞項王曰諾項莊拔劍起舞項伯亦拔劍起舞常以身翼蔽沛公莊不得擊於是張良至軍門見樊噲噲曰今日之事何如良曰甚急今者項莊拔劍舞其意常在

沛公也噲曰此迫矣臣請入與之同命噲卽帶劍擁盾入軍門交戟之衛士欲止不內樊噲側其盾以撞衛士仆地噲遂入披帷西嚮立瞋目視項王頭髮上指目眦盡裂項王按劍而跽曰客何爲者張良曰沛公之參乘樊噲也項王曰壯士賜之巵酒則與斗巵酒噲拜謝起立而飲之項王曰賜之彘肩則與一生彘肩樊噲覆其盾於地加彘肩上拔劍切而啗之項王曰壯士能復飲乎樊噲曰臣死且不避巵酒安足辭夫秦王有虎狼之心殺人如不能舉刑人如恐不及天下皆叛之懷王與諸侯約曰先破秦入咸陽者王之今沛公先破

鍾曰樊噲胆智從忠發出

秦入咸陽毫毛不敢有所近封閉宮室還軍霸上以待大王來故遣將守關者備他盜出入與非常也勞苦而功高如此未有封侯之賞鍾惺曰封侯之賞四字是盟主事噲折項王雖理直氣強然出此四字明以盟主推項王項王意滿而心解矣立言之妙如此而聽細人之說欲誅有功之人此亡秦之續耳竊爲大王不取也項王未有以應曰坐樊噲從良坐坐須臾沛公起如廁因招樊噲出沛公已出項王使都尉陳平召沛公沛公曰今者出未辭也爲之奈何樊噲曰大行不顧細謹大禮不辭小讓如今人方爲刀俎我爲魚肉何辭爲於是遂去乃令張良留謝良問曰大王來何操曰我持白璧一

雙欲獻項王玉斗一雙欲與亞父會其怒不敢獻公爲我獻之張良曰謹諾當是時項王軍在鴻門下沛公軍在覇上相去四十里沛公則置車騎脫身獨騎與樊噲夏侯嬰靳彊紀信等四人持劍盾步走從酈山下道芷陽閒行沛公謂張良曰從此至吾軍不過二十里耳度我至軍中公乃入沛公已去閒至軍中張良入謝曰沛公不勝杯杓不能辭謹使臣良奉白璧一雙再拜獻大王足下玉斗一雙再拜奉大將軍足下項王曰沛公安在良曰聞大王有意督過之脫身獨去已至軍矣項王則受璧置之坐上亞父受玉斗置之地拔劍撞

而破之曰唉豎子不足與謀奪項王天下者必沛公也吾屬今爲之虜矣

漢元年正月沛公爲漢王王巴蜀漢王賜良金百鎰珠二斗良具以獻項伯漢王亦因令良厚遺項伯使請漢中地項王乃許之遂得漢中地漢王之國良送至褒中遣良歸韓良因說漢王曰王何不燒絕所過棧道示天下無還心以固項王意乃使良還行燒絕棧道

項王不遣成之國從與俱東良說項王曰漢王燒絕棧道無還心矣乃以齊王田榮反書告項王項王以此無西憂漢心

鍾云三人中取其二千敵而用之奇絕險絕

而發兵擊齊項王竟不遣韓王乃以爲侯又殺之彭城良亡閒行歸漢王漢王亦已還定三秦矣復以良爲成信侯從東擊楚至彭城漢敗而還至下邑漢王下馬據鞍而問曰吾欲捐關以東等棄之誰可與共功者良進曰九江王黥布楚梟將與項王有郄彭越與齊王田榮反梁地此兩人可急使而漢王之將獨韓信可屬大事當一面即欲捐之捐之此三人則楚可破也漢王乃遣隨何說九江王布而使人連彭越及魏王豹反使韓信將兵擊之因舉燕代齊趙然卒破楚者此三人力也

鍾曰酈生此計乃入關以前事非入關以後事項王業破秦自立爲西楚覇王矣後封諸侯王將相正與此計暗合後着用前着所以敗也

張良多病未嘗特將也常爲畫策臣時時從漢王漢三年項羽急圍漢王漢王恐與酈食其謀撓楚權食其曰昔湯伐桀封其後於杞武王伐紂封其後於宋今秦失德棄義侵伐諸侯社稷滅六國之後使無立錐之地陛下誠能復立六國後畢已受印此其君臣百姓必皆戴陛下之德莫不鄉風慕義願爲臣妾德義已行陛下南鄉稱霸楚必斂衽而朝漢王曰善趣刻印先生因行佩之矣食其未行張良從外來謁漢王方食曰子房前客有爲我計撓楚權者具以酈生語告子子房曰何如良曰誰爲陛下畫此計者陛下事去矣漢王曰何

鍾曰八難平其文儘有可省可令者卻妙在切然分作八段款款數來其借箸指畫光景千古如生

哉張良對曰臣請藉前箸爲大王籌之昔者湯伐桀而封其後于杞者度能制桀之死命也今陛下能制項籍之死命乎曰未能也其不可一也武王伐紂封其後於宋者度能得紂之頭也今陛下能得項籍之頭乎曰未能也其不可二也武王入殷表商容之閭釋箕子之拘封比干之墓今陛下能封聖人之墓表賢者之閭式智者之門乎曰未能也其不可三也發鉅橋之粟散鹿臺之財以賜貧窮今陛下能散府庫以賜貧窮乎曰未能也其不可四矣殷事已畢偃革爲軒倒置干戈覆以虎皮以示天下不復用兵今陛下能偃武行文不

七條皆純王事以見無純王之德而行封建則爭端伊始耳

復用兵乎曰未能也其不可五矣休馬華山之陽示以無所爲今陛下能休馬無所用乎曰未能也其不可六矣放牛桃林之陰以示不復輸積今陛下能放牛不復輸積乎曰未能也其不可七矣且天下游士離其親戚棄墳墓去故舊從陛下游者徒欲日夜望咫尺之地今復六國立韓魏燕趙齊楚之後天下游士各歸事其主從其親戚反其故舊墳墓陛下與誰取天下乎其不可八矣且夫楚惟無彊六國立者復撓而從之陛下焉得而臣之誠用客之謀陛下事去矣漢王輟食吐哺駡曰竪儒幾敗而公事令趣銷印

漢四年韓信平齊使人言漢王曰齊僞詐多變反覆之國也南邊楚不爲假王以鎮之其勢不定願爲假王便當是時楚方急圍漢王於滎陽韓信使者至發書漢王大怒駡曰吾困於此旦暮望若來佐我乃欲自立爲王張良陳平躡漢王足因附耳語曰漢方不利甯能禁信之王乎不如因而立善遇之使自爲守不然變生漢王亦悟因復駡曰大丈夫定諸侯即爲眞王耳何以假爲乃遣張良往立信爲齊王徵其兵擊楚

漢五年漢王乃追項王至陽夏南止軍與淮陰侯韓信建成

侯彭越期會而擊楚軍至固陵而信越之兵不會楚擊漢軍大破之漢王復入壁深塹而自守謂子房曰諸侯不從約爲之奈何對曰楚兵且破信越未有分地其不至固宜能與共分天下今可立致也卽不能事未可知也君王能自陳以東傅海盡與韓信睢陽以北至穀城以與彭越使各自爲戰則楚易敗也漢王曰善於是乃發使者告韓信彭越曰并力擊楚楚破自陳以東傅海與齊王睢陽以北至穀城與彭相國使者至韓信彭越報曰請今進兵

漢六年正月封功臣良未嘗有戰鬬功高帝曰運籌策帷帳

學問深厚處

司馬光曰良爲高帝腹心宜其知無不言安有聞謀反待帝自見然後乃

中決勝千里外子房功也自擇齊三萬戶良曰始臣起下邳與上會留此天以臣授陛下陛下用臣計幸而時中臣願封留足矣不敢當三萬戶乃封張良爲留侯

六年上已封大功臣二十餘人其餘日夜爭功不決未得行封上在雒陽南宮從複道望見諸將往往相與坐沙中偶語上曰此何語留侯曰陛下不知乎此謀反耳上曰天下屬安定何故反乎留侯曰陛下起布衣以此屬取天下今陛下爲天子而所封皆蕭曹故人所親愛而所誅者皆生平所仇怨今軍吏計功以天下不足徧封此屬畏天下不能盡封恐又

言蓋以高帝數用愛憎行誅賞羣臣往往有觖望自危之意故艮因事納忠以變移帝意使上無阿私下無猜懼可謂善諫矣

見疑平生過失及誅故卽相聚謀反耳上乃憂曰爲之奈何留侯曰上生平所憎羣臣所共知誰最甚者上曰雍齒與我故數嘗窘辱我我欲殺之爲其功多故不忍留侯曰今急先封雍齒以示羣臣羣臣見雍齒封則人人自堅矣於是上乃置酒封雍齒爲什方侯而急趣丞相御史定功行封羣臣罷酒皆喜曰雍齒尚爲侯吾屬無患矣

劉敬說高帝曰都關中上疑之左右大臣皆山東人多勸上都雒陽雒陽東有城皐西有殽黽倍河向伊雒其固亦足恃留侯曰雒陽雖有此固其中小不過數百里田地薄四面受

敵此非用武之國也夫關中左殽函右隴蜀沃野千里南有巴蜀之饒北有胡苑之利阻三面而守獨以一面東制諸侯諸侯安定河渭漕輓天下西給京師諸侯有變順流而下足以委輸此所謂金城千里天府之國也劉敬說是也于是高帝即日駕西都關中

留侯從入關性多病即道引不食穀杜門不出歲餘上欲廢太子立戚夫人子趙王如意大臣多諫爭未能得呂后恐不知所爲人或謂呂后曰留侯畫計筴上信用之呂后乃使建成侯呂澤刼留侯曰君常爲上謀臣今上欲易太子若安得

高枕而卧乎留侯曰此難以口舌爭也顧上有不能致者天下有四人四人者年老矣皆以爲上慢侮人故逃匿山中義不爲漢臣然上高此四人今公誠能無愛金玉璧帛令太子爲書卑辭安車因使辨士固請宜來來以爲客時時從入朝令上見之則必異而問之問之上知此四人賢則一助也於是吕后令吕澤使人奉太子書卑辭厚禮迎此四人四人至客建成所漢十一年黥布反上病欲使太子將往擊之四人相謂曰凡來者將以存太子太子將兵事危矣乃說建成侯曰太子將兵有功則位不益無功則從此受禍矣君何不急

存太子此爲要着

請呂后乘閒爲上泣言黥布天下猛將也善用兵今諸將皆陛下故等夷乃令太子將此屬無異使羊將狼莫肯爲用且使布聞之則鼓行而西耳上雖病彊載輜車卧而護之諸將不敢不盡力上雖苦爲妻子自彊於是呂澤夜見呂后呂后乘閒爲上泣涕而言如四人意上曰吾惟豎子固不足遣而公自行耳於是上自將兵而東羣臣居守皆送至灞上留侯病自强起至曲郵見上曰臣宜從病甚楚人剽疾願上無與爭鋒因說上曰令太子爲將軍監關中兵上曰子房雖病彊卧而傅太子是時叔孫通爲太傅留侯行少傅事漢十二年

鍾曰四皓自是有心人非一意忌世者特擇事審時不輕用其身爾然使非子房招之亦不肯出其出爲子房非爲漢也說者云四皓本不可叙蓋

上從擊破布軍歸疾益甚愈欲易太子留侯諫不聽因疾不視事叔孫通以死爭太子上佯許之猶欲易之及燕置酒太子侍四人從太子年皆八十有餘鬚眉皓白衣冠甚偉上怪之問曰彼何爲者四人前對各言姓名曰東園公角里先生綺里季夏黃公上乃大驚曰吾求公數歲公避逃我今公何自從吾兒遊乎四人皆曰陛下輕士善罵臣等義不受辱故恐而亡匿竊聞太子爲人仁孝恭敬愛士天下莫不延頸欲爲太子死者故臣等來耳上曰煩公卒調護太子四人爲壽已畢趨去上目送之召戚夫人指示曰我欲易之彼四人輔

子房飾之而其説子房教之也高帝何如主而可傀儡偶人弄之乎非惟不知四皓并不知高帝矣

之羽翼已成難動矣竟不易太子者留侯本招四人之力也

留侯曰家世相韓及韓滅不愛萬金之資爲韓報讐强秦天下振動今以三寸舌爲帝者師封萬戸位列侯此布衣之極於良足矣願棄人閒事欲從赤松子遊耳乃學辟穀道引輕身會高帝崩呂后德留侯乃强食之曰人生一世閒如白駒過隙何至自苦如此乎留侯不得已强聽而食後八年卒謚文成

蘇軾曰古之所謂豪傑之士必有過人之節人情有所不能忍者匹夫見辱拔劍而起挺身而鬭此不足爲勇也天

下有大勇者卒然臨之而不驚無故加之而不怒此其所挾持者甚大而其志甚遠也夫子房受書于圯上之老人也其事甚怪然亦安知其非秦之世有隱君子者出而試之觀其所以微見其意者皆聖賢相與警戒之義而世不察以爲鬼物亦已過矣且其意不在書當韓之亡秦之方盛也以刀鋸鼎鑊待天下之士其平居無事夷滅者不可勝數雖有賁育無所獲施夫持法太急者其鋒不可犯而其勢未可乘子房不忍忿忿之心以匹夫之力而逞於一擊之閒當此之時子房之不死者其閒不容髮蓋已危矣

千金之子不死於盜賊何者其身之可愛而盜賊之不足
以死也子房以蓋世之才不爲伊尹太公之謀而特出於
荆軻聶政之計以僥倖於不死此圯上之老人所爲深惜
者也是故倨傲鮮腆而深折之彼其能有所忍也然後可
以就大事故曰孺子可教也楚莊王伐鄭鄭伯肉袒牽羊
以迎莊王曰其君能下人必能信用其民矣遂捨之勾踐
之困於會稽而歸臣妾於吳者三年而不倦且夫有報人
之志而不能下人者是匹夫之剛也夫老人者以爲子房
才有餘而憂其度量之不足故深折其少年剛銳之氣使

之忍小忿而就大謀何則非有平生之素卒然相遇於草野之閒而命以僕妾之役油然而不怪者此固秦皇帝之所不能驚而項籍之所不能怒者也觀夫高祖之所以勝而項籍之所以敗者在能忍與不能忍之閒而已項籍惟不能忍是以百戰百勝而輕用其鋒高祖忍之養其全鋒而待其獘此子房教之也當淮陰破齊而欲自王高祖發怒見於辭色由此觀之猶有剛强不忍之氣非子房其誰全之太史公疑子房以爲魁梧奇偉而其狀貌乃如婦人女子不稱其志氣嗚呼此其所以爲子房也與

鍾惺曰留侯一生作用著著在事外步步在人前其學問全在用人即高帝亦爲其所用能用留侯者獨老人耳○又曰子房用漢非用於漢者也爲韓報仇是其題目主意然博浪之椎可以報韓仇則亦不必用漢用漢非得已也不得已而用漢又肯使漢得以功臣待之乎故爲韓報仇子房竟自說明使漢不得以功臣待之蕭何之囚參之辟信越之族唯其得以功臣待之也子房之自明其爲韓報仇有戒心矣故曰亦非得已也○又曰子房只爲恩怨分明與伍子胥俱從忠孝至性中出惟其布局寛當機緊藏

意圓而微故非子胥所及

萬廷言曰留侯品高志趣處身常在事外故見常在事先託迹深遠令高祖覊制他不得故常敬信他四皓一策亦是此意○又曰留侯退藏不犯做手更不於諸人處用心只乘事迎機畧撥轉高帝便了但要事成巳卻退然不居胸次常無一事善藏其用如此莊生所謂居無事而推移者是也易見羣龍無首吉留侯庶幾固是天資高亦其鍜鍊心源處迥別

謝文洊曰留侯受書圯上老人以爲太公兵法據史所載

不見所謂太公兵法何在破武關一着亦只智將事非甚奇也以後所畫策皆當時大關鍵能先幾早見此由其才識明敏非僅一將之任矣其水公兵法卒未見豈他人所不得知故史氏無傳耶抑無是事耶觀留侯者當觀其忠誠至性次則明察天下大局勢及其全身之智可爲大臣法則者在此世人以術數奇怪加之是小視留侯也

結納英雄正在微時然須具眼

便是宰相器度

蕭何 漢高祖

蕭相國何者沛豐人也以文無害爲沛主吏掾（文無害有文無所枉害也律有無害都吏）高祖爲布衣時何數以吏事護高祖高祖爲亭長常左右之高祖以吏繇咸陽吏皆送奉錢三何獨以五及高祖起爲沛公何嘗爲丞督事沛公至咸陽諸將皆爭走金帛財物之府分之何獨先入收秦丞相御史律令圖書藏之沛公具知天下阨塞戶口多少强弱處民所疾苦者以何得秦圖書也

項羽屠燒咸陽與范增謀曰巴蜀道險秦之遷民皆居蜀迺

此與黃石公教張良同旨蘇論本此
積漢中從容以立基本燒絕棧道正爲培養此着
信不亡不足以激何

曰蜀漢亦關中地也故立沛公爲漢王而三分關中地王秦降將以距漢王漢王怒欲謀攻項羽周勃灌嬰樊噲皆勸之何諫曰雖王漢中之惡不猶愈于死乎漢王曰何爲乃死也何曰今衆弗如百戰百敗不死何待夫能屈于一人之下而信于萬乘之上者湯武是也臣願大王王漢中養其民以致賢人收用巴蜀還定三秦天下可圖也漢王曰善乃遂就國以何爲丞相

韓信數與蕭何語何奇之至南鄭諸將行道亡者數十人信度何等已數言上上不我用卽亡何聞信亡不及以聞自追

何不自追不足以激漢王如此機鋒似無迴避處

之人有言上曰丞相何亡上大怒如失在右手居一二日何來謁上上且怒且喜罵何曰若亡何也何曰臣不敢亡也臣追亡者上曰若所追者誰何曰韓信也上復罵曰諸將亡者以十數公無所追追信詐也何曰諸將易得耳至如信者國士無雙王必欲長王漢王無所事信必欲爭天下非信無所與計事者顧王策安所決耳王曰吾亦欲東耳安能鬱鬱久居此乎何曰王計必欲東能用信信即留不能用信終亡耳王曰吾為公以為將何曰雖為將信必不留王曰以為大將何曰幸甚於是王欲召信拜之何曰王素慢無禮今拜大將

末後一緊說到極處不到此尚恐漢王任之不專所謂為人須為徹是也

為王得將則職有人身可任守矣

如呼小兒耳此乃信所以去也王必欲拜之擇良日齋戒設壇場具禮乃可耳王許之諸將皆喜人人各自以為得大將至拜大將乃信也一軍皆驚

漢王引兵東定三秦何以丞相留收巴蜀鎮撫諭告使給軍食漢二年漢王以諸侯擊楚何守關中侍太子治櫟陽諸侯子在關中者皆集櫟陽為衛為約束立宗廟社稷宮室縣邑輒奏上可許以從事即不及奏輒以便宜施行上來以聞計户轉漕給軍漢王數失軍逃去何嘗興關中卒輒補缺上以此專屬任何關中事漢三年與項羽相距京索閒上數使使

君論富日事以獵比蕭正是張良功如論

勞苦丞相鮑生謂何曰今王暴衣露蓋數勞苦君者有疑君心爲君計莫若遣君子孫昆弟能勝兵者悉詣軍所上益信君於是何從其計漢王大說

漢五年既殺項羽定天下論功行賞羣臣爭功歲餘不決高帝以蕭何功最盛封爲酇侯所食邑多功臣皆曰臣等身披堅執銳多者百餘戰少者數十合攻城略地大小各有差今蕭何未嘗有汗馬之勞徒持文墨議論顧反居臣等上何也高帝曰諸君知獵乎曰知之知獵狗乎曰知之高帝曰夫獵追殺獸兎者狗也而發蹤指示獸處者人也今諸君徒能得

蕭何還當推其奠安根本兵與餉充裕無缺如人身元氣補養充足則外來疾病易于驅除耳此其功所以當推第一也

走獸耳功狗也至如蕭何發蹤指示功人也且諸君獨以身隨我多者兩三人今蕭何舉宗數十人皆隨我功不可忘也羣臣皆莫敢言列侯畢已受封及奏位次皆曰平陽侯曹參身被七十創攻城畧地功最多宜第一上已橈功臣多封蕭何至位次未有以復難之然心欲何第一關內侯鄂君進曰羣臣議皆誤夫曹參雖有野戰畧地之功此特一時之事夫上與楚相距五歲常失軍亡衆跳身遁者數矣然蕭何嘗從關中遣軍補其處非上所詔令召而數萬衆會上之乏絕者數矣夫漢與楚相守滎陽數年軍無見糧蕭何轉漕關中給

高祖口中尚未暢得鄂君昌言之故高祖善之速

千輩載下謀反淮陰必不爲明是呂后陷之何不爲之善全而反用計誅之此豈盛德者之事

食不乏陛下雖數亡山東蕭何常全關中以待陛下此萬世之功也今雖亡曹參等百數何缺于漢漢得之不必待以全奈何欲以一旦之功而加萬世之功哉蕭何第一曹參次之高祖曰善於是乃令何第一賜帶劍履上殿入朝不趨

漢十一年陳豨反高祖自將至邯鄲未罷淮陰侯謀反關中呂后用蕭何計誅淮陰侯上已聞淮陰侯誅使使拜丞相何爲相國益封五千戶令卒五百人一都尉爲相國衛諸君皆賀召平獨弔召平者故秦東陵侯秦破爲布衣貧種瓜於長安城東瓜美故世俗謂之東陵瓜從召平以爲名也召平謂

如留侯必不爲也

何兢兢防患至此適足以見留侯之高其高處只在豫立地步

相國曰禍自此始矣上暴露於外而君守於中非被矢石之事而益君封置衛者以今者淮陰侯新反于中疑君心矣夫置衛君非以寵君也願君讓封勿受悉以家私財佐軍則上心說相國從其計高帝乃大喜

漢十二年秋黥布反上自將擊之數使使問相國何爲相國爲上在軍乃拊循勉力百姓悉以所有佐軍如陳豨時客有說相國曰君滅族不久矣夫君位爲相國功第一可復加哉然君初入關中得百姓心十餘年矣上所爲數問君者畏君傾動關中今君胡不多買田地賤貰貸以自汙上心乃安於

方自解之不暇隨正犯所忌相國眞仆魯人也

是相國從其計上乃大說上破布軍歸民道遮行上書言相國賤强買民田宅數千萬上至相國謁上笑曰夫相國乃利民民所上書皆以與相國曰君自謝民相國因爲民請曰長安地狹上林中多空地棄願令民入田毋收稾爲禽獸食上大怒曰相國多受賈人財物乃爲請吾苑乃下相國廷尉械繫之數日王衛尉侍前問曰相國何大罪陛下繫之暴也上曰吾聞李斯相秦皇帝有善歸主有惡自與今相國多受賈豎金而爲民請吾苑以自媚於民故繫治之王衛尉曰夫職事苟有便於民而請之真宰相事奈何乃疑相國受賈人錢

説明主只須説得利害明白則自聽從

此等語尤可懼

公爾忘私宰相器也

乎且陛下距楚數歲陳豨黥布反陛下自將而往當是時相國守關中搖足則關中非陛下有也相國不以此時爲利今乃利賈人之金乎且秦以不聞其過亡天下李斯之分過又何足法哉陛下何疑宰相之淺也高帝不懌是日使使持節赦出相國相國年老素恭謹入徒跣謝高帝曰相國休矣相國爲民請苑吾不許我不過爲桀紂主而相國爲賢相吾故繫相國欲令百姓聞吾過也

何素不與曹參相能及何病惠帝自臨視因問曰君卽百歲後誰可代君者對曰知臣莫如主惠帝曰曹參何如何頓首

曰帝得之矣臣死不恨矣卒諡爲文終侯

何置田宅必居窮處爲家不治垣屋曰後世賢師吾儉不賢毋爲勢家所奪

謝文洊曰蕭何富强之材也爲國得大將而薦之不遺餘力尤爲相家要法

相以材能著吉以德量著二君正宜相善

魏相漢宣帝

魏相字弱翁濟陰定陶人也遷揚州刺史考案郡國守相多所貶退相與丙吉相善時吉爲光祿大夫予相書曰朝廷已深知弱翁治行方且大用矣願少愼事自重藏器于身相心善其言爲霽威嚴居部二歲徵爲諫大夫

此時霍氏爲國大蠹相不結納平恩則無由得主不得主則大蠹終不得除此機權

宣帝四歲大將軍霍光薨上思其功德以其子禹爲右將軍兄子樂平侯山復領尚書事相因平恩侯許伯奏封事言春秋譏世卿惡宋三世爲大夫及魯季孫之專權皆危亂國家自後元以來祿去王室政由冢宰今光死子復爲大將軍兄子秉

之不得不用者又不得以依附眞臧議之

樞機昆弟諸壻據權勢兵官光夫人顯及諸女皆通籍長信宮或夜詔門出入驕奢放縱恐寖不制宜有以損奪其權破散陰謀以固萬世之基全功臣之世又故事諸上書者皆爲二署其一曰副領尚書者先發副封所言不善屏去不奏相復因許伯白去副封以防壅蔽宣帝善之詔相給事中霍氏殺許后之謀始得上聞乃罷其三侯令就第親屬皆出補吏于是韋賢以老病免相遂代爲丞相封高平侯帝行始親萬機厲精爲治練羣臣核名實而相總領衆職甚稱上意

元康中匈奴大臣皆以車師地肥美近匈奴使漢得之多田

積穀必害人國不可不爭由是數遣兵擊車師田者鄭吉將
渠犂田卒七千餘人救之爲匈奴所圍吉上言匈奴去渠犂
千餘里漢兵在渠犂者不能相救願益田卒上與大將軍趙
充國等議欲因匈奴衰朽出兵擊其右地使不敢復擾西域
相上書諫曰臣聞之禁亂誅暴謂之義兵兵義者王敵加于
己不得已而起者謂之應兵兵應者勝爭恨小故不忍忿怒
者謂之忿兵兵忿者敗利人土地貨寶者謂之貪兵兵貪者
破恃國家之大矜人民之衆欲見威于敵者謂之驕兵兵驕
者滅此五者非但人事乃天道也閒者匈奴嘗有善意所得

漢民輒奉歸之未有犯于邊境雖爭屯田車師不足置意中今聞諸軍欲興兵入其地臣愚不知此兵何名者也今邊郡困乏父子共犬羊之裘食草萊之食常恐不能自存難以動兵軍旅之後必有凶年言民以愁苦之氣傷陰陽之和也出兵雖勝猶有後憂恐災害之變因此以生今郡國守相多不實選風俗尤薄水旱不時案今年計子弟殺父兄妻殺夫者凡二百二十二人臣愚以爲此非小變也今左右不憂此乃欲發兵報纖芥之忿于遠夷殆孔子所謂季孫之憂不在顓臾而在蕭墻之內也願陛下與平昌侯樂昌侯及有識者詳

相剛柔屈
信用得其
宜乃以身
脩易者也

議乃可上從相言而止

相明易經有師法好觀漢故事及便宜章奏以為古今異制方今務在奉行故事而已數條漢興以來國家便宜行事及賈誼鼂錯董仲舒等所言奏請施行之曰臣相知能淺薄不明國家大體時用之宜惟民終始未得所由竊伏觀先帝聖德仁恩之厚勤勞天下垂意黎庶憂水旱之災為民貧發倉廩賑乏餧遣諫大夫博士巡行天下察風俗舉賢良平寃獄冠蓋交道省諸用寬租賦弛山澤陂池禁秣馬酤酒貯積所以周急繼困慰安元元便利百姓之道甚備臣相不能悉陳

昧死奏故事詔書凡二十三事臣謹案王法必本于農而務積聚量入制用以備凶災亡六年之畜尚謂之急平原渤海太山東郡溥被災害民餓死于道路二千石不預慮其難使至于此賴明詔賑救乃得蒙更生今歲不登穀暴騰踊臨秋收斂猶有乏者至春恐甚亡以相恤西羌未平師旅在外兵革相乘臣竊寒心宜圖其備唯陛下留神元元帥繇先帝盛德以撫海內上施行其策

疏廣爲太子太傅廣兄子受爲少傅太子外祖父平恩侯許伯以爲太子少白使其弟中郎將舜監護太子家上以問廣

寬嚴相濟宣帝可謂善用相者矣

廣曰太子國儲副君師友必于天下英俊不宜獨親外家許氏且太子自有太傅少傅官屬已備今復使舜護太子家視陋非所以廣太子德于天下也上善其言以語魏相相免冠謝曰非臣等所能及廣由是見器重

相敕掾史案事郡國及休告從家還至府輒白四方異聞或有逆賊風雨災變郡不上相輒奏言之時丙吉爲御史大夫同心輔政上皆重之相爲人嚴毅不如吉寬視事九歲薨謚曰憲侯

謝文游曰和 中 愛君憂國有經有權識大慮遠匪迂匪疎

至於得君得友又其遭遇之幸西漢名相自開創張蕭後如相者指不多屈矣○趙充國謹條不出兵留田便宜十二事魏相曰臣愚不習兵事利害後將軍數畫軍策其言當是臣任其計必可用也上于是嘉納之留屯田自古大將成功于外必有宰相保任之于內不然必敗萬世利害莫不由是如魏相者可法矣

仁者必有勇仁人儘力爲一事其

丙吉 漢武帝 昭帝 宣帝

丙吉字少卿魯國人也武帝末巫蠱事起吉以故廷尉監徵詔治巫蠱郡邸獄時宣帝生數月以皇曾孫坐衛太子事繫吉見而憐之又心知太子無事實重哀曾孫無辜吉擇謹厚女徒令保養曾孫置閒燥處巫蠱事連歲不決後二年武帝疾往來長楊五柞宮望氣者言長安獄中有天子氣於是上遣使者分條中都官詔獄繫者一切皆殺之內謁者令郭穰夜到郡邸獄吉閉門拒使者不納曰皇曾孫在他人亡辜死者猶不可況親曾孫乎相守至天明不得入穰還以聞因劾奏

澤必不自一事止

此時吉並不知曾孫後日爲天子只是一念惻隱便周至到底人之爲善何可不勉勵終始

吉武帝亦悟曰天使之也因赦天下郡邸獄繫者獨賴吉得生恩及四海矣曾孫病幾不全者數焉吉數敕保養乳母加致醫藥視遇殷勤以私財物給其衣食既而吉謂守丞（守獄之丞）誰如皇曾孫不當在官使誰如移書京兆尹遣與胡組（乳母）俱送京兆尹不受復還及組日滿當去曾孫思慕吉以私錢雇組令留與郭徵卿（亦乳母）並養數月乃遣組去吉聞史良娣（衛太子妾）有母貞君及兄恭乃載皇曾孫以付之貞君年老見孫孤甚哀之自養視焉後有詔掖庭養視上屬籍宗正（掖庭宮人之官宦者爲之始令宗正著其屬籍）時掖庭令張賀嘗事衛太子思顧舊恩哀曾孫

奉養甚謹以私錢供給教書誰如人姓名一作燕如榮祖識昌邑王廢霍光與張安世諸大臣議所立未定時丙吉入為光祿大夫給事奏記光曰將軍事孝武皇帝受襁褓之屬任天下之寄孝昭皇帝早崩無嗣海內憂懼欲亟聞嗣主發喪之日以大誼立後所立非其人復以大誼廢之天下莫不服焉方今社稷宗廟羣生之命在將軍之一舉竊伏聽於衆庶察其所言諸侯宗室在列位者未有所聞于民間也而遺詔所養武帝曾孫名病已在掖庭外家者吉前使居郡邸時見其幼少至今十八九矣通經術有美材行安而節和願將軍

詳大議參以著龜豈宜褒顯先使入侍令天下昭然知之然後決定大策天下幸甚光覽其議遂尊立皇曾孫遣宗正劉德與吉迎曾孫于掖庭宣帝初即位賜吉爵關內侯吉爲人深厚不伐善自曾孫遭遇吉絕口不道前恩故朝廷莫能明其功

地節三年立皇太子吉爲太子太傅數月遷御史大夫及霍氏誅上躬親政是時掖庭宮婢則令民夫上書自陳嘗有阿保之功章下掖庭令考問則辭引使者丙吉知狀掖庭令將則詣御史府以視吉吉識則謂曰汝嘗坐養皇曾孫不謹督

答汝安得有功獨渭城胡組淮陽郭徵卿有恩耳分別奏組等共養勞苦狀詔吉求組徵卿已死有子孫皆厚賞詔免則爲庶人賜錢十萬上親見問然後知吉有舊恩而終不言上大賢之制詔丞相朕微眇時御史大夫吉與朕有舊恩厥德茂焉詩不云乎亡德不報其封吉爲博陽侯邑千三百戶臨當封吉疾病上將使人加紼而封之及其生存也上憂吉病不起太子太傅夏侯勝曰此未死也臣聞有陰德必享其樂以及子孫今吉未獲報而疾甚非其死疾也後病果瘉吉上書固辭自陳不宜以空名受賞上報曰朕之封君非空名也

而君上書歸侯印是顯朕之不德也方今天下少事君其專精神省思慮近醫藥以自持

後五歲代魏爲丞相吉本起獄法小吏後學詩禮皆通大義及居相位上寬大好禮讓于官屬掾史務掩過揚善吉馭吏嗜酒數逋蕩從吉出醉嘔丞相車上西曹主吏白欲斥之吉曰以醉飽之失去士使此人將復何所容西曹第忍之此不過汙丞相車茵耳遂不去此馭吏邊郡人習知邊塞發犇命警備事嘗出適見驛騎持赤白囊馳來馭吏因隨之至公車刺取知虜入雲中代郡遽歸府白狀因曰恐虜入邊郡二千

容小過而後大獲盛德之報如取如攜

石長吏有老病不任兵馬者宜可豫視吉善其言召東曹長吏科條其人未已詔名丞相御史問以虜所入郡吏吉具對御史大夫卒遽不能詳知以得譴讓而吉見謂憂邊思職馭吏力也吉乃歎曰士無不可容能各有所長嚮使丞相不先聞吏言何見勞勉之有

吉嘗出逢羣鬭者死傷橫道吉過之不問掾史怪之前行逢人逐牛牛喘吐舌吉止駐使騎吏問逐牛行幾里矣掾史謂丞相前後失問吉曰民鬭相殺傷長安令京兆尹職所當禁備逐捕歲竟丞相課其殿最奏行賞罰而已宰相不親小事

擧相夾袋中須得才可爲相者若只得廉條而已猶不見識量

非所當于道路問也方春少陽用事未可大熱恐牛近行因暑故喘此時氣失節恐有所傷害三公典調和陰陽職所當憂是以問之掾史乃服以吉知大體

五鳳三年春吉病篤上自臨問吉曰君卽有不諱誰可以自代者吉辭謝曰羣臣行能明主所知愚臣無所識上固問吉頓首曰西河太守杜延年明于法度曉國家故事前爲九卿十餘年今在郡治有能名廷尉于定國執憲詳明天下自以不寃太僕陳萬年事後母孝惇厚備于行止此三人能皆在臣右唯陛下察之上是而許之後三人以次見用皆稱職上

稱吉爲知人

子顯甘露中有罪削爵爲關內侯官至衛尉太僕始顯少爲諸曹嘗從祠高廟至夕牲日乃使出取齋衣丞相吉大怒謂其夫人曰宗廟至重而顯不敬愼亡吾爵者必顯也夫人爲言然後乃已

謝文游曰丙吉相業無所見葢以其時君明臣良衆職咸理爲相者但恪恭守職亦可以無咎至于保護宣帝於襁褓患難之際可謂盛德殊勳然全無矜伐上初卽位不知其事舉朝亦無一人肯爲之言者彼絕去慍色韜晦自如

此其德氣涵養超然人表豈非得相業之本乎舜之勉禹亦不過曰汝惟不矜天下莫與汝爭能汝惟不伐天下莫與汝爭功後世才智之相招忌取謗以致功名不終禍殃至大良可歎惋蓋由矜伐不忘器小局卑其本不足故耳然則丙吉之爲相也豈不當亟取法乎

大臣法則目錄

南豐謝文洊約齋彙纂　孫修擴元孫鳴謙盛本量鳴篁原本

易堂髻山諸友評定　同郡後學饒拱辰吳榮祖譚光烈儲榮編挍

受業門人參訂　晜孫鏞重刊

卷之二

漢

諸葛亮

唐

狄仁傑

大臣法則卷之二

諸葛亮　蜀先主　後主

諸葛亮字孔明瑯琊人寓南陽亮家于南陽之鄧縣在襄陽城二十里號曰隆中躬耕隴畝好爲梁父吟每自比於管仲樂毅時人莫之許惟博陵崔州平潁川徐庶謂爲信然亮與庶及孟公威石廣元俱遊學三人務於精熟而亮獨觀其大畧每晨夜從容常抱膝長嘯後公威思鄉欲北歸亮謂之曰中原饒士大夫遨遊何必故鄉邪

先主在荆州訪士於襄陽司馬徽徽曰儒生俗士豈識時務

識時務者在于俊傑此間自有伏龍鳳雛備問爲誰曰諸葛孔明龐士元也徐庶見備於新野備器之庶謂備曰諸葛孔明卧龍也將軍豈願見之乎備曰君與俱來庶曰此人可就見不可屈致將軍宜枉駕顧之由是先主遂詣亮凡三往乃得見因屏人曰漢室傾頹奸人竊命主上蒙塵孤不度德量力欲信大義於天下而智術淺短遂用猖獗至于今日然志猶未已君謂計將安出亮答曰自董卓以來豪傑並起跨州連郡者不可勝數曹操比于袁紹則名微而衆寡然操遂能克紹以弱爲强者非惟天時抑亦人謀也今操已擁百萬之

彭士望曰隆中揣摩盡此數語見之施行始終不忒此之謂朴實自比于管樂也結好孫權比和戎撫越尤爲要

衆挾天子以令諸侯此誠不可與爭鋒孫權據有江東已歷三世國險而民附賢能爲之用此可以爲援而不可圖也荆州北據漢沔利盡南海東連吳會西通巴蜀此用武之地非其主不能守此殆天所以資將軍將軍豈有意乎益州險塞沃野千里天府之土高祖因之以成帝業劉璋闇弱張魯在北民殷國富而不知存恤智能之士思得明君將軍既帝室之冑信義著於四海總覽英雄思賢如渴若跨有荆益保其巖阻西和諸戎南撫夷越外結好孫權內修政理天下有變則命一上將將荆州之軍以向宛洛將軍率益州之衆以出秦

著乃以關羽好剛之士鎮荆不以一智謀之士參之不亦疎乎

川百姓誰敢不簞食壺漿以迎將軍者乎誠如是則覇業可成漢室可興矣先主曰善於是與亮情好日密關羽張飛等不悅先主解之曰孤有孔明猶魚之有水也願諸君勿復言羽飛乃止司馬徽清雅有知人之鑒同縣龐德公素有重名徽兄事之諸葛亮每至德公家獨拜床下德公初不令止德公從子統少時樸鈍未有識者惟德公與徽重之德公嘗謂孔明爲卧龍士元爲鳳雛德操爲水鑑故德操與先主語而稱道之溽曰德公從子統少時樸鈍長乃可大用見人苦能從事于學質無不可㝗才無不可長然德公與徽從樸鈍中識之亦是見其好學

降操之琮何為不忍此機一失蹈幾許危險

備屢棄妻子妻子且棄安能保衆言美聽而撫濟于用者此類是

曹操征烏桓先主說劉表襲許不能用操南征表會表卒少子琮代立遣使請降于操先主屯樊不知操卒至至宛乃聞之遂將其衆去過襄陽亮說先主攻琮荆州可有先主曰吾不忍也乃駐馬呼琮琮懼不能起琮左右及荆州人多歸先主比到當陽衆十餘萬輜重數千兩日行十餘里別遣關羽乘船數百艘使會江陵或謂先主曰宜速行保江陵今雖擁大衆被甲者少若操兵至何以拒之先主曰濟大事必以人為本今人歸吾吾何忍棄去操以江陵有軍實恐先主據之乃釋輜重輕軍到襄陽聞先主已過操將精兵五千急追之

彭士望曰吾最不喜亮此段有縱横習氣

一日一夜行三百餘里及於當陽之長坂先主棄妻子與亮及張飛趙雲等數十騎走操大獲其人眾輜重先主斜趣漢津適與羽船會得濟沔遇表長子江夏太守琦眾萬餘人與俱到夏口亮曰事急矣請奉命求救于孫將軍時權擁軍在柴桑觀望成敗亮說權曰海內大亂將軍起兵據有江東劉豫州亦收眾漢南與曹操並爭天下今操芟夷大難畧已平矣遂破荆州威震四海英雄無所用武故豫州遁逃至此將軍量力而處之若能以吳越之眾與中國抗衡不如早與之絕若不能當何不按兵束甲北面而事之今將軍外託服從

望曰妙語

望曰激得妙

望曰庸人皆以爲權被亮激發其實權一段光明磊落之氣沖口如出反高亮臣主一倍

之名而內懷猶豫之計事急而不斷禍至無日矣權曰苟如君言劉豫州何不遂事之乎亮曰田横齊之壯士耳猶守義不辱況劉豫州王室之冑英才蓋世衆士仰慕若水之歸海事之不濟此乃天也安能復爲之下乎權勃然曰吾不能舉全吳之地十萬之衆受制于人吾計決矣非劉豫州莫可以當曹操者然豫州新敗之後安能抗此難乎亮曰豫州軍雖敗於長坂今戰士還者及關羽水軍精甲萬人劉琦合江夏戰士亦不下萬人曹操之衆遠來疲憊聞追豫州輕騎一日一夜行三百餘里此所謂強弩之末勢不能穿魯縞者也故

兵法忌之曰必蹶上將軍且北方之人不習水戰又荆州之民附操者逼兵勢耳非心服也今將軍誠能命猛將統兵數萬與豫州協規同力破操軍必矣操軍破必北還如此則荆吳之勢强鼎足之形成矣成敗之機在於今日權大悅卽遣周瑜程普魯肅等水軍三萬隨亮詣先主幷力拒操敗之於赤壁引軍還鄴先主遂收江南以亮爲軍師中郎將使督零陵桂陽長沙三郡調其賦稅以充軍實周瑜領南郡太守屯據江陵分南岸地以給備卽桂陽武陵長沙零陵四郡地也

建安十六年益州牧劉璋遣法正迎先主使擊張魯亮與關

望日平心和氣巽語微言法正稍有心肝自當自止勝于裁抑

羽鎭荆州先主比到葭萌未即攻會自葭萌還攻璋亮與張飛趙雲等率衆泝江分定郡縣與先主共圍成都成都平亮爲軍師將軍署左將軍府事先主外出亮常鎭守成都足兵足食

先主既定蜀法正外統都畿內爲謀主一飡之德睚眦之怨無不報復擅殺毀傷已者數人或謂諸葛亮曰法正太縱橫將軍宜啓主公抑其威福亮曰主公之在公安也北畏曹操之强東憚孫吳之逼近則懼孫夫人生變于肘腋法孝直爲之輔翼令翻然翺翔不可復制如何禁止孝直使不得少行

之以法

望曰數語并法正亦說在內望曰數語隆中眞實

其意耶

亮佐先主治蜀頗尚嚴峻人多怨歎者法正謂亮曰昔高祖入關約法三章秦民知德今君假借威力跨據一州初有其國未垂惠撫且客主之義宜相降下願緩刑弛禁以慰其望亮曰君知其一未知其二秦以無道政苛民怨匹夫大呼天下土崩高祖因之可以宏濟劉璋闇弱自焉以來有累世之恩文法羈縻互相承奉德政不舉威刑不肅蜀土人士專權自恣君臣之道漸以陵替寵之以位位極則賤順之以恩恩極則慢所以致敝實由於此吾今威之以法法行則知恩限

學力儒生俗吏所不解

立賢無方此相度第一事

之以爵爵加則知榮榮恩並濟上下有節爲治之要於斯而著矣

先主屯陽平關急書發益州兵亮以問從事楊洪洪曰漢中益州咽喉存亡之機會若無漢中則無蜀矣此家門之禍也發兵何疑時洪從先主北行亮於是表洪蜀郡太守眾事皆辦遂使即真頃之轉爲益州治中從事初犍爲太守李嚴辟洪爲功曹嚴未去犍爲而洪已爲蜀郡洪舉門下書佐何祇有才策洪尚在蜀郡而祇已爲廣漢太守是以西土咸服亮能盡時人之器用也

章武三年春先主於永安病篤召亮于成都屬以後事謂曰君才十倍曹丕必能安國終定大事若嗣子可輔則輔之如其不才君可自取亮泣涕曰臣敢不竭股肱之力效忠貞之節繼之以死先主又爲詔勅後主曰汝與丞相從事之如父又遺詔勅後主曰人五十不稱夭年已六十有餘又何所恨但以卿兄弟爲念射君到說丞相歎卿智量甚大增修過於所望審能如此吾復何憂勉之勉之勿以惡小而爲之勿以善小而不爲惟賢惟德能服于人汝父德薄勿效之可讀漢書禮記閒暇歷觀諸子及六韜商君書益人意智聞丞相爲寫

欲經世者不可不三復此段

逢日語言眞宰相也

申韓管子六韜一通已畢可自更求聞達臨終時呼魯王與語吾亡之後汝兄弟父事丞相令卿與丞相共事而已太子禪卽位改元建興封丞相亮爲武鄉侯領益州牧政事無巨細咸決于亮亮乃約官職修法制發教與羣下曰夫參署者集衆思廣忠益也若遠小嫌難相違覆曠闕損矣違覆而得中猶棄敝蹻而獲珠玉然人心苦不能盡惟徐元直處茲不惑又董幼宰參署七年事有不至至于十反來相啓告苟能慕元直之十一幼宰之勤渠有忠於國則亮可以少過矣又曰昔初交州平屢聞得失後交元直勤見啓誨前參事

於幼宰每言則盡後從事於偉度數有諫止雖資性鄙暗不能悉納然與此四子終始好合亦足以明其不疑於直言也以能問於不能以多問于寡顔子之從于亮偉見之矣可見顔子稱王佐才亦以此

亮嘗自校簿書主簿楊顒直入諫曰爲治有體上下不可相侵請爲明公以作家譬之今有人使奴執耕稼婢典炊爨雞主司晨犬主吠盜牛負重載馬涉遠路私業無曠所求皆足雍容高枕飲食而已忽一旦盡欲以身親其役不復付任勞其體力爲此碎務形疲神困終無所成豈其智之不如奴婢雞狗哉失爲家主之法也是故古人稱坐而論道謂之三公

筆日書出
鞠躬盡瘁

作而行之謂之士大夫故丙吉不問橫道死人而憂牛喘陳平不肯知錢穀之數云自有主者彼誠達於位分之體也今明公爲治乃躬自校簿書流汗終日不亦勞乎亮謝之及顒卒亮垂泣三日

萬廷言曰留侯遇高帝英明豁達何平淮陰皆人傑故毎事一一提便了不犯做手鄴侯所遇雖非大有爲之君然李郭西平渾馬諸人皆賢將故鄴侯亦只持論指示而所親事惟陝虢一行而已以故覺其氣象暇豫苦武侯上既昏庸下多中材守成之士而所處勢又最危是以毎事一一親做至於簿書一罰以上不敢他委卒以食少事繁費志以卒勞倍而功半然精忠懇惻開誠布公綜事核實心力具殫視二侯爲最子瞻稱其出師二表與伊訓說命相表裏信矣蓋揆之匪躬之義則爲人臣者當以武侯爲至○涂日蜀雖無人傑大才然簿書錢穀督理諸役豈遂無人以武侯之虛且明任之必無不當但武侯性情必是事親細務好治繁劇然才雖足以給用而精力則必耗費不能

葉小終是見不超放不下耳

亮深慮孫權聞先主殂恐有異計未知所如尚書鄧芝之言乎亮曰今主上幼弱初卽尊位宜遣大使重申吳好亮曰吾思之久矣未得其人耳今日始得之芝問爲誰亮曰卽使君也乃遣芝以中郎將修好於吳芝至吳時吳王猶未與魏絕狐疑不時見芝芝乃自表請見曰臣今來亦欲爲吳非但爲蜀也吳主見芝曰孤誠願與蜀和親然恐蜀主幼弱國小勢逼爲魏所乘不自保全耳芝對曰吳蜀二國四州之地大王命世之英諸葛亮亦一時之傑也蜀有重險之固吳有三江之

阻合此二長共爲脣齒進可并兼天下退可鼎足而立此理之自然也大王今若委質於魏魏必上望大王之入朝下求太子之內侍若不從命則奉辭伐叛蜀亦順流見可而進如此江南之地非復大王之有也吳王默然良久曰君言是也遂絶魏專與漢連和

初益州郡耆帥雍闓殺太守附于吳吳以闓爲永昌太守永昌功曹呂凱府丞王伉率吏士閉境拒守闓不能進使郡人孟獲誘扇諸夷諸夷皆從之牂牁太守朱褒越嶲夷王高定皆叛應闓亮以新遭大喪皆撫而不討務農植穀閉關息民

民安食足而後用之

南方諸郡不賓亮將自征之長史王連諫以爲此不毛之地疫癘之鄉不宜以一國之望冒險而進亮慮諸將不及已意欲必往二年春率衆討雍闓等參軍馬謖送之數十里亮曰雖共謀之歷年今可更惠良規謖曰南中恃其險遠不服久矣雖今日破之明日復反耳今公方傾國北伐以事強賊彼知官勢內虛其叛亦速若殄盡遺類以除後患既非仁者之情且又不可倉卒也夫用兵之道攻心爲上攻城爲下心戰爲上兵戰爲下願公服其心而已亮納其言秋七月亮至南

望曰善用諜言前所未有

望曰用之亦有所以用之之方總看主者手力

望曰看他處事精當

中所在戰捷由越巂入斬雍闓高定使庲降督李恢由益州入門下督馬忠由牂牁入擊破諸縣復與亮合孟獲收闓餘衆拒亮亮聞獲爲夷漢並所服募生致之既得使觀於營陳之閒問曰此軍何如獲曰向者不知虛實故敗今蒙賜觀營陳若祇如此卽定易勝耳亮笑縱使更戰七縱七禽而亮猶遣獲獲止不去曰公天威也南人不復反矣亮遂至滇池益州永昌牂牁越巂四郡皆平亮卽其渠率而用之或以諫亮亮曰若留外人則當留兵兵留則無所食一不易也加夷新破傷父兄死喪留外人而無兵必成禍患二不易也又夷累

有廢殺之罪自嫌釁重若留外人終不相信三不易也今吾欲使不留兵不運糧而綱紀粗定夷漢粗安故耳亮於是悉收其俊傑孟獲等以爲官屬出其金銀丹漆耕牛戰馬以給軍國之用自是終亮之世夷不復反亮上表曰永康郡吏呂凱府丞王伉等執忠絶域十有餘年雍闓高定偪其東北而凱等守義不與交通臣不意永昌風俗敦直至此以凱爲雲南太守王伉爲永昌太守皆封侯

評曰激厲節義撫邊要着

漢後主建興五年魏文帝殂明帝立亮率諸軍北駐漢中臨發上疏曰先帝創業未半而中道崩殂今天下三分益州疲

微此誠危急存亡之秋也然侍衛之臣不懈于內忠志之臣
忘身于外者蓋追先帝之殊遇欲報之于陛下也誠宜開張
聖聽以光先帝遺德恢宏志士之氣不宜妄自菲薄引喻失
義以塞忠諫之路也宮中府中俱爲一體陟罰臧否不宜異
同若有作姦犯科及爲忠善者宜付有司論其刑賞以昭陛
下平明之理不宜偏私使內外異法也侍中侍郎郭攸之費
禕董允等此皆良實志慮忠純是以先帝簡拔以遺陛下愚
以爲宮中之事事無大小悉以咨之然後施行必能裨補闕
漏有所廣益將軍向寵性行淑均曉暢軍事試用於昔先帝

稱之曰能是以衆議舉寵爲督愚以爲營中之事悉以咨之必能使行陳和睦優劣得所親賢臣遠小人此先漢之所以興隆也親小人遠賢臣此後漢之所以傾頹也先帝在時每與臣論此事未嘗不嘆息痛恨于桓靈也侍中尚書長史參軍此悉貞良死節之臣願陛下親之信之則漢室之隆可計日而待也臣本布衣躬耕南陽苟全性命于亂世不求聞達於諸侯先帝不以臣卑鄙猥自枉屈三顧臣於草廬之中諮臣以當世之事由是感激遂許先帝以驅馳後值傾覆受任於敗軍之際奉命於危難之間爾來二十有一年矣先帝知

臣謹愼故臨崩寄臣以大事也受命以來夙夜憂歎恐付託不效以傷先帝之明故五月渡瀘深入不毛今南方已定甲兵已足當獎率三軍北定中原庶竭駑鈍攘除姦凶興復漢室還於舊都此臣所以報先帝而忠陛下之職分也至於斟酌損益進盡忠言則攸之禕允之任也願陛下託臣以討賊興復之效不效則治臣之罪以告先帝之靈責攸之禕允等之慢以彰其咎陛下亦宜自謀以諮諏善道察納雅言深追先帝遺詔臣不勝受恩感激今當遠離臨表涕零不知所言

遂行屯於沔北陽平石馬

望曰眞宰相語滸曰如此纔謂之博雅今人以記醜爲博雅大誤

亮辟廣漢太守姚伷爲掾伷並進文武之士亮稱之曰忠益者莫大於進人進人者各務其所尚今姚掾並存剛柔以廣文武之用可謂博雅矣願諸掾各希此事以屬其望舉一人以風勵羣掾不患人材不廣所惜者魏吳均能用人遂使俊傑不專歸于蜀耳

亮將攻魏與羣下謀之丞相司馬魏延曰聞夏侯楙主壻也怯而無謀今假延精兵五千負糧五千直從褒中出循秦嶺而東當子午而北不過十日可到長安楙聞延奄至必棄城逃走長安中惟御史京兆太守耳橫門邸閣與散民之穀足周食也比東方相合聚尚二十許日而公從斜谷來亦足以

墬日千里襲人國冒險趨利韓信幾敗于李左車而秦孟明不能得之于晉況魏延之于司馬懿乎諸葛不用非怯也

達如此則一舉而咸陽以西可定矣亮以此危計不如安從坦道可以平取隴右十全必克而無虞故不用延計通鑑註曰由今觀之皆以亮不用延計爲怯凡兵之動知敵之主知敵之將亮之不用延計者知魏主之明畧而司馬懿輩不可輕也亮欲平取隴右且不獲如志況欲乘險僥倖盡定咸陽以西耶 亮揚聲由斜谷道取郿使鎮東將軍趙雲揚武將軍鄧芝爲疑兵據箕谷亮身率大軍攻祁山戎陳整齊號令明肅始魏以漢昭烈既死數歲寂然無聞是以畧無豫備而卒聞亮出朝野恐懼於是天水南安安定皆叛應亮關中響振朝臣未知計所出魏明帝曰亮阻山爲固今者自來正合兵書致人之術破亮必也乃勒兵馬步騎

五萬遣右將軍張郃督之以拒亮魏明帝行如長安初越巂太守馬謖才氣過人好論軍計亮深加器異先主臨終謂亮曰馬謖言過其實不可大用君其察之亮猶不謂然以謖爲參軍每引見談論自晝達夜及出軍祁山亮不用舊將魏延吳懿等爲先鋒而以謖督諸軍在前與張郃戰于街亭謖違亮節度舉措煩擾舍水上山不下據城張郃絶其汲道擊大破之士卒離散亮無所據乃拔西縣千餘家還漢中收謖下獄斬之亮自臨祭爲之涕泣撫其遺孤恩若平生蔣琬謂亮曰昔楚殺得臣文公喜可知也天下未定而戮智計之士豈

不惜乎亮流涕曰孫武所以能制勝於天下者用法明也是以楊干亂法魏絳戮其僕西海分裂兵交方始若復廢法何用討賊耶謖之未敗也裨將軍巴西王平連規諫謖謖不能用及敗衆盡星散惟平所領千人鳴鼓自守張郃疑其有伏兵不往偪也於是平徐徐收合諸營遺迸率將士而還亮既誅馬謖及將軍李盛奪將軍黃襲等兵平特見崇顯加拜參軍統五部兼當營事進位討寇將軍封亭侯亮上疏請自貶三等漢主以亮爲右將軍行丞相事是時趙雲鄧芝兵亦敗于箕谷雲斂衆固守故不大傷雲亦坐貶爲鎭軍將軍亮問

譏肯開此口

望曰惟希所失是以

鄧芝曰街亭軍退兵將不復相錄箕谷軍退兵將初不相失何故芝曰趙雲身自斷後軍資什物畧無所棄兵將無緣相失雲有軍資餘絹亮使分賜將士雲曰軍事無利何爲有賜其物請悉入赤岸庫須十月爲冬賜亮大善之

亮出祁山隴西南安二郡應時降圍天水拔冀城虜姜維驅畧士女數千人還蜀或勸亮更發兵者亮曰大軍在祁山箕谷皆多于賊而不能破賊爲賊所破者此病不在兵少也在一人耳今欲減兵省將明罰思過校變通之道于將來若不能然者雖兵多何益自今以後諸有忠慮于國但勤攻吾之

忌敗彼諱敗者徒取腹飢

闕則事可定賊可死功可蹻足而待矣於是考微勞甄烈壯引咎責躬布所失于天下厲兵講武以爲後圖戎士簡練民忘其敗矣

亮聞孫權破曹休魏兵東下關中虛弱上言曰先帝慮漢賊不兩立王業不偏安故託臣以討賊也以先帝之明量臣之才固知臣伐賊才弱敵強也然不伐賊王業亦亡惟坐而待亡孰與伐之是故託臣而弗疑也臣受命之日寢不安席食不甘味思惟北伐宜先入南故五月渡瀘深入不毛臣非不自惜顧王業不可偏全於蜀都故冒危難以奉先帝之遺意也

而議者以爲非計今賊適疲于西又務於東兵法乘勞此進趨之時也謹陳其事如左高帝明並日月謀臣淵深然涉險被創危然後安今陛下未及高帝謀臣不如良平而欲以長計取勝坐定天下此臣之未解一也劉繇王朗各據州郡論安言計動引聖人羣疑滿腹衆難塞胸今歲不戰明年不征使孫策坐大遂并江東此臣之未解二也曹操智計殊絶于人其用兵也髣髴孫吳然困于南陽險于烏巢危於祁連偪於黎陽幾敗北山殆死潼關然後僞定一時耳況臣才弱而欲以不危定之此臣之未解三也曹操五攻昌霸不下四越

巢湖不成任用李服而李服圖之委任夏侯而夏侯敗亡先帝每稱操爲能猶有此失況臣駑下何能必勝此臣之未解四也自臣到漢中中閒期年耳然喪趙雲陽羣馬玉閻芝丁立白壽劉郃劉銅等及曲長屯將七十餘人突將無前賨叟青羌散騎武騎一千餘人此皆數十年之內糾合四方之精銳非一州之所有若復數年則損三分之二當何以圖敵此臣之未解五也今民窮兵疲而事不可息事不可息則住與行勞費正等而不及早圖之欲以一州之地與賊持久此臣之未解六也夫難平者事也昔先帝敗軍於楚當此時曹操拊

手謂天下已定然後先帝東連吳越西取巴蜀舉兵北征夏侯授首此操之失計而漢事將成也然後吳更違盟關羽毀敗秭歸蹉跌曹丕稱帝凡事如是難可逆見臣鞠躬盡力死而後已至於成敗利鈍非臣之明所能逆覩也曹真攻安定等三郡皆平真以諸葛亮懲于祁山後必出從陳倉乃使將軍郝昭守陳倉冬亮出散關圍陳倉使郝昭鄉人靳詳於城外遥說昭昭于樓上應之曰魏家科法卿所鍊也我之爲人卿所知也我受國恩多而門戶重卿無可言者但有必死耳卿謝諸葛便可攻也詳以昭語告亮乃進兵攻昭晝夜相攻

拒二十餘日魏主召張郃於方城使擊亮問郃曰遲將軍到亮得無已得陳倉乎郃知亮深入無穀屈指計曰比臣到亮已走矣郃晨夜進道未至亮糧盡引去魏將王雙率騎追亮亮擊斬雙

是歲孫權稱尊號羣臣以並尊二帝來告議者咸以交之無益而名體弗順宜顯明正義絕其盟好亮曰權有僭逆之心久矣國家所以略其釁情者求犄角之援也今若加顯絕讐我必深使當移兵東伐與之角力須并其土乃議中原彼賢才尚多將相輯睦未可一朝定也頓兵相持出而須老使北

賊得計非算之上者昔孝文卑辭匈奴先帝優與吳盟皆應權通變宏思遠益非匹夫之爲忿者也今議者咸以權利在鼎足不能併力且志望已滿無上岸之情此皆似是而非也何者其智力不侔故限江自保權之不能越江猶魏賊之不能渡漢非力有餘而利不取也若大軍致討彼高當分裂其地以爲後規下當略民廣境以示武于內非端坐者也通鑑註曰言蜀若破魏吳亦當分功若就其不動而睦于我我之北伐無東顧憂河南之衆不得盡西此之爲利亦已深矣權僭逆之罪未宜明也乃遣衛尉陳震使于吳賀稱尊號吳主與漢人盟約中分

營日雖老
亦是怯

天下
後漢建興五年丞相亮命李嚴以中都護署府事嚴更名平
亮率諸軍圍祁山以木牛運於是魏大司馬曹眞有疾魏帝
命司馬懿西屯長安督將軍張郃費曜戴陵郭淮等以禦之
三月曹眞卒懿留精兵四千使費曜戴陵領之守上邽餘衆
悉出西救祁山亮分兵留攻祁山自逆懿于上邽郭淮費曜
等徼亮亮破之因大芟刈其麥與懿遇于上邽之東懿斂軍
依險兵不得交亮引還懿等尋亮後至于鹵城張郃曰彼遠
來逆我請戰不得謂我利在不戰欲以長計制之也且祁山

望日懿怯亦不錯故發諸將亦驗其言

知大軍已在近人情自固可止屯於此分爲奇兵示出其後不宜進前而不敢偪坐失民望也今亮孤軍食少亦行去矣懿不從故尋亮尋者隨而躡其後既至又登山掘營不肯戰賈栩魏平數請戰因曰公畏蜀如虎奈天下笑何懿病之諸將咸請戰夏五月辛巳懿乃使張郃攻無當監何平于南圍無當蜀軍部之號言其軍精勇敵人無能當者使平監護之故名官曰無當監自案中道向亮亮使魏延高翔吳班迎戰魏兵大敗漢人獲甲首三千懿還保營六月亮以糧盡退軍司馬懿遣張郃追之郃進至木門與亮戰蜀人乘高布伏弓弩亂發飛矢中郃而卒亮勸農講武作木牛流馬

運米集斜谷治斜谷邸閣息民休士三年而後用之
十一年春亮悉大衆十萬由斜谷出至郿軍於渭水之南司
馬懿引軍渡渭背水爲壘以拒之謂諸將曰亮若出武功依
山而東誠爲可憂若西上五丈原諸將無事矣亮果屯五丈
原雍州刺史郭淮言於懿曰亮必爭北原宜先據之議者多
謂不然淮曰若亮跨渭登原連兵北山隔絶隴道搖盪民夷
此非國之利也懿乃使淮屯北原塹壘未成漢兵大至淮逆
擊郤之亮以前者數出皆以運糧不繼使已志不伸乃分兵
屯田爲久駐之基耕者雜于渭濱居民之閒而百姓安堵軍

無私焉懿拒于渭南戎服蒞事使人視亮獨乘素輿葛巾毛扇指麾三軍隨其進止懿嘆曰諸葛君可謂名士矣

司馬懿與諸葛亮相守百餘日亮數挑戰懿不出亮乃遺懿巾幗婦人之服懿詐怒上表請戰帝使衛尉辛毗杖節爲軍師以制之護軍姜維謂亮曰辛佐治杖節而到賊不復出矣亮曰彼本無戰情所以固請戰者以示武于衆耳將在軍君命有所不受苟能制吾豈千里而請戰耶亮遣使者至懿軍懿問其寢食及事之煩簡不問戎事使者對曰諸葛君夙興夜寐罰二十以上皆親覽焉所噉食不至數升懿告人曰諸葛

檗日舉賢蔣以正其度千古恨事

諸葛君知巳

孔明食少事煩其能久乎

亮病篤漢使尚書僕射李福省侍因諮以國家大計福至與亮語已別去數日復還亮曰孤知君還意近日言語雖彌日有所不盡更來求決耳公所問者公琰其宜也復請蔣琬之後誰可任大事者亮曰文偉可以繼之又問其次亮不答是月亮卒于軍中長史楊儀整軍而出百姓奔告司馬懿懿追之姜維令儀反旗鳴鼓若將向懿者懿斂軍退不敢偪於是儀結陳而去入谷然後發喪百姓為之諺曰死諸葛走生仲達懿聞之笑曰吾能料生不能料死故也懿案行亮之營壘

處所歎曰天下奇才也通鑑註曰方亮之出也懿以爲若西上五丈原諸將無事矣及亮死懿案行其營以爲奇才觀此則知懿已料知必屯五丈原而力不能制姑爲此言以安諸將心耳

亮卒時年五十四軍還成都謚亮曰忠武侯遺命葬漢中定軍山因山爲墳冢足容棺斂以時服不用器物初亮自表後主曰成都有桑八百株薄田十五頃子弟衣食自有餘饒至于臣在外任無別調度隨身衣食仰給于官不別治生以長尺寸若臣死之日不使內有餘帛外有贏財以負陛下至卒如其所言

黃承彥者高爽開列爲沔南名士謂孔明曰聞君擇婦身有

武侯本領竟是儒者豈得徒以才智稱之

醜女黃頭黑色而才堪相配孔明許卽載送之時人爲之諺曰莫作孔明擇婦止得阿承醜女

亮誡子書曰君子之行靜以修身儉以養德非澹泊無以明志非寧靜無以致遠夫學須靜也才須學也非學無以廣才非靜無以成學慆慢則不能研精險躁則不能理性讀書務觀大意而又以研精誨子可見其稟賦之異而不以已律人也

亮之攻祁山也李平留後主督運事會天霖雨平恐運糧不繼遣參軍狐忠督軍成藩喻指呼亮來還喻以後主指言運糧不繼亮承以退軍平聞軍退乃更陽驚說軍糧饒足何以便歸又欲殺

逐其父用其子恐其子見疑則必敗事故吐誠于其子以見已無成心藉以安之俾其盡忠于國事耳

督運岑述以解已不辦之責又表漢主說軍僞退欲以誘賊亮具出其前後手筆書疏本末違錯辭窮情竭首謝罪負於是亮表平前後過惡免官削爵土徙梓潼郡復以平子豐爲中郎將參軍事出教勅之曰吾與君父子勠力以奬漢室此神明所聞非但人知之也表都護典漢中委君於東關者不與人議也謂至心感動終始可保何圖中乖乎願寬慰都護勤追前闕今雖解任形業失故奴婢賓客百數十人君以中郎將參軍居府方之氣類猶爲上家若都護思負一意君與公琰推心從事者否可復通逝可復還也詳思斯戒明吾用

心臨書長歎涕泣而已亮又與蔣琬董允書曰孝起前爲吾說正方腹中有鱗甲鄉黨以爲不可近吾以爲鱗甲但不當犯之耳不圖復有蘇張之事出于不意可使孝起知之孝起尚書陳震字平聞亮卒發病死平常冀亮當自補復策後人不能故以激憤致死

廖立爲長沙太守先主爲漢中王徵立爲侍中後主徙長水校尉立自謂才名宜爲諸葛之貳而更游散在李嚴等下常懷怏怏亮表立曰長水校尉廖立坐自貴大臧否群士公言國家不論賢達而任俗吏又言萬人率者皆小子也誹謗先

帝疵毀衆臣羊之亂羣猶能爲害況立託在大位中人以下識眞僞耶於是廢立爲民徙汶山郡立躬率妻子耕植自守聞亮卒垂泣歎曰吾終爲左衽矣立遂終于徙所習鑿齒論曰昔管仲奪伯氏駢邑三百沒齒無怨言聖人以爲難諸葛亮之使廖立垂泣李嚴致死豈徒無怨言而已哉夫水至平而邪者取法鑑至明而醜者忘怨水鑑之所以能窮物而無怨者以其無私也水鑑無私猶以免謗況大人君子懷樂易之心流矜恕之德法行于不可不用刑加乎自犯之罪爵之而非私誅之而不怒天下有不服者乎

丞相長史張裔常稱亮曰公賞不遺遠罰不阿近爵不可以無功取刑不可以貴勢免此賢愚所以僉忘其身者也治國不過如此

非僅量大實由智深

吳張溫使蜀詣闕拜畢稱美蜀政蜀甚貴其才還頃之權既隂銜溫又嫌其聲名太盛遂坐事還本郡亮聞之未知其何故思之數日曰吾已得之矣其人於清濁太明善惡太分卽亮此言可見其于清濁之間必不存已甚之察故賢愚皆樂于爲用

陳壽評曰諸葛亮之爲相國也撫百姓示儀軌約官職從權制開誠心布公道盡忠益時者雖讐必賞犯法怠慢者雖親必罰服罪輸情者雖重必釋游辭巧飾者雖輕必戮善無微而不賞惡無纖而不貶庶事精練物理其本循名

責實虛僞不齒終于邦域之內咸畏而愛之刑法雖峻而無怨者以其用心平而勸戒明也可謂識治之良才管蕭之亞匹矣

狄仁傑 唐高宗 則天后

狄仁傑字懷英并州太原人初薦授并州法曹參軍親在河陽仁傑登太行山反顧見白雲孤飛謂左右曰吾親舍其下瞻悵久之雲移乃得去

大理奏左威衛大將軍權善才左監門中郎將范懷義誤斫昭陵柏罪當除名上特命殺之大理丞狄仁傑奏二人罪不當死上曰善才等斫陵柏我不殺則爲不孝仁傑固執不已上作色令出仁傑曰犯顏直諫自古以爲難臣以爲遇桀紂則難遇堯舜則易今法不至死而陛下特殺之是法不信於

豈惟化及當時後來柳宗元亦復效此

人也人何所措其手足且張釋之有言設有盜長陵一抔土陛下何以處之今以一株柏殺二將軍後代謂陛下何如主臣不敢奉詔者恐陷陛下于不道且羞見釋之于地下故也上怒稍解二人除名流嶺南後數日擢仁傑爲侍御史高宗儀鳳元年九月

初仁傑爲并州法曹同僚鄭崇質當使絶域崇質母老且病仁傑曰彼母如此豈可使之有萬里之憂詣長史藺仁基請代之行仁基素與司馬李孝廉不叶因相謂曰吾輩豈可不自愧乎遂相與輯睦

調露元年春正月己酉上幸東都司農卿韋宏機作宿羽高山上陽等宫制度壯麗上陽宫臨洛水爲長廊亘一里宫成上徙御導侍御史狄仁傑劾奏宏機導上爲奢泰宏機坐免官左司郎中王本立恃恩用事朝廷畏之仁傑奏其姦請付法司上特原之仁傑曰國家雖乏英才豈少本立輩陛下何惜罪人以虧王法必欲曲赦本立請棄臣于無人之境爲忠貞將來之戒本立竟得罪由是朝廷肅然

狄仁傑爲甯州刺史右臺監察御史晉陵郭翰巡察隴右所至多所按劾入甯州境耆老歌刺史德美者盈路翰薦之于

朝徵爲冬官侍郎游曰仁傑儀鳳元年爲侍御史踰三年調露元年復劾韋宏機王本立後歷七年爲則天垂拱二年通鑑始載自甯州刺史入爲冬官侍郎中閒六七年廢太子賢高宗崩中宗立隨廢武氏稱制敬業亂及告密等紛紛大故仁傑寂然不聞一言豈遷甯州郎調露元年事耶不然廢太子賢不過隔年事亦不聞其有言況以後多故乎

江南道巡撫大使冬官侍郎狄仁傑以吳楚多淫祠奏焚其一千七百餘所獨留夏禹吳太伯季札伍員四祠　垂拱四年以文昌右丞爲豫州刺史時治越王貞黨與當坐者六七百家籍沒者五千口司刑趣使行刑仁傑密奏彼皆詿誤臣欲顯奏似爲逆人申理知而不言恐乖陛下仁恤之旨太后特

原之皆流豐州道過甯州甯州父我迎謂之曰我狄使君活汝耶相攜哭于德政碑下設齋三日而後行時宰相張光輔討越王尚在豫州將士恃功多所求取仁傑不之應光輔怒曰州將輕元帥耶仁傑曰亂河南者一越王貞耳今一貞死萬貞生光輔詰其語仁傑曰明公總兵三十萬所誅者止于越王貞城中聞官軍至踰城出降者四面成蹊明公縱將士暴掠殺已降以爲功流血丹野非萬貞而何恨不得尚方斬馬劍加于明公之頸雖死如歸耳光輔不能詰歸奏仁傑不遜左遷復州刺史 垂拱四年

天授二年九月癸巳以洛州司馬狄仁傑爲地官侍郎同平章事武后謂曰卿在汝南有善政然有譖卿者欲知之乎謝曰陛下以爲過臣當改之以爲無過臣之幸也譖者乃不願知后歎其長者

會爲來俊臣所構捕送制獄于時訊反者一問即承聽減死俊臣引仁傑置對答曰有周革命我乃唐臣反固實俊臣乃少寬之判官王德壽以情謂曰我意求少遷公爲我引楊執柔爲黨公且免死仁傑歎曰皇天后土使仁傑爲此乎即以首觸柱血流被面壽懼而謝守者寖弛即裂衾帛書冤狀置

綿衣中好謂吏曰方署請付家撤絮仁傑子光遠得書上變
后遣使案視俊臣命仁傑冠帶見使者私令德壽作謝死表
附使以聞后乃召見仁傑謂曰承反何耶對曰不承反死笞
掠矣示其表曰無之后知代署因免死貶彭澤令 長壽元年
春一月居相位僅六月
冬閏十月甲寅以幽州都督狄仁傑爲鸞臺侍郎同平章事
時發兵戍疏勒四鎮百姓怨苦仁傑上疏曰天生四夷皆在
先王封畧之外故東距滄海西阻流沙北橫大漠南阻五嶺
此天所以限夷狄而阻中外也自典籍所紀聲教所及三代

不能至者國家兼盡之矣詩人矜薄伐于太原美化行于江漢則三代之遠裔皆國家之域中也若乃用武方外邀功絶域竭府庫之實以爭不毛之地得其人不足增賦獲其土不可耕織苟求冠帶遠夷之稱不務固本安人之術此秦皇漢武之所行非五帝三王之事業也始皇窮兵極武務求廣地死者如麻致天下潰叛漢武征伐四夷百姓困窮盜賊蜂起末年悔悟息兵罷役故能爲天所祐近者國家頻歲出師所費滋廣西戍四鎮東戍安東調發日加百姓虛弊今關東饑饉蜀漢逃亡江淮已南徵求不息人不復業相率爲盜本根

一搖憂患不淺其所以然者皆以爭蠻貊不毛之地乖子養蒼生之道也昔漢元納賈捐之之謀而罷朱崖郡宣帝用魏相之策而弃車師之田豈不欲慕尚虛名蓋憚勞人力也近貞觀中克平九姓立李思摩爲可汗使統諸部者蓋以夷狄叛則伐之降則撫之得推亡固存之義無遠戍勞人之役此近日之令典經邊之故事也竊謂宜立阿史那斛瑟羅爲可汗委之四鎮繼高氏絕國使守安東省軍費于遠方并甲兵於塞上使夷狄無侵侮之患則可矣何必窮其窟穴與螻蟻校長短哉但當敕邊兵謹守備遠斥候聚資糧待其自致然後

擊之以逸待勞則戰士力倍以主禦客則我得其便堅壁清野則寇無所得自然二賊深入則有顛躓之慮淺入必無寇獲之益如此數年可使二虜不擊而服矣事雖不行識者是之

神功元年武承嗣三思營求爲太子數使人說太后曰自古天子未有以異姓爲嗣者太后意未決狄仁傑每從容言于太后曰文皇帝櫛風沐雨親冒鋒鏑以定天下傳之子孫大帝以二子託陛下陛下今乃欲移之他族無乃非天意乎且姑姪之與母子孰親陛下立子則千秋萬歲後配食太廟承繼無窮立

姪則未聞姪爲天子而祔姑于廟者也太后曰此朕家事卿勿預知仁傑曰王者以四海爲家四海之內孰非臣妾何者不爲陛下家事君爲元首臣爲股肱義同一體況臣備位宰相豈得不預知乎又勸太后召還廬陵王太后意稍悟他日又謂仁傑曰朕夢大鸚鵡兩翼皆折何也對曰武者陛下之姓兩翼二子也陛下起二子則兩翼振矣太后由是無立承嗣三思之意聖歷元年三月遣外郎徐彥伯召廬陵王及妃諸子詣行在療疾戊子玉至成都以狄仁傑兼納言太后命宰相各舉尚書郎一人仁傑舉其子司府丞光嗣拜地官員外郎已而稱職太后喜曰卿足繼

祁奚矣通事舍人河南元行沖博學多通仁傑重之行沖數規諫仁傑且曰凡爲家者必有儲蓄脯醢以適口參朮以攻疾僕竊計明公之門珍味多矣行沖請備藥物之末仁傑笑曰吾藥籠中物何可一日無也行沖名澹以字行

皇嗣固請遜位于廬陵王太后許之壬申立廬陵王哲爲皇太子復名顯赦天下用戌命太子爲河北道元帥以討突厥先是募人月餘不滿千人及聞太子爲元帥應募者雲集未幾數盈五萬戊寅以狄仁傑爲河北道行軍副元帥時太子不行命仁傑知元帥事太后親送之

以狄仁傑爲河北道安撫大使時北人爲突厥所驅逼者虜退懼誅往往亡匿仁傑上疏曰朝廷議者皆罪契丹突厥所脅從之人言其迹雖不同心則無別誠以山東近緣軍機調發傷重家道悉破或至逃亡重以官典侵漁因事而起枷杖之下痛切肌膚事迫情危不循禮義愁苦之地不樂其生有利則歸且圖賒死此乃君子之愧辱小人之常行也又諸城入偽或待天兵將士求功皆云攻得臣憂濫賞亦恐非辜至于污辱妻子刧掠貨物信知兵士不仁簪笏未能以免今之歸正卽是平人翻被破傷豈不悲痛夫人猶水也壅之則爲

泉疏之則爲川逼塞隨流豈有常性今負罪之伍潛竄山澤赦之則出不赦則狂山東羣盜緣茲聚結故臣以爲邊塵暫起不足爲憂中土不安此爲大事罪之則衆情恐懼恕之則反側自安伏願曲赦河北諸州一無所問制從之仁傑于是撫慰百姓得突厥所驅掠者悉遞還本貫散糧運以賑貧乏修郵驛以濟旋師恐諸將及使者妄求供頓乃自食疏糲禁其下無得侵擾百姓犯者必斬河北遂安聖歷元年

仁傑之入相也婁師德實薦之而仁傑不知意頗輕師德太后覺之嘗問仁傑曰師德賢乎對曰爲將能謹守邊鄙賢則

臣不知又曰師德知人乎對曰臣嘗同僚未聞知人也太后曰朕之知卿乃師德所薦亦可謂知人矣仁傑既出歎曰婁公盛德我爲其所包容久矣吾不能窺其際也

太后幸三陽宫避暑有胡僧邀車駕觀葬舍利太后許之仁傑跪于馬前曰佛者夷狄之神不足以屈天下之主胡僧詭譎直欲邀致萬乘以惑遠近之人耳山路險狹不容侍衛非萬乘所宜臨也太后中道而還曰以成吾直臣之氣久視元年

初契丹將李楷固善用緪索及騎射舞槊每陷陳如鶻入烏羣所向披靡黄麞之戰張元遇麻仁節皆爲所緪又有駱務

整者亦契丹將屢敗唐兵及孫萬榮死二人皆來降有司責其後至奏請族之仁傑曰楷固等並驍勇絕倫能盡力於所事必能盡力于我若撫之以德皆爲我用矣奏請赦之所親皆止之仁傑曰苟利於國豈爲身謀太后用其言赦之又請與官太后以楷固爲左鈐衛將軍務整爲右武威衛將軍使將兵擊契丹餘黨悉平之久視元年秋七月獻俘於含樞殿太后以楷固爲左玉鈐衛大將軍燕國公賜姓武氏召公卿合宴舉觴屬仁傑曰公之功也將賞之對曰此乃陛下威靈將帥盡力臣何功之有固辭不受

太后欲造大像使天下僧尼日出一錢以助其功狄仁傑上疏諫其畧曰今之伽藍制過宫闕功不使鬼止在役人物不天來終須地出不損百姓將何以求又曰游僧皆託佛法詿誤生人里陌動有經坊闤闠亦立精舍化誘所急切于官徵佛事所須嚴于制敕又曰梁武簡文捨施無限及三淮沸浪五嶺騰烟列刹盈衢無救危亡之禍緇衣蔽路豈有勤王之師又曰雖歛僧錢百未支一尊容既廣不可露居覆以百層尚憂未遍自餘廊宇不能全無如來設教以慈悲爲主豈欲勞人以存虛飾又曰比來水旱不節當今邊境未甯若費官

財又盡人力一隅有難將何以救之太后曰公教朕爲善何得相違遂罷其役

太后信重內史梁文惠公狄仁傑羣臣莫及常謂之國老而不名仁傑好面引廷爭太后每屈意從之常從太后遊幸遇風吹仁傑巾墜而馬驚不能止太后命太子追執其鞚而繫之仁傑每以老疾乞骸骨太后不許入見常止其拜曰每見公拜朕亦身痛仍免其宿直戒其同僚曰自非軍國大事勿以煩公辛丑薨太后泣曰朝堂空矣自是朝廷有大事衆或不能決太后輒嘆曰天奪吾國老何太早耶太后常問仁傑

朕欲得一佳士用之誰可者仁傑曰未審陛下欲何所用之太后曰欲用爲將相仁傑對曰文學蘊藉則蘇味道李嶠固其選矣必欲取卓犖奇才則有荆州長史張柬之其人雖老宰相才也太后擢柬之爲洛州司馬數日又問仁傑對曰前薦柬之尚未用也太后曰已遷矣對曰臣所薦者宰相非司馬也乃遷秋官侍郎卒用爲相仁傑又嘗薦夏官侍郎姚元崇監察御史曲阿桓彥範太州刺史敬暉等數十人率爲名臣或謂仁傑曰天下桃李悉在公門仁傑曰薦賢爲國非爲私也

當其緩時身辱名污未免苟合取容洪非介介自守君子所能爲也

萬廷言曰陳曲逆之於呂氏狄梁公之於武氏頡濵謂其皆以緩得可謂至言士君子當天下大事未有不如此而有成者易屯勿用有攸往非不往也正緩意耳緩則交歡將相與汲引張司馬等漸次建侯樹善類而經綸布置方有地步特乘閒以動耳使二公稍急則身且不保何國事之有讀史者此等處皆當深味

大臣法則目錄

南豐謝友游約齋彙纂　孫修擴　元孫鳴謙本量鳴盛鳴篁原本

易堂髻山諸友評定　同郡後學饒拱辰吳榮祖譚光烈儲粲編校

受業門人參訂　曾孫鏞重刊

泌有經世志而初不欲官者蓋恐脫身之難故欲以局外之身與局中之事則後日

大臣法則卷之三

李泌　唐玄宗　肅宗　代宗　德宗

李泌字長源魏人幼以才敏著聞玄宗使與忠王遊忠王爲太子泌已長上書言事玄宗欲官之不可使與太子爲布衣交太子常謂之先生楊國忠惡之奏徙蘄春後得歸隱居潁陽肅宗即位靈武物色求訪會泌亦自嵩潁閒冒難奔赴行在至彭源謁見陳天下所以成敗事帝悅欲授以官固辭願以客從入議國事出陪輿輦至於四方文狀將相遷除皆與泌參議權踰宰相衆指曰著黃者聖人著白者山人帝聞因

賜金紫拜元帥廣平王行軍司馬帝嘗曰卿事上皇中爲朕師友今下判廣平行軍朕父子資卿道義云

建甯王倓性英果有才畧從上自馬嵬北行兵衆寡弱屢逢寇盜倓自選驍勇居上前後血戰以衞上上或過時未食倓悲泣不自勝軍中皆屬目向之上欲以倓爲天下兵馬元帥使統諸將東征李泌曰建甯誠元帥才也然廣平兄也若建甯功成豈可使廣平爲吳太伯乎上曰廣平冢嗣也何必以元帥爲重泌曰廣平未正位東宮今天下艱難衆心所屬在於元帥若建甯大功旣成陛下雖欲不以爲儲副同立功者

嫌疑脫盡

其肯已乎太宗上皇卽其事也上乃以廣平王俶爲天下兵馬元帥諸將皆以屬焉俶聞之謝泌曰此固俶之心也上聞軍士衣黃衣白之言以告泌曰艱難之際不敢相屈以官且衣紫袍以絕羣疑泌不得已受之服之入謝上笑曰旣服此豈可無名稱出懷中敕以泌爲侍謀軍國元帥府行軍長史泌固辭上曰朕非敢相卿以濟艱難耳俟賊平任行高志泌乃受之置元帥府於禁中俶入則泌在府泌入俶亦如之泌又言於上曰諸將畏憚天威在陛下前敷陳軍事或不能盡所懷萬一小差爲害甚大乞先令與臣及廣平熟議臣

非過主信至此則良娣事亦宜放過建甯忠貞至性友孝洞然

與廣平從容奏聞可者行之不可者已之上許之時軍旅務繁四方奏報自昏至曉無虛刻上悉使送府泌先開視有急切者及烽火重封隔門通進餘則待明禁門鑰契悉委俶與泌掌之

上皇賜張良娣七寶鞍李泌言於上曰今四海分崩當以儉約示人良娣不宜乘此請撤其珠玉付庫吏以俟有戰功者賞之良娣自閤中言曰鄉里之舊何至於是上曰先生爲社稷計也遽命撤之建甯王倓泣於廊下聲聞於上上驚召問之對曰臣比憂禍亂未已今陛下從諫如流不日當見陛下

慮及至此仁人心腸眞天高地厚

迎上皇還長安是以喜極而悲耳艮娣由是惡泌及倓上嘗從容與泌語及李林甫欲敕諸將克長安發其冢焚骨揚灰泌曰陛下方定天下奈何讐死者彼枯骨何知徒示聖德之不宏耳且方今從賊者皆陛下之讐也若聞此舉恐阻其自新之心上不悅曰此賊昔日百方危朕當是時朕弗保朝夕朕之全特天幸耳林甫亦惡卿但未及害卿而死耳奈何矜之對曰臣豈不知上皇有天下享五十年太平娛樂一朝失意遠處巴蜀南方地惡上皇春秋高聞陛下此敕意必以爲用韋妃之故天寶五載林甫擠妃兄韋堅太子請與妃離婚內慚不懌萬一感

憤成疾是陛下以天下之大不能安君親言未畢上流涕被面降階仰天拜曰朕不及此是天使先生言之也遂抱泌頸泣不已他日上又謂泌曰良娣祖母昭成太后之妹也上皇所念朕欲使正位中宮以慰上皇心何如對曰陛下在靈武以羣臣望尺寸功故踐大位非私己也至於家事宜待上皇之命不過早晚歲月之閒耳上從之

上問李泌曰今敵強如此何時可定對曰臣觀賊所獲子女金帛皆輸之范陽此豈有雄據四海之志耶今獨虜將或為之用中國之人惟高尚等數人自餘皆脅從耳以臣料之不

過二年天下無寇矣上曰何故對曰賊之驍將不過史思明安守忠田乾真張忠志阿史那承慶等數人而已今若令李光弼自太原出井陘郭子儀自馮翊入河東則思明忠志不敢離范陽常山守忠乾真不敢離長安是以兩軍縶其四將也從祿山者獨承慶耳願敕子儀勿取華陰使兩京之道常通陛下以所徵之兵軍於扶風與子儀光弼互出擊之彼救首則擊其尾救尾則擊其首使賊往來數千里疲於奔命我以逸待勞賊至則避其鋒去則乘其弊不攻城不遏路來春復命建甯爲范陽節度大使並塞北出與光弼南北犄角以

取范陽覆其巢穴賊退則無所歸留則不獲安然後大軍四合而攻之必成擒矣上悅

上從容謂泌曰廣平爲元帥踰年今欲命建寧專征又恐勢分立廣平爲太子何如對曰臣固嘗言之矣戎事交切須卽區處至於家事當俟上皇不然後代何以辨陛下靈武卽位之意耶此必有人欲令臣與廣平有隙耳臣請以語廣平廣平亦有必未敢當泌出以告廣平王俶俶曰此先生深知其心欲曲成其美也乃入固辭曰陛下猶未奉晨昏臣何心敢當儲副願俟上皇還宮臣之幸也上賞慰之

倓固不學術泌於此不詳教之不大孤負至性人乎

張良娣與李輔國相表裏皆惡泌建寧王倓謂泌曰先生舉倓於上得展臣子之效無以報德請爲先生除害泌曰何也倓以良娣爲言泌曰此非人子所言願王姑置之倓不從數於上前詆訐良娣輔國罪惡二人譖之於上曰倓恨不得爲元帥謀害廣平王上怒賜倓死於是廣平王俶及李泌皆內懼俶謀去輔國及良娣泌曰不可王不見建寧之禍乎俶曰竊爲先生憂之泌曰泌與主上有約矣俟平京師則去還山庶免於患俶曰先生去則俶愈危矣泌曰王但盡人子之孝良娣婦人委曲順之亦何能爲

上謂泌曰今郭子儀李光弼已爲宰相若克兩京平四海則無官以賞之奈何對曰古者官以任能爵以酬功漢魏以來雖以郡縣治民然有功則錫以茅土傳之子孫至於周隋皆然唐初未得關東故封爵皆設虛名其食實封者給繒布而已貞觀中太宗欲復古制大臣議論不同而止由是賞功者多以官夫以官賞功有二害非才則廢事權重則難制是以功臣居大官者皆不爲子孫之遠圖務乘一時之權以邀利無所不爲嚮使祿山有百里之國則亦惜之以傳子孫不反矣爲今之計俟天下既平莫若疏爵土以賞功臣則雖大國

不過二三百里可比今之小郡豈難制哉於人臣乃萬世之利也上曰善

上至鳳翔旬日隴右河西安西西域之兵皆會李泌請遣安西及西域之衆如前策並塞東北自歸檀南取范陽上曰今大衆已集庸調亦至當乘兵鋒擣其腹心而更引兵東北數千里先取范陽不亦迂乎對曰今以此衆直取兩京必得之然賊必再强我必又困非久安之策上曰何也對曰今所恃者皆西北守塞及諸胡之兵性耐寒而畏暑若乘其新至之鋭攻祿山已老之師其勢必克兩京春氣已深賊收其餘衆

遁歸巢穴關東地熱官軍必困而思歸不可留也賊休兵秣馬伺官軍之去必復南來然則征戰之勢未有涯也不若先用之於寒鄉除其巢穴則賊無所歸根本永絕矣上曰朕切於晨昏之戀不能待此決矣

至德二載九月廣平王俶入長安城留三日引大軍東出捷書至鳳翔百僚入賀上召泌於長安既至上曰朕已表請上皇東歸朕當還東宮復修人子之職泌曰表可追乎上曰已遠矣泌曰上皇不來矣上驚問故泌曰理勢自然上曰爲之奈何泌曰今請更爲羣臣賀表言自馬嵬請留靈武勸進及

今成功聖上思戀晨昏請速還京以就孝養之意則可矣上即使泌草表上讀之泣曰朕始以至誠願歸萬機今聞先生之言乃寤其失立命中使奉表入蜀因就泌飲酒同榻而寢李輔國請取契鑰付泌泌請使輔國掌之上許之泌曰臣今報德足矣復爲閒人何樂如之上曰朕與先生累年同憂患今方同娛樂奈何遽欲去乎泌曰臣有五不可留願陛下聽臣去免臣於死上曰何謂也對曰臣遇陛下太早陛下任臣太重寵臣太深臣功太過迹太奇此其所以不可留也上曰且眠矣異日議之泌對曰陛下今就臣榻臥猶不得請況異

日香案之前乎陛下不聽臣去是殺臣也上曰不意卿疑朕如此豈有如朕而辨殺卿耶是直以朕爲句踐也對曰陛下不辨殺臣故臣求歸若其旣辨臣安敢復言且殺臣者非陛下也乃五不可也陛下向日待臣如此臣於事猶有不敢言者況天下旣定臣敢言乎上良久曰卿以朕不從卿北伐之謀乎對曰非也所不敢言者乃建甯耳上曰建甯朕之愛子性英果艱難時有功朕豈不知之但因此爲小人所教欲害其兄圖繼嗣朕以社稷大計不得已而除之卿不細知其故耶對曰若有此心廣平當怨之廣平每與臣言其寃輒流涕

嗚咽臣今必辭陛下去始敢言之耳上曰渠嘗夜捫廣平意欲加害對曰此皆出讒人之口豈有建甯之孝友聰明肯爲此乎且陛下昔欲用建甯爲元帥臣請用廣平建甯若有此心當深憾於臣而以臣爲忠益相親善陛下以此可察其心矣上乃泣下曰先生言是也既往不咎朕不欲聞之泌曰臣所以言之者非咎既往乃欲使陛下愼將來耳昔天后有四子長曰太子宏天后方圖稱制惡其聰明酖殺之立次子雍王賢賢內憂懼作黃臺瓜辭冀以感悟天后天后不聽賢卒死於黔中其辭曰種瓜黃臺下瓜熟子離離一摘使瓜好再

摘使瓜稀三摘猶爲可四摘抱蔓歸今陛下已一摘矣愼毋再摘上愕然曰安有是哉卿錄是辭朕當書紳對曰陛下但識之於心何必形之於外也是時廣平王有大功良娣忌之潛搆流言故泌言及之

上皇初得上請歸東宮表彷徨不能食欲不歸及羣臣表至乃大喜命食作樂下詔定行日上召李泌告之曰皆卿力也泌求歸山不已上固留之不能得乃聽歸衡山敕郡縣爲之築室於山中給三品料

初上遣中使徵泌於衡山（代宗大曆三年）既至復賜金紫（肅宗曾賜金紫歸衡

山反其初服今復賜爲之作書院於蓬萊殿側上時衣汗衫躡屐過之自給舍以上及方鎮除拜軍國大事皆與之議又使魚朝恩於白花屯爲泌作外院使與親舊相見上欲以泌爲門下侍郎同平章事泌固辭上曰機務之煩不得晨夕相見誠不若居密近何必署敕然後爲宰相耶後因端午王公妃主各獻服玩上謂泌曰先生何獨無所獻對曰臣居禁中自巾至履皆陛下所賜所餘惟一身耳何以爲獻上曰朕所求正在此耳泌曰臣身非陛下有誰則有之上曰先帝欲以宰相屈卿而不能得自今既獻其身當惟朕所爲不爲卿有矣泌曰陛

下欲使臣何爲上曰朕欲卿食酒肉有室家受祿位爲俗人泌泣曰臣絕粒二十餘年陛下何必使臣隳其志乎上曰泣復何益卿在九重之中欲何之乃命中使爲泌葬二親又爲泌娶盧氏女爲妻資費皆出縣官賜第於光福坊令泌數日宿第中數日宿蓬萊院上與泌語及齊王倓欲厚加褒贈泌請用岐薛故事贈太子岐王薛王贈太子皆在玄宗朝上泣曰吾弟首建靈武之議成中興之業岐薛豈有此功乎竭誠忠孝乃爲讒人所害向使尚存朕必以爲太弟今當崇以帝王成吾夙志乙卯制追謚倓曰承天皇帝庚申葬順陵

以人主之權親愛一臣至於無有倫比奈何亦爲奸臣所忌必委曲保固始能至之此殆不可解

元載以泌有寵於上忌之言泌常與親故宴於北軍與魚朝恩親善宜知其謀上曰北軍泌之故吏也故朕使之就見親故朝恩之誅泌亦與謀卿勿以爲疑載與其黨攻之不已會江西觀察使魏少游求參佐上謂泌曰元載不容卿朕今匿卿於魏少游所俟朕決意除載當有信報卿可束裝來乃以泌爲江西判官且屬少游使善待之

上召江西判官李泌入見語以元載事曰與卿別八年乃能誅此賊賴太子發其陰謀不然幾不見卿對曰臣昔日固嘗言之陛下知羣臣有不善則去之含容太過故至於此上曰

愛惜人才何所不至

以中興元勳功業赫

事亦應十全不可輕發上因言朕面屬卿於路嗣恭而嗣恭取載意奏卿爲虔州別駕嗣恭初平嶺南獻琉璃盤徑九寸朕以爲至寶及破載家得嗣恭所遺載琉璃盤徑尺俟其至當與卿議之泌曰嗣恭爲人小心善事人畏權勢精勤吏事而不知大體昔爲縣令有能名陛下未暇知之爲載所用故爲之盡力陛下誠知而用之彼亦爲陛下盡力矣虔州別駕臣自欲之非其罪也且嗣恭新立大功陛下豈得以一琉璃盤罪之耶上意乃解以嗣恭爲兵部尚書

常袞言於上曰陛下久欲用李泌昔漢宣帝欲用人爲公卿

赫於天壤必欲試以刺史而後用之常袞眞蠻語也

必先試理人請且以爲刺史使周知人間利病俟報政而後用之十四年春正月以李泌爲澧州刺史

初肅宗在靈武上爲奉節王學文於李泌代宗之世泌居蓬萊書院上爲太子亦與之遊及上在興元泌爲杭州刺史上急詔徵之與睦州刺史杜亞俱詣行在乙未以泌爲左散騎常侍亞爲刑部侍郎命泌日直西省以候對朝野皆屬目附之上問泌河中密邇京城朔方兵素稱精銳如達奚小俊等皆萬人敵朕旦夕憂之奈何對曰天下事甚有可憂者若惟河中不足憂也夫料敵者料將不料兵今懷光將也小俊之

邊外事無不瞭然始可爲宰相

徒乃兵耳何足爲意懷光旣解奉天之圍視朱泚垂亡之虜不能取乃與之連和使李晟得取以爲功今陛下已還宮闕懷光不束身歸罪乃虐殺使臣鼠伏河中如夢魘之人耳但恐不日爲帳下所梟使諸將無以藉手也上德宗也

初上發吐蕃以討朱泚許成功以伊西北庭與之及泚誅吐蕃來求地上欲召兩鎮節度使郭昕李元忠還朝以其地與之李泌曰安西北庭人性驍悍控制西域五十七國及十姓突厥又分吐蕃之勢使不能併兵東侵奈何拱手與之且兩鎮之人勢孤地遠盡忠竭力爲國家固守近二十年誠可哀

每於有過中錄人才眞天地爲量

降一旦棄之以與戎狄彼其心必深怨中國他日從吐蕃入寇如報私讐矣況日者吐蕃觀望不進陰持兩端大掠武功受賂而去何功之有衆議亦以爲然上遂不與

李勉至長安素服待罪議者多以勉失守大梁（建中四年大梁爲李希烈所陷）不應倚爲相李泌言於上曰李勉公忠雅正而用兵非其所長及大梁不守將士棄妻子而從之者殆二萬人足以見其得衆心矣且劉洽出勉麾下勉至睢陽悉舉其衆以授之卒平大梁亦勉之功也上乃命勉復位

議者又言韓滉聞鑾輿在外聚兵修石頭城陰蓄異志上疑

之以問李泌對曰滉公忠清儉自車駕在外滉貢獻不絕且鎮江東十五州盜賊不起皆滉之力也所以修石頭城者滉見中原板蕩謂陛下將有永嘉之行（晉永嘉之亂元帝南度）為迎扈之備耳此乃人臣忠篤之慮奈何更以為罪乎滉性剛嚴不附權貴故多謗毀願陛下察之臣敢保其無他上曰外議洶洶章奏如麻卿弗聞乎對曰臣固聞之其子皐為考功員外郎今不敢歸省其親正以謗語沸騰故也上曰其子猶懼如此卿奈何保之對曰滉之用心臣知之最熟願上章明其無他乞宣示中書使朝衆皆知之上曰朕方欲用卿人亦何易可

一事兩全
迎刃而解

保慎勿違衆恐并爲卿累也泌退遂上章請以百口保渙他日上謂泌曰卿竟上章已爲卿留中雖知卿與渙親舊豈得不自愛其身乎對曰臣豈肯私於親舊以負陛下顧渙實無異心臣之上章以爲朝廷非爲身也上曰如何其爲朝廷對曰今天下旱蝗關中米斗千錢倉廩耗竭而江東豐稔願陛下早下臣章以解朝衆之惑面諭韓臬使之歸覲令渙感激無自疑之心速運糧儲豈非爲朝廷耶上曰善朕深諭之矣卽下泌章令韓臬謁告歸覲面賜緋衣諭以卿父比以謗言朕今知其所以釋然不復信矣因言關中乏糧歸語卿父宜

滉固忠然此段感激之自泌發之

速致之臯至潤州滉感悅流涕即日自臨水濱發米百萬斛聽臯留五日即還朝臯別其母啼聲聞於外滉怒召出撻之自送至江上冒風濤而遣之既而陳少游聞滉貢米亦貢二十萬斛（少游時鎮淮南）上謂泌曰韓滉乃能化陳少游貢米矣對曰豈惟少游諸道將爭入貢矣

陜虢都兵馬使達奚抱暉鴆殺節度使張勸代總軍務邀求旌節且陰召李懷光將達奚小俊為援上謂李泌曰若蒲陜連衡則猝不可制且抱暉據陜則水陸之運皆絕矣不得不煩卿一往辛丑以泌為陜虢都防禦水陸運使上欲以神策

軍送泌之官問須幾何人對曰陝城三面懸絶攻之未可以歲月下也臣請以單騎入之上曰單騎如何可入對曰陝城之人不慣逆命此特抱暉爲惡耳若以大兵臨之彼閉壁定矣臣今單騎抵其近郊彼舉大兵則非敵若遣小校來殺臣未必不更爲臣用也且今河東全軍屯安邑馬燧入朝願敕燧與臣同辭偕行使陝人欲加害於臣則畏河東移軍討之此亦一勢也上曰雖然朕方大用卿寧失陝州不可失卿當更使他人往耳對曰他人必不能入今事變之初衆心未定故可出其不意奪其姦謀他人猶豫遷延俾其成謀則不得

前矣上許之泌見陝州進奏官及將吏在長安者語之曰主上以陝虢饑故不授泌節而領運使欲令督江淮米以賑之耳陝州行營在夏縣亦以討河中李懷光若抱暉可用當使將之有功則賜旌節矣抱暉覘者馳告之抱暉稍自安泌具以語白上曰欲使其士卒思米抱暉思節必不害臣矣上曰善戊申泌與馬燧俱辭行庚戌加泌陝虢觀察使泌出潼關鄜坊節度使唐朝臣以步騎三千布於關外曰奉密詔送公至陝泌曰辭日奉進止以便宜從事此一人不可相躡而來來則吾不得入陝矣唐臣以受詔不敢去泌寫宣以卻之因疾驅而前

鄴妙入神

抱暉不使將佐出迎惟偵者相繼泌宿曲沃將佐不俟抱暉之命來迎泌笑曰吾事濟矣去城十五里抱暉亦出謁泌稱其攝事保完城隍之功曰軍中煩言不足介意公等職事皆按堵如故抱暉出而喜泌既入城視事賓佐有請屏人白事者泌曰易帥之際軍中煩言乃其常理泌到自妥貼矣不願聞也由是反仄者皆自安泌但索簿書治糧儲明日召抱暉至宅語之曰吾非愛汝而不誅恐自今有危疑之地朝廷所命將帥皆不能入故匄汝餘生汝爲我齎版幣祭前使愼無入關自擇安處潛來取家保無他也泌之辭行也上籍陝將

預於亂者七十五人授泌使誅之泌既遣抱暉日中宣慰使至泌奏已遣抱暉餘不足問上復遣中使至陝必使誅之泌不得已械林滔等五人送京師懇請赦之詔謫戍天德歲餘竟殺之而抱暉遂亡命不知所之達奚小俊引兵至境聞泌已入陝而還

貞元三年　初李希烈據淮西選騎兵尤精者爲左右門槍奉國四將步兵尤精者爲左右克平十將淮西少馬精兵皆乘騾謂之騾軍陳仙奇舉淮西降纔數月詔發其兵於京西防秋仙奇遣都知兵馬使蘇浦將淮西精兵五千人以行會仙

奇為吳少誠所殺少誠密遣人召門槍兵馬使吳法超等使引兵歸浦不之知法超等引步騎四千自鄜州叛歸丙午上急遣中使敕陝虢觀察使李泌發兵防遏勿令濟河泌遣押牙唐英岸將兵趣靈寶淮西兵已陳於河南矣泌乃命靈寶給其食靈寶縣在陝州西四十五里淮西兵亦不敢剽掠明日宿陝西七里泌不給其食遣將將選士四百人分為二隊伏于太原倉之隘道令之曰賊十隊過東伏則大呼擊之西伏亦大呼應之勿遮道勿留行常讓以半道隨而擊之通鑑註曰遮道留行賊必人自爲戰讓以半道隨而擊之前者得脫後者務進心不在戰此所以制勝又遣虞候集近村少年各

持弓刀瓦石躡賊後聞呼亦應而追之又遣唐英岸將于五百人夜出南門陳於澗北明日四鼓淮西兵起行入隘兩伏發賊衆驚亂且戰且走死者四之一進遇唐英岸邀而擊之賊衆大敗擒其騾軍兵馬使張崇獻泌以賊必分兵自山路南遁又遣都將燕子楚將兵四百自炭谷趣長水賊二日不食屢戰皆敗英岸追至永寧東賊皆潰入山谷吳法超果帥其衆大半趣長水燕子楚擊之斬法超殺其士卒三分之二上命劉元佐乘驛歸汴以詔書緣道誘之得百三十餘人至汴州盡殺之其潰兵在道復爲村民所殺得至蔡者纔四十

七人吳少誠以其少悉斬之以聞且遣使以幣謝泌爲其誅
叛卒也泌執張崇獻等六十餘人送京師詔悉腰斬於鄜州
軍門以令防秋之衆
以陝虢觀察使李泌爲中書侍郎同平章事貞元三年六月泌初視
事王寅與李晟馬燧栁渾俱入見上謂泌曰卿昔在靈武已
應爲此官卿自退讓朕今用卿欲與卿有約卿愼勿報仇有
恩者朕當爲卿報之對曰臣素奉道不與人爲仇李輔國元
載皆害臣者今自斃矣素所善及有恩者率已顯達或多零
落臣無可報也上曰雖然有小恩者亦當報之對曰臣今日

亦願與陛下爲約可乎上曰何不可泌曰願陛下勿害功臣臣受陛下厚恩固無形迹李晟馬燧有大功於國聞有譖之者雖陛下必不聽然臣今日對二人言之欲其不自疑耳陛下萬一害之則宿衛之士方鎮之臣無不憤惋而反仄恐中外之變不日復生也人臣苟蒙人主愛信則幸矣官於何有臣在靈武之日未嘗有官而將相皆受臣指畫陛下以李懷光爲太尉而懷光愈懼遂至於叛此皆陛下所親見也今晟燧富貴已足苟陛下坦然待之使其自保無虞國家有事則出從征伐無事則入奉朝請何樂如之故臣願陛下勿以二

臣功大而忌之二臣勿以位高而自疑則天下永無事矣上曰朕始聞卿言聳然不知所謂及聽卿剖析乃知社稷之至計也朕謹當書紳二大臣亦當共保之晟燧皆起泣謝上因謂泌曰自今凡軍旅糧儲事卿主之吏禮委延賞刑法委渾泌曰不可陛下不以臣不才使待罪宰相宰相之職不可分也非如給事則有吏過兵過吏部兵部主文武選凡奏擬皆過門下省百司奏鈔侍中既審給事中讀之有違失則駮正舍人則有衍六押至於宰相天下之事咸共平章若各有所主是乃有司非宰相也上笑曰朕適失辭卿言是也泌請復所減州縣官上曰置吏以爲人也今戶口減

於承平之時三分之二而吏員更增可乎對曰戶口雖減而事多於承平且十倍吏得無增乎且所減皆有職而冗官不減此所以爲未當也至德以來置額外官敵正官三分之一若聽使計日得資然後停加兩選授同類正員官如此則不惟不怨兼使之喜矣謂計其在官之日敘資然後隨所減員而停其官又加以文武兩選授以正員官與其元所居官同類者又請諸王未出閤者不除府官此所謂冗官不減者因請減而不除上皆從之

初張延賞在西川與東川節度使李叔明有隙上入駱谷上自奉天幸山南時值霖雨道塗險滑衞士多亡歸朱泚叔明之子昇及

郭子儀之子曙令狐彰之子建等六人恐有奸人危乘輿相與嚙臂爲盟著行縢釘鞵更鞚上馬以至梁州他人皆不得近及還長安上皆以爲禁衛將軍寵遇甚厚張延賞知昇私出入郜國大長公主第密以白上上謂李泌曰郜國肅宗女已老昇年少何爲如是殆必有故卿宜察之泌曰此必有欲動搖東宮者誰爲陛下言之上曰卿勿問第爲朕察之泌曰必延賞也上曰何以知之泌具爲上言二人之隙且曰昇承恩顧典禁兵延賞無以爲中傷而郜國乃太子蕭妃之母也故欲以此陷之耳上笑曰是也泌因請除昇他官勿令宿衛

以遠嫌秋七月以昇爲詹事或告主淫亂且爲厭禱上大怒幽主於禁中切責太子太子不知所對請與蕭妃離婚上召李泌告之且曰舒王近長立孝友溫仁泌曰何至於是陛下惟有一子柰何一旦疑之欲廢之而立姪得無失計乎上勃然怒曰卿何得閒人父子誰語卿舒王爲姪者對曰陛下自言之大歷初陛下語臣今日得數子臣請其故陛下言昭靖諸子主上令吾子之今陛下所生之子猶疑之何有於姪舒王雖孝自今陛下宜努力勿復望其孝矣上曰卿不愛家族乎對曰臣惟愛家族故不敢不盡言若畏陛下盛怒而爲曲

從陛下明日悔之必尤臣云吾獨任汝爲相不力諫使至此必復殺而子臣老矣餘年不足惜若冤殺臣子使臣以姪爲嗣臣未知得歆其祀乎因嗚咽流涕上亦泣曰事已如此使朕如何而可對曰此大事願陛下審圖之臣始謂陛下聖德當使海外蠻夷皆戴之如父母豈謂自有子而疑之至此乎臣今盡言不敢避忌諱自古父子相疑未有不亡國覆家者陛下記昔在彭原建寧何故而誅上曰建寧實冤肅宗性急譖之者深耳泌曰臣昔以建寧之故固辭官爵誓不近天子左右不意今日復爲陛下相又覩茲事臣在彭原承恩無比

竟不敢言建寧之冤及臨辭乃言之肅宗亦悔而泣先帝自
建寧之死常懷危懼臣亦爲先帝誦黄臺瓜辭以防讒搆之
端上曰朕固知之貞觀開元皆易太子何故不亡對曰臣方
欲言之昔承乾屢嘗監國託附者衆東宮甲士甚多與宰相
侯君集謀反事覺太宗使其舅長孫無忌與朝臣數十鞫之
事狀顯白然後集百官而議之當時言者猶云願陛下不失
爲慈父使太子得終天年太宗從之并廢魏王泰陛下既知
肅宗性急以建寧爲冤臣不勝慶幸願陛下戒覆車之失從
容三日究其端緒而思之陛下必釋然知太子之無他矣若

果有其迹當召大臣知禮義者二十人與臣鞫其左右必有實狀願陛下如貞觀之法行之并廢舒王而立皇孫則百代之後有天下者猶陛下子孫也至於開元之末武惠妃譖太子瑛兄弟殺之海内冤憤此乃百代所當戒又可法乎且陛下昔嘗令太子見臣於蓬萊池觀其容表非有蠭目豺聲商臣之相也正恐失於仁柔耳又太子自貞元以來常居少陽院在寢殿之側未嘗接外人預外事安有異謀乎彼譖人者巧詐百端雖有手書如晉愍懷衷甲如太子瑛開元二十五年楊洄復搆太子瑛鄂王瑤光王琚與妃兄薛鏽有異謀武惠妃使人詭名太子二王曰宮中有賊請甲以入太子從之妃白帝曰太

泌諫力爭至此可知建寧之死泌肅宗疾急泌不及然耳

子二王謀反甲而來帝使中人視之如言遂並廢為庶人猶未可信況但以妻毋有罪為累乎幸陛下語臣臣敢以家族保太子必不知謀鼎使楊素許敬宗李林甫之徒承此旨已就舒王圖定策之功矣上曰此朕家事何豫於卿而力爭如此對曰天子以四海為家臣今獨任宰相之重四海之內一物失所責歸於臣況坐視太子寃橫而不言臣罪大矣上曰為卿遷延至明日思之泌抽笏叩頭而泣曰臣知陛下父子慈孝如初矣然陛下還宮當自審思勿露此意於左右露之則彼皆欲樹功於舒王太子危矣上曰具曉卿意泌歸謂子弟曰吾本不樂富貴而命與

可見猜疑比暴疾猶可挽回故泌力任不辭也

願違令累汝曹矣太子遣人謝泌曰若必不可救欲先自仰藥何如泌曰必無此慮願太子起敬起孝苟泌身不存則事不可知耳閒一日上開延英殿獨召泌流涕闌干撫其背曰非卿切言朕今日悔無及矣皆如卿言太子仁孝實無他也自今軍國及朕家事皆當謀於卿矣泌拜賀因曰陛下聖明察太子無罪臣報國畢矣臣前日驚悸亡魂不可復用願乞骸骨上曰朕父子賴卿得全方屬子孫使卿代代富貴以報德何爲出此言乎甲午詔李昪等及公主五子皆流嶺南及遠州

初河隴既沒於吐蕃自天寶以來安西北庭奏事及西域使人在長安者歸路既絕人馬皆仰給於鴻臚禮賓委府縣供之於度支受直度支不時付直長安市肆不勝其弊李泌知胡客畱長安久者或四十餘年皆有妻子買田宅舉質取利安居不欲歸命檢括胡客有田宅者停其給凡得四千人將停其給胡客皆詣政府訴之泌曰此皆從來宰相之過豈有外國朝貢使者畱京師數十年不聽歸乎今當假道於回紇或自海道各遣歸國有不願歸者當於鴻臚自陳授以職位給俸祿爲唐臣人生當乘時展用豈可終身客死耶於是胡

客無入願歸者泌皆分隸神策兩軍王子使者爲散兵馬使或押牙餘皆爲卒禁旅益壯鴻臚所給胡客纔十餘人歲省度支錢五十萬緡市人皆喜

德宗嘗與泌議復府兵泌因爲上歷叙府兵自西魏以來興廢之由且言府兵平日皆安居田畝每府有折衝領之折衝以農隙教習戰陳國家有事徵發則以符契下其州及府參驗發之至所期處將帥按閱有教習不精者罪其折衝甚者罪及刺史軍還則賜勲加賞便道罷之行者近不踰時遠不經歲高宗以劉仁軌爲洮河鎭守使以圖吐蕃於是始有久

戍之役武后以來承平日久府兵浸墮爲人所賤百姓恥之至蒸熨手足以避其役又牛仙客以積財爲宰相邊將效之山東戍卒多齎繒帛自隨邊將誘之寄於府庫晝則苦役夜縶地牢利其死而沒入其財故自天寶以後山東戍卒還者十無二三其殘虐如此然未嘗有外叛內侮殺帥自擅者誠以顧戀田園恐累宗族故也自開元之末張說始募長征兵謂之彍騎其後益爲六軍及李林甫爲相奏諸軍皆募人爲之兵不土著又無宗族不自重惜忘身徇利禍亂遂生至今爲梗向使府兵之法常存不廢安有如此下陵上替之患哉陛

下思復府兵此乃社稷之福太平有日矣上曰俟平河中當與卿等議之（貞元三年）上復問泌以府兵之策對曰今歲徵關東卒戍京西者十七萬人計歲食粟二百四萬斛今粟斗直百五十爲錢三百六萬緡國家比遭饑亂經費不充就使有錢亦無粟可糴未暇議復府兵也上曰然則柰何亟減戍卒歸之何如對曰陛下用臣之言可以不減戍卒不擾百姓糧食皆足粟麥日賤府兵亦成上曰苟能如是何爲不用對曰此須急爲之過旬日則不及矣今吐蕃久居原會之間以牛運糧糧盡牛無所用請發左藏惡繒染爲綵纈因黨項以市之

每頭不過二三匹計十八萬匹可致六萬餘頭又命諸冶鑄
農器糴麥種分賜沿邊軍鎮募戍卒耕荒田而種之約明年
麥熟倍償其種其餘據時價五分增一官爲糴之來春種禾
亦如之關中土沃而久荒所收必厚戍卒獲利耕者浸多邊
地居人至少軍士月食官糧粟麥無所售其價必賤名爲增
價實比今歲所減多矣上曰善卽命行之因問曰卿言府兵
亦集如何對曰戍卒因屯田致富則安於其土不復思歸舊
制戍卒三年而代及其將滿下令有願留者卽以所開田爲
永業家人願來者本貫給長牒續食而遣之據應募之數移

報本道雖河朔諸鎮得免更代之煩亦喜聞矣不過數番則戍卒土著乃悉以府兵之法理之是變關中之疲弊爲富强也上喜曰如此天下無復事矣泌曰未也臣能不用中國之兵使吐蕃自困上曰計將安出對曰臣未敢言之俟麥禾有效然後可議也上固問不對泌意欲結回紇大食雲南與共圖吐蕃令吐蕃所備者多知上素恨回紇恐聞之不悅并屯田之議不行故不肯言既而戍卒 願耕屯田者十五六回紇合骨咄祿可汗屢求和親且請昏上未之許會邊將告乏馬無以給之李泌言於上曰陛下誠用臣策數年之後馬

賤於今十倍矣上曰何故對曰願陛下推至公之心屈己徇人爲社稷大計臣乃敢言上曰卿何自疑若是對曰臣願陛下北和回紇南通雲南西結大食天竺如此則吐蕃自困馬亦易致矣上曰三國當如卿言至於回紇則不可對曰臣固知陛下如此所以不敢早言爲今之計當以回紇爲先三國差緩耳上曰惟回紇卿勿言泌曰臣備位宰相事有可否在陛下何至不許臣言上曰朕於卿言皆聽之矣至於回紇宜待子孫於朕之時則固不可泌曰豈非以陝州之恥耶上曰然韋少華等以朕之故受辱而死朕豈能忘之屬國家多難

未暇報之和則決不可卿勿更言先是回紇助唐討史朝義德宗時爲雍王充元帥可汗壁陝州王往見之可汗責王不舞蹈卽引從官韋少華魏琚杖之一夕死王還營官軍以王見辱將合誅回紇王以賊未滅止之於是泌曰害少華者乃牟羽可汗陛下卽位擧兵入寇未出其境今合骨咄祿可汗殺之然則今可汗乃有功於陛下宜受封賞又何怨耶其後張光晟殺突董九百餘人合骨咄祿竟不敢殺朝廷使者然則合骨咄祿固無罪矣上曰卿以和回紇爲是朕固非耶對曰臣爲社稷而言若苟合取容何以見肅宗代宗於天上上

曰容朕徐思之自是泌凡五十餘對未嘗不論回紇事上終
不許泌曰陛下既不許回紇和親願賜臣骸骨上曰朕非拒
諫但欲與卿校理耳何至遽欲去朕耶對曰陛下許臣言此 型
固天下之福也上曰朕不惜屈己與之和但不能負少華輩
對曰以臣觀之少華輩負陛下非陛下負之也上曰何故對
曰昔回紇葉護將兵助討安慶緒肅宗但令臣宴勞之於元
帥府先帝未嘗見也葉護固邀臣至其營肅宗猶不許及大
軍將發先帝始與相見所以然者彼戎狄豺狼也舉兵入中
國之腹不得不過爲防也陛下在陝富於春秋少華輩不能

深慮以萬乘元子徑造其營又不先與之議相見之儀使彼得肆其桀驁豈非少華輩負陛下耶死不足償責矣且香積之捷葉護欲引兵入長安先帝親拜之於馬前以止之葉護遂不敢入城當時觀者十萬餘人皆歎息曰廣平眞華夷主也然則先帝所屈者少所伸者多矣葉護乃牟羽之叔父也牟羽身爲可汗舉全國之兵赴中國之難故其志氣驕矜敢責禮於陛下陛下天資神武不爲之屈當是之時臣不敢言其他若可汗留陛下于營中歡飲十日天下豈得不寒心哉而天威所臨豺狼馴擾可汗母捧陛下於貂裘叱退左右親

石人亦要一點頭

送陛下乘馬而歸陛下以香積之事觀之則屈已爲是乎不屈爲是乎陛下屈於牟羽乎牟羽屈於陛下乎上謂李晟馬燧曰故舊不宜相逢朕素怨回紇今聞泌言香積之事朕自覺少禮卿二人以爲何如對曰果如泌所言則回紇似可恕上曰卿二人復不與朕朕當奈何泌曰臣以爲回紇不足怨曏來宰相乃可怨耳今回紇可汗殺牟羽其國人有再復京城之勳夫何罪乎吐蕃國之災陷河隴數千里之地又引兵入京城使先帝蒙塵於陝此乃必報之仇況其贊普尚存宰相不爲陛下別白言此乃欲和吐蕃以攻回紇此爲可怨耳

事未萌芽之前已爲國家豫立地步

上曰朕與之爲怨已久又聞吐蕃劫盟今往與之和得無復拒我爲夷狄之笑乎對曰不然臣曩在彭原今可汗爲胡祿都督與今國相白婆帝皆從葉護而來臣待之頗親厚故聞臣爲相而求和安有復相拒乎臣今請以書與之約稱臣爲陛下子每使來不過二百人印馬不過千匹毋得攜中國人及商胡出塞五者皆能如約則主上必許和親如此威加北荒旁讋吐蕃足以快陛下平昔之心矣上曰自至德以來與爲兄弟之國今一旦欲臣之彼安肯和乎對曰彼思與中國和親久矣其可汗國相素信臣言若其未諧但應再發一書

耳上從之既而回紇可汗遣使上表稱兒及臣凡泌所與約五事一皆聽命上大喜謂泌曰回紇何畏服卿如此對曰此乃陛下威靈臣何力焉上曰回紇則既和矣所以招雲南大食天竺奈何對曰回紇和則吐蕃已不敢輕犯塞矣次招雲南則是斷吐蕃之右臂也雲南自漢以來臣屬中國楊國忠無故擾之使叛臣於吐蕃苦於吐蕃賦役重未嘗一日不思復爲唐臣也大食在西域爲最强自葱嶺盡西海地幾半天下與天竺皆慕中國代與吐蕃爲仇臣故知其可招也癸亥遣回紇使者合闕將軍歸許以咸安主妻可汗歸其馬價絹

因救李晟一家御救千萬家

五萬匹
妖僧李軟奴自言本皇族見嶽瀆神命已爲天子結殿前射生將韓欽緒等謀作亂丙戌其黨告之上命捕送內侍省推之李晟聞之遽仆於地曰晟族滅矣李泌問其故晟曰晟新罹謗毀中外家人千餘若有一人在其黨中則兄亦不能救矣泌乃密奏大獄一起所連引必多外間人情恟懼請出付臺推上從之泌又以軟奴之黨猶有在北軍未發者請大赦以安之
咸陽人或上言臣見白起令臣奏云請爲國家扞禦西陲正

觀此謂泌好言鬼神恐未必然

月吐蕃必大下請爲朝廷破之以取信旣而吐蕃入寇邊將敗之不能深入上以爲信然欲於京城立廟贈司徒李泌曰臣聞國將興聽於人今將帥立功而陛下褒賞白起臣恐邊臣解體矣若立廟京城盛爲祈禱流聞四方將長巫風今杜郵有舊祠請敕府縣葺之則不至驚人耳目矣且白起列國之將贈三公太重請贈兵部尚書可矣上笑曰卿於白起亦惜官乎對曰人神一也陛下倘不之惜則神亦不以爲榮矣上從之

李泌言於上曰江淮漕運以甬橋爲咽喉地屬徐州鄰於李

處事預防俱國家最關鍵者

納刺史高明應年少不習事若李納一旦復有異圖竊據徐州是失江淮也國用何從而致請徙壽廬濠都團練使張建封鎮徐州割濠泗以隸之復以廬壽歸淮南則淄青惕息而運路常通江淮安矣及今明應幼騃可代宜徵爲金吾將軍萬一使他人得之則不可復制矣上從之以建封爲徐濠泗節度使建封爲政寬厚而有綱紀不貸人以法故其下無不畏而悅之

泌自陳衰老獨任宰相精力耗竭既未聽其去乞更除一相上曰朕深知卿勞苦但未得其人耳上從容與泌論即位以

至誠參贊道理數語輕易發透

來宰相曰盧杞忠清強介人言杞奸邪朕殊不覺其然泌曰人言杞奸邪而陛下獨不覺其奸邪此乃杞之所以爲奸邪也儻陛下覺之豈有建中之亂乎杞以私隙殺楊炎擠顏眞卿於死地激李懷光使叛賴陛下聖明竄逐之人心頓喜天亦悔禍不然亂何由弭上曰楊炎以童子視朕每論事朕可其奏則悅與之往復論難即怒而辭位觀其意以朕爲不足與言故也以是交不可忍非由杞也建中之亂術士豫請城奉天此蓋天命非杞所能致也泌曰天命他人皆可以言之惟君相不可言蓋君相所以造命也若言命則禮樂刑政皆

無所用矣紂曰我生不有命在天此商之所以亡也上曰朕好人與較量理體崔祐甫性褊躁朕難之則應對失次朕常知其短而護之楊炎論事亦有可採而氣色粗傲難之輒勃然怒無復君臣之禮所以每見令人忿發餘人則不敢復言盧杞小心朕所言無不從又無學不能與朕往復故朕所懷常不盡也對曰杞言無不從豈忠臣乎夫言而莫予違此孔子所謂一言喪邦者也上曰惟卿則異彼三人者朕言當卿有喜色不當常有憂色雖時有逆耳之言如曏來紂及喪邦之類朕細思之皆卿先事而言如此則理安如彼則危亂言

雖深切而氣色和順無楊炎之陵傲朕雖往復卿辭理不屈又無好勝之志直使朕中懷已盡屈服而不能不從此朕所以私喜於得卿也泌曰陛下所用相尚多今皆不論何也上曰彼皆非所謂相也凡相者必委以政事如元宗時牛仙客陳希烈可以謂之相乎如肅宗代宗之任卿雖不受其名乃眞相耳必以官至平章事爲相則王武俊之徒皆相也

貞元五年三月甲辰李泌薨泌有謀畧而好談神仙詭誕故爲世所輕

通鑑註曰自李泌爲相觀其處置天下事姚崇以來未之

詭每發一議無不近情切理謂其縱橫大言殊不當

有也史臣謂其出入中禁事四君數爲權倖所疾常以智免好縱橫大言時時讜議能寤移人主意然常持黄老鬼神說故爲人所譏余謂泌以智免信如史臣言矣然其縱横大言持黄老鬼神說亦智也泌處肅代父子之閒其論興復形勢言無不效及張李之閒所以保佑代宗者言無不行元載之讒疾卒能自免可謂智矣至其與德宗論天下事若指諸掌以肅代之信泌而泌不肯爲相以德宗之猜忌而泌夷然當之亦智也嗚呼仕而得君諫行言聽則致身宰輔宜也歷事三世潔身遠害筋力向衰乃方入政

泌之經世大志固才智之大其持黄老說亦見才智之高處亂世君相之閒不得不迫而出於此耳

事堂所謂經濟之畧歸未能爲肅代吐者盡爲德宗吐之豈德宗之度宏於祖父邪泌葢量而後入耳彼德宗之猜忌刻薄直如蕭姜謂之甑已賣直功如李馬忌而置之散地而泌也恣言無憚彼其必以泌爲祖父舊人智畧無方宏濟中興其致信之也久矣泌之所以敢當相位者其自量亦審矣其持黄老鬼神說則子房欲從赤松遊之故智也但子房功成後爲之泌終身篤好之耳

萬廷言曰長源每於父子君臣寇盜夷狄之閒極難極險他人所必不能言且必不敢言者長源必一一處之事愈

難則意愈切論愈堅意愈切論愈堅則氣愈和語愈婉令人主聽之殊不覺其難且險怒自平躁自銷疑自釋卒之父子君臣之間得其情而夷狄盜賊得其理眞目無全牛游刃恢恢而皆謋然解也此豈偶然其中自有鍊心降氣一段實功讀者莫作故事看過須一一體認窮究自反自修始是多識前言往行以畜其德

大臣法則目錄

南豐謝文洊約齋彙纂　孫修撰元孫鳴謙盛 本量鳴篁原本

易堂 髻山 諸友評定　同郡後學饒拱辰 吳榮祖 譚光烈 儲槩 編挍

受業門人參訂

曻孫鏞重刊

卷之四

唐

裴度

宋

呂蒙正

李沆

王曾

大臣法則卷之四

杜黃裳　唐順宗　憲宗

杜黃裳字遵素京兆萬年人先是爲裴延齡所惡（齡德宗時奸相）留滯臺閣十年不遷及其壻韋執誼爲相（王叔文黨）始遷太常卿黃裳勸執誼率羣臣請太子監國（時順宗疾久不愈）執誼驚曰丈人甫得一官奈何啟口議禁中事黃裳勃然曰黃裳受恩三朝（謂肅代德）豈得以一官相買乎拂衣起出（洊曰黃裳固不可阿附然權奸薦起必不宜赴益以親故尤當堅辭不然不陷黨則陷禍）是年俱文珍屢啟上請令太子監國上固厭倦萬機遂許之又以太常卿杜黃裳爲門下侍郎左金吾

大將軍袁滋爲中書侍郎並同平章事俱文珍等以其舊臣
故引用之是年韋執誼貶崖州司馬
初西川節度使韋臯薨節度副史劉闢自爲留後使諸將表
求節鉞朝廷不許以袁滋爲西川節度使徵闢爲給事中闢
不受徵阻兵自守以闢爲節度副使知節度事上以初嗣位
未能討故也憲宗元和元年闢既得旌節志益驕求兼領三
川上不許闢遂發兵圍東川節度使李康於梓州上欲討闢
而重於用兵公卿議者亦以爲蜀險固難取黃裳獨曰闢狂
戇書生取之如拾芥耳臣知神策軍使高崇文勇略可用願

陛下以軍事委之勿置監軍闕必可擒上從之命左神策行
營節度使高崇文將步騎五千爲前軍神策京西行營兵馬
使李元奕將步騎二千爲次軍與山南西道節度使嚴礪同
討闕時宿將名位素重者甚衆皆自謂當應征蜀之選及詔
用崇文皆大驚杜黄裳建議征蜀及指授崇文方畧皆懸合事
宜崇文素憚劉澭時京西諸鎮將惟澭持軍號嚴整故崇文憚之黄裳使人謂之曰
若無功當以劉澭代故能得其死力及蜀平宰相入賀上目
黄裳曰卿之功也
上與杜黄裳論及藩鎮黄裳曰德宗自經憂患務爲姑息不

八上當書
陛右

生除節帥有物故者先遣中使察軍情所與則授之中使或私受大將賂歸而譽之卽降旄鉞未嘗有出朝廷之意者陛下必欲振舉綱紀宜稍以法度裁置藩鎮則天下可得而理也上深以爲然於是始用兵討蜀以至威行兩河皆黃裳啟之也史言杜黃裳開憲宗削平藩鎮之畧功不在裴度下

上與宰相論自古帝王或勤勞庶政或端拱無爲互有得失何爲而可杜黃裳對曰王者上承天地宗廟下撫百姓四夷夙夜憂勤固不可自暇逸然上下有分紀綱有敘苟愼選天下賢才而委任之有功則賞有罪則刑選用以功賞刑以信

則誰不盡力何求不獲哉明主勞於求人而逸於用人此虞舜所以能無爲而治者也至於獄市煩細之事各有司存非人主所宜親也昔秦始皇以衡石程書魏明帝自案行尚書事隋文帝衞士傳飱皆無補於當時取譏於後來其耳目形神非不勤且勞也所務非其道也夫人主患不推誠人臣患不竭忠苟上疑其下下欺其上將以求理不亦難乎上深然其言

元和二年正月門下侍郎同平章事杜黃裳有經濟大畧而不修小節故不得久在相位以同平章事充河中晉絳慈隰

宰相一舉一動雖在隱微亦萬民所具瞻關係朝廷利害四海

節度使游曰前年上與裳論為治得失裳進以委任賢才上不疑下下不欺上為言上深然之不一年遂出史雖有不修小節之説然無所指實得毋為讒言所搖乎君子處亂朝真不可恃也三年九月河中晉絳節度使邠宜公杜黄裳薨

黄裳性雅淡未嘗忤物嘗被疾醫者誤進藥疾遂甚終不怒

遺

李師古跋扈平盧節度使杜黄裳為相遣幹吏饋錢數千緡并氈車子一乘亦直千緡使者未敢遽送於宅門候伺累日有緑輿自宅出從婢二人青衣籃縷言是相公夫人使者遽歸以告師古師古折其謀終身不敢改節游曰此事載世説新語或出於家傳通鑑未載

禍福莫謂小節不謹無疑於事也

考杜黃裳以順宗永貞元年拜相次年元和元年師古薨其終身不敢改節之語出於文飾故通鑑不取然外帥逼辭宰相亦亂朝所必有黃裳不附叔文執誼風節凜凜其律身清正不待言師古所遺吏不敢由意而歸安知黃裳無此等身分師古不一年遽死未知其折謀與否然宰相端嚴外帥畏憚理所固然亦不必疑也觀此則不修小節一語可知其妄

憲宗元和七年十一月辛酉遣知制誥裴度至魏博宣慰度爲田興陳君臣上下之義興聽之終夕不倦通鑑載度事始此

裴度　唐憲宗　穆宗　敬宗　文宗

度字中立河東聞喜人

王叔文之黨坐謫官者凡十年不量移執政有憐其才欲漸進之者恐召至京師諫官爭言其不可上與武元衡亦惡之三月乙酉元和十年皆以爲遠州刺史官雖進而地益遠永州司馬柳宗元爲柳州刺史朗州司馬劉禹錫爲播州刺史宗元曰播非人所居而禹錫親在堂萬無母子俱往之理欲請於朝願以柳易播中丞裴度亦爲禹錫言曰禹錫誠有罪然母老與其子爲死別良可傷上曰爲人子尤當自謹勿貽親憂此則禹錫重可責也度曰陛下方侍太后恐禹錫在所宜矜上良

久乃曰朕所言以責爲人子者耳然不欲傷其親心退謂左右曰裴度愛我終切明日禹錫改連州刺史

王師討蔡以度視行營諸軍還奏攻取策與帝意合且問諸將才否度對李光顔義而勇當有成功不三日光顔破時曲兵帝歎度知人進兼刑部侍郎王承宗李師道謀緩蔡兵乃伏盜京師刺用事大臣已害宰相武元衡又擊裴度傷其首墜溝中度氈帽厚得不死傔人王義自後抱賊大呼賊斷義臂而去議者欲罷度安二鎮反側帝怒曰度得全天也若罷是賊計適行吾倚度足破三賊矣度亦以權紀未張王室淩

遲常憤愧無死所自行營歸知賊曲折帝益信伎疾愈拜中書侍郎同平章事度上言淮西腹心之疾不得不除且朝廷業已討之兩河藩鎮跋扈者將視此爲高下不可中止上以爲然悉以用兵事委度討賊甚急初德宗多猜忌朝士有相過從者金吾皆伺察以聞宰相不敢私第見客度奏今寇盜未平宰相招延四方賢才與參謀議始請於私第見客許之會唐鄧節度使高霞寓戰卻它相揣帝厭兵欲赦賊鉤上指帝曰一勝一負兵家常勢若師常利則古何憚用兵耶今但當問用兵方畧察將帥之不勝任者易之兵食不足者助之

耳豈得以一將失利遽議罷兵耶於是獨用裴度之言他人言罷兵者稍息

河東節度使王鍔家二奴告鍔子稷改父遺表匿所獻家財上命鞫於內侍遣中使詣東都檢括鍔家財裴度諫曰王鍔既沒其所獻之財已爲不少今又因奴檢括其家臣恐諸將帥聞之各以身後爲憂上遽止使者己巳以二奴付京兆殺之

諸軍討淮蔡四年不克饋運疲獘民至有以驢耕者上亦病之以問宰相李逢吉等競言師老財竭意欲罷兵裴度獨無

萬廷言曰只讓宏便見作用此宏所以與疾討賊也當時牽制諸將不得成功全是宏一人故故處處得宏一人停當則諸將皆得效力此度最妙一

言上問之對曰臣請自往督戰乙卯上復謂度曰卿眞能爲朕行乎對曰臣誓不與此賊俱生臣比觀吳元濟表勢實窘蹙但諸將心不一不併力迫之故未降耳若臣自詣行營諸將恐臣奪其功必爭進破賊矣上悅丙戌以度爲門下侍郎同平章事兼彰義節度使仍充淮西宣慰招討處置使度以韓宏已爲都統不欲更爲招討請但稱宣慰處置使仍奏刑部侍郎馬總爲宣慰副使右庶子韓愈爲彰義行軍司馬判官書記皆朝廷之選上多從之度將行言於上曰臣若滅賊則朝天有期賊在則歸闕無日上爲流涕八月庚申度赴淮

着然無他巧亦只是下之而已千古眞正英雄善用人者未有不是下人者也

西上御通化門送之右神武將軍張茂和茂昭弟也嘗以膽畧自衒於度度表爲都押牙茂和辭以疾度奏請斬之上曰此忠順之門（茂和父孝忠兄茂昭鎭易定比河朔諸鎭爲忠順）爲卿遠貶辛酉貶茂和永州司馬以嘉王傅高承簡爲都押牙承簡崇文子也李逢吉不欲討蔡翰林學士令狐楚與逢吉善度恐其合中外之勢以沮軍事乃請改制書數字且言其草制失辭壬戌罷楚爲中書舍人度雖辭招討名實行元帥事以郾城爲治所先是諸道有中使監陳進退不由主將勝則先使獻捷不利則陵挫百端度悉奏去之諸將始得專軍事戰多有功度幸

僚佐觀築城於沱口董重質帥騎出五溝邀之大呼而進注弩挺刃勢將及度李光顏與田布力戰拒之度僅得入城賊退布扼其溝中歸路賊下馬踰溝墜壓死者千餘人既而李愬雪夜入懸瓠城縛吳元濟屯於鞠場以待裴度度遣馬總先入蔡州慰撫度後建彰義軍節將降卒萬餘人入城李愬具櫜鞬出迎拜於路左度將避之愬曰蔡人頑悖不識上下之分數十年矣願公因而示之使知朝廷之尊度乃受之度以蔡卒爲牙兵或諫曰蔡人反側者尚多不可不備度笑曰吾爲彰義節度使元惡既擒蔡人則吾人也又何疑焉蔡人

聞之感泣先是吳氏父子阻兵禁人偶語於塗夜不燃燭有以酒食相過從者罪死度既視事下令惟禁盜賊餘皆不問往來者不限晝夜蔡人始知有生民之樂度以馬總爲彰義留後發蔡州入朝會上封二劍以授梁守謙使悉誅賊將度遇諸郾城復與入蔡商罪議誅守謙如詔度騰奏申解全宥者甚衆策勳進上柱國晉國公復知政事

裴度之在淮西也布衣柏耆以策干韓愈曰吳元濟既就擒王承宗破膽矣願得奉丞相書往說之可不煩兵而服愈白度爲書遣之承宗懼求哀於田宏正請以二子爲質及獻德

棣二州輸租稅請官吏宏正爲之奏請上初不許宏正上表
相繼上重違宏正意乃許之夏四月甲寅朔魏博遣使送承
宗子知感知信及德棣二州圖印至京師
十三年上命六軍修麟德殿裴度因奏事言之上怒於是浚
龍首池起承暉殿土木浸興矣戶部侍郎判度支皇甫鎛衞
尉卿鹽鐵轉運使程异數進羨餘以供其費鎛又厚賂結吐
突承璀鎛以本官异以工部侍郎並同平章事判使如故制
下朝野駭愕至於市道負販者亦嗤之裴度崔羣極陳不可
上不聽度恥與小人同列表求自退不許度復上疏以鎛异

皆錢穀吏伎巧小人陛下一旦寘之相位中外無不駭笑況
鎛在度支專以豐取刻與爲務凡中外仰給度支之人無不
思食其肉比者裁損淮西糧料軍士怨怒會臣至行營曉諭
慰勉僅無潰亂今舊將舊兵悉向淄青聞鎛入相必盡驚憂
知無可訴之地程异雖人品庸下然心事和平可處煩劇不
宜爲相至如鎛資性狡詐天下共知唯能上惑聖聰足見奸
邪之極臣若不退天下謂臣不知廉恥臣若不言天下謂臣
有負寵恩今退既不許言又不聽臣如烈火燒心衆鏑叢體
所可惜者淮西盪定河北底寧承宗斂手削地韓宏輿疾討

賊豈朝廷之力能制其命哉直以處置得宜能服其心耳陛下建升平之業十已八九何忍還自墮壞使四方解體乎上以度爲朋黨不省度三上書極論不可帝不納

五坊使楊朝汶妄捕繫人迫以考捶責其息錢遂轉相誣引所繫近千人中丞蕭俛劾奏其狀裴度崔羣亦以爲言上曰姑與卿論用兵事此小事朕自處之度曰用兵事小所憂不過山東五坊暴橫恐亂輦轂上不悅退召朝汶責之曰以汝故令吾羞見宰相冬十月賜朝汶死盡釋繫者同上俱元和十三年

先是田宏正請自黎陽渡河會義成節度使李光顏討李師

道裴度曰魏博軍既渡河不可復退立須進擊方有成功既至滑州即仰給度支義成節度使治滑州魏博與滑州以河爲界兵至滑州爲已出界唐中世以來命藩鎮兵討叛已出境芻糧皆仰給於度支惟裴度用兵於東平李德裕用兵於上黨知其弊有以制之徒有供餉之勞更生觀望之勢又或與李光顏互相疑阻益致遷延與其渡河而不進不若養威於河北宜且使之秣馬厲兵俟霜降水落自楊劉渡河直指鄆州得至陽穀置營則兵勢自盛賊衆搖心矣上從之是月宏正將全師自楊劉渡河距鄆州四十里築壘賊中大震十三年十一月

上常語宰相人臣當力爲善何乃好立朋黨朕甚惡之裴度

對曰方以類聚物以羣分君子小人志趣同者勢必相合君子爲徒謂之同德小人爲徒謂之朋黨外雖相似内實懸殊在主上辨其所爲邪正耳

鄆州平裴度纂述蔡鄆用兵以來上之憂勤機畧因侍宴獻之請内印出付史官上曰如此似出朕志非所欲也弗許胡氏曰纂述主德請付史官謟諛者所爲也何裴度亦爾曰度所謂循常人之事而寓忠智之意者也蔡鄆用兵度實任之功名之際人臣所難處也歸美於上推而弗居度之慮遠矣又載用兵以來上心憂勤則憲宗懼取之之難必思守之之不易是乃文類將順實有匡救君子之所爲衆人固不識也

裴度在相位知無不言皇甫鎛之黨陰擠之丙子詔度以門

下侍郎同平章事充河東節度使元和十四年三月

穆宗即位朱克融王廷湊亂河朔加度鎭州行營招討使時

元稹結宦官魏宏簡求執政憚度復當國因經置軍事數居

中持梗不使有功度恐亂作即上書極陳其朋比奸蠹之狀

以爲逆豎構亂震驚山東奸臣作朋撓敗國政陛下欲掃蕩

幽鎭先宜肅清朝廷何者爲患有大小議事有先後河朔逆

賊祇亂山東禁闈奸臣必亂天下是則河朔患小禁闈患大

小者臣與諸將必能翦滅大者非陛下覺悟制斷無以驅除

今文武百僚中外萬品有心者無不憤怨有口者無不咨嗟

直以獎用方深不敢抵觸恐事未行而禍已及不爲國討且爲身謀臣自兵興以來所陳章疏事皆要切所奉書詔多有參差蒙陛下委付之意不輕遭奸臣抑損之事不小臣素與佞倖亦無讐嫌正以臣前請乘傳詣闕面陳軍事奸臣最所畏憚恐臣發其過百計止臣臣又請與諸軍齊進隨便攻討奸臣恐臣或有成功曲加阻礙逗遛日時進退皆受羈牽意見恐遭蔽塞但欲令臣失所使臣無成則天下理亂山東勝負悉不顧矣爲臣事君一至於此若朝中奸臣盡去則河朔逆賊不討自平若朝中奸臣尚存則逆賊縱平無益陛下倘

未信臣言乞出臣表使百官集議彼不受責臣當伏辜表三
上上雖不悅以度大臣不得已罷宏簡積近職俄擢積宰相
積恐裴度欲解其兵柄故勸上雪庭湊而罷兵丁亥以度爲
司空東都留守平章事如故諫官爭上言時未偃兵度有將
相全才不宜置之散地上乃命度入朝然後赴東都裴度至
長安見上謝討賊無功會昭義監軍劉承偕侮慢劉悟舉軍
譁怒執承偕囚之上問度宜如何處置度對曰承偕在昭義
驕縱不法臣盡知之悟在行營與臣書具論其事時有中使
趙宏亮在軍中持悟書去云欲自奏之不知嘗奏否上曰朕

殊不知也且悟大臣何不自奏對曰悟武臣不知事體然今事狀籍籍如此臣今面論陛下猶不能決況悟當日單辭豈能動聖聽哉上曰前事勿論直言此時如何處置對曰陛下必欲收天下心止應下半紙詔書具陳承偕驕縱之罪令悟集將士斬之則藩鎮之臣孰不思爲陛下效死非獨悟也上俛首良久曰朕不惜承偕然太后以爲養子今玆囚縶太后尙未知之況殺之乎卿更思其次度乃與王播等奏請流承偕於遠州必得出上從之後月餘乃釋承偕以裴度爲淮南節度使餘如故言事者皆謂陛下不宜令裴度出外上亦自

重之制置度輔政以中書侍郎同平章事王播代度鎮淮南

穆宗長慶二年

王庭湊之圍牛元翼也和王傅于方欲以奇策干進言於元稹請遣客王昭于友明閒說賊黨使出元翼仍賂兵吏部令史僞出告身二十通令以便宜給賜稹皆然之有李賞者知其謀乃告裴度云方爲稹結客刺度度隱而不發賞詣左神策告其事丁巳詔左僕射韓皋等鞫之皆無驗六月甲子度及元稹皆罷相度爲右僕射稹爲同州刺史以兵部尚書李逢吉爲門下侍郎同平章事諫官上言裴度無罪不當免相

元稹與于方爲邪謀責之太輕上不得已削稹長春宮使長慶二年

癸卯以左僕射裴度爲司空山南西道節度使不兼平章事

李逢吉惡度右補闕張又新等附逢吉競流謗毀傷度竟出

之三年八月

上穆宗長慶四年敬宗即位聞王庭湊屠牛元翼家歎宰相非才使凶賊

縱暴翰林學士韋處厚因上疏言裴度勲高中夏聲播外夷

若置之巖廊委其參決河北山東必稟朝算管仲曰人離而

聽之則愚合而聽之則聖理亂之本非有他術順人則理違

人則亂伏承陛下當食歎息恨無蕭曹今有裴度尚不能留此馮唐所謂漢文得廉頗李牧不能用也夫御宰相當委之信之親之禮之於事不効於國無勞則置之散寮黜之遠郡如此則在位者不敢不偶將進者不敢苟求臣與逢吉素無私嫌嘗爲裴度無辜貶官今之所陳上答聖明下達羣議耳上見度奏狀無平章事以問處厚處厚具言李逢吉排沮之狀上曰何至是耶李程亦勸上加禮於度丙申加度同平章事

言事者多稱裴度賢不宜棄之漸鎮上數遣使至興元勞問

度密示以還期度因求入朝逢吉之黨大懼敬宗寶曆元年十二月二年春正月壬辰裴度自興元入朝李逢吉之黨百計毀之先是民間謠云緋衣小兒坦其腹天上有口被驅逐又長安城中有橫亘六岡如乾象度宅偶居第五岡張權輿上言度名應圖讖宅占岡原不召而來其旨可見上雖年少悉察其誣謗待度益厚度初至京師朝士塡門度留客飲京兆尹劉栖楚附度耳語侍御史崔咸舉觴罰度曰丞相不應許所由官呫囁耳語度笑而飲之栖楚不自安趨出二月丁未以度爲司空同平章事度在中書左右忽白失印聞者失色度飲酒

自如頃之左右白復於故處得印度不應或問其故度曰此必吏人盜之以印書券耳急之則投諸水火緩之則復故處人服其識量

上自即位以來欲幸東都宰相及朝臣諫者甚衆上皆不聽決意必行已令度支員外郎盧貞按視修東都宮及道中行宮裴度從容言於上曰國家本設兩都以備巡幸自多難以來茲事遂廢今宮闕營壘百司廨舍率已荒阤陛下儻欲行幸宜命有司歲月間徐加完葺然後可往上曰從來言事者皆云不當往如卿所言不往亦可會朱克融王庭湊皆請以

兵匠助修東都三月丁亥敕以修東都煩擾罷之召盧貞還先是朝廷遣中使賜朱克融時服克融以爲踈惡執留敕使又奏當道今歲將士春衣不足乞度支給三十萬端匹又奏欲將兵馬及丁匠五千助修宫闕上患之以問宰相欲遣重臣宣慰仍索敕使裴度對曰克融無禮已甚殆將斃矣譬如猛獸自於山林中咆哮跳踉久當自困必不敢輒離巢穴願陛下勿遣宣慰亦勿索敕使旬日之後徐賜詔書云聞中官至彼稍失去就俟還朕自有處分時服有司製造不謹朕甚欲知之已令區處其將士春衣從來非朝廷徵發皆本道自

處厚前年同平章事

備賑不發數十萬匹物但素無此例不可獨與范陽所稱助修宫闕皆是虚語若欲直挫其奸宜云丁匠宜速遣來已令所在排比供擬彼得此詔必蒼黄失圖若且示含容則云修宫闕事在有司不假丁匠遠來如是而已不足勞聖慮也上悦從之夏五月幽州軍亂殺朱克融及其子延齡（俱敬宗寶歷二年）史憲誠與李全畧爲婚姻及同捷叛密以糧助之裴度不知其所爲謂憲誠無貳心憲誠遣親吏至中書請事章處厚謂日晉公於上前以百口保爾使主處厚則不然但仰俟所爲自有朝典耳憲誠懼不敢復與同捷通（通鑑註日讀史者以爲度於是時牽及之）

矣處厚數聰明不惟不知度并不知處厚矣一推心以待之一明法以示之此正寬嚴相濟所以制御強藩也

文宗太和三年 徵浙西觀察使李德裕爲兵部侍郎裴度薦以爲相會吏部侍郎李宗閔有宦官之助甲戌以宗閔同平章事壬辰以李德裕爲義成節度使李宗閔惡其逼已故出之 四年春正月 李宗閔引薦牛僧孺爲兵部尚書同平章事於是二人相與排擯李德裕之黨稍稍逐之裴度以高年多疾懇辭機政六月丁未以度爲司徒平章軍國重事俟疾損三五日一入中書初裴度征淮西奏李宗閔爲觀察判官由是漸獲進用至是恐度薦德裕因其謝病九月壬午以度兼

侍中充山南東道節度使

文宗開成三年十一月河東節度使司徒中書令裴度以疾求歸東都（裴度治第東都集賢里號綠野堂）十二月辛丑詔度入知政事遣中使敦諭上道四年春閏正月己亥裴度以疾歸第（此長安平樂里第也）不能入見上勞問賜賚使者旁午三月丙戌薨諡曰文忠上怪度無遺表問其家得半藁以儲嗣未定爲憂言不及私度身貌不踰中人而威望遠達四夷四夷見唐使輒問度老少用捨以身繫國家輕重如郭子儀者二十餘年

呂蒙正　宋太宗　眞宗

呂蒙正字聖功河南人太平興國二年擢進士第一相太宗眞宗封許國公謚文穆

蒙正不喜記人過初參知政事入朝堂有朝士指之曰此子亦參政耶蒙正佯爲不聞而過之同列不能平令詰其姓名蒙正遽止之曰若一知其姓名則終身不能忘不若毋知之爲愈也時皆服其量

蒙正質厚寬簡有重望以正道自持遇事敢言毋論時政有未允者必固稱不可上嘉其無隱趙普開國元老蒙正後進歷

官一紀遂同相位普甚推許之

嘗燈夕設宴蒙正侍上語之曰五代之際生靈凋喪周太祖自鄴南歸士庶皆罹剽掠下則火災上則彗孛觀者恐懼當時謂無復太平之日矣朕躬覽庶政萬事粗理每念上天之貺致此繁盛乃知理亂在人蒙正正色避席曰乘輿所在士庶走集故繁盛如此臣嘗見都城外不數里饑寒而死者甚衆不必盡然願陛下視近以及遠蒼生之幸也上變色不言蒙正復位同列多其直諒

上嘗欲遣人使朔方諭中書選才而可責以事者蒙正退以

名上上不許他日三問三以其人對上怒投其奏書於地曰
卿何執耶蒙正曰臣非執蓋陛下未諒耳因稱其人可使餘
人不及臣不欲用媚道妄隨人主意以害國家事同列悚息
不敢動蒙正搢笏俛而拾其書徐懷之而下上退謂左右曰
蒙正器量我不如既而卒用蒙正所薦果稱職
宋朝三入中書惟公與趙韓王爾未嘗以親戚邀寵子從簡
當奏補舊制宰相奏子起家即授水部員外郎加朝階公奏
曰臣昔忝科甲及第釋褐止授九品京官況天下材能老於
巖穴不能沾寸祿者何限今從簡始離襁褓一物不知膺此

寵命恐罹陰譴止乞以臣釋褐官補之方先止授九品京官
自爾爲制
有一朝士家藏古鑑自云能照二百里欲因公弟獻以求知
弟俟閒從容言之公笑曰吾面不過楪子大安用照二百里
哉聞者歎服
蒙正初爲相時張紳知蔡州坐贓免或言於上曰紳家富不
至此特蒙正貧時句索不如意今報之爾上命復紳官蒙正
不辨未幾罷相後考課院得紳實狀乃黜之及蒙正再入相
太宗謂曰張紳果有贓蒙正亦不辨亦不謝

公嘗問諸子曰我爲相時外議如何諸子對曰大人爲相四方無事蠻夷賓服但人言無能事權多爲同列所爭公曰我誠無能但有一能善用人耳公夾袋中有册子每四方人替罷謁見必問其有何人才客去隨即疏之悉分門類或有一人而數人稱之者必賢也朝廷求賢取之囊中故公爲相文武百官各稱職者以此

公既致政居洛眞宗祀汾陰過洛時公尙能謁見至同鑾已病帝爲幸其宅問曰卿諸子孰可用公對曰臣諸子皆豚犬不足用有姪夷簡任潁州推官宰相才也帝記其語遂至大

用先是富韓公之父貧甚客公門下一日白公曰某兒子十許歲欲令入書院事廷評太祝及見驚曰此兒他日名位與吾相似亟令諸子同學供給甚厚公兩入相以司徒致仕後韓公亦兩入相以司徒致仕公知人之術如此

李沆　宋太宗　英宗

李沆字太初洺州肥鄉人沆少好學器度宏遠舉進士科甲召入翰林爲學士判吏部銓嘗侍曲宴太宗目而送之曰風度端凝眞貴人也

眞宗初即位沆爲相王旦參政沆日取四方水旱盜賊奏之旦以爲細事不足煩上聽沆曰人主少年嘗使知四方艱難不然血氣方剛不留意聲色狗馬則土木甲兵禱祠之事作矣吾老不及見此參政他日之憂也及旦親見王欽若丁謂等所爲欲諫則業已同之欲去則上遇之厚不忍去乃歎曰

李文靖眞聖人也

沆爲相王旦參政事以西北用兵或至旰食旦歎曰我輩安得坐致太平得優游無事耶沆曰少有憂勤足爲警戒他日四方寧謐朝廷未必無事語云外寧必有內憂譬人有疾嘗在目前則知憂而治之今遽與虜和親一朝疆埸無事恐人主漸生侈心耳旦未以爲然及上晚年多事巡遊大修宮觀文正乃潛歎曰李公可謂有先知之明矣

沆在相日接賓客嘗寡言馬亮與沆同年生又與其弟維善語維曰外議以大兄爲無口匏維乘閒達亮語沆曰吾非不

知也然今之朝士得升殿言事上封論奏了無壅蔽多下有司皆見之矣若邦國大事北有强虜西有戎遷日旰條議所以備禦之策非不詳究薦紳中如李宗諤趙安仁皆時之英秀與之談猶不能啟發吾意自餘通籍之子坐起拜揖尚周章失措即席必自論功最以希寵獎此有何策而與之接語哉苟曲意妄言即世所謂籠罩籠罩之事僕病未能也爲我謝馬君沆嘗言居重位實無補萬分一唯中外所陳利害一切報罷之唯此少以報國耳朝廷防制纖悉備具或徇所陳請施行一事即所傷多矣陸象先曰庸人擾之此之謂也愉

人苟一時之進豈念民耶

眞宗雅敬沆嘗問治道所宜先沆曰不用浮薄新進喜事之人此最爲先帝問其人曰如梅詢曾致堯等是也帝深然之故終帝世數人皆不盡用

眞宗問公曰人皆有密啟而卿獨無何也對曰臣待罪宰相公事則公言何用密啟夫人臣有密啟者非讒即佞臣嘗惡之豈肯效尤

眞宗嘗夜遣使持手詔問欲以某氏爲貴妃如何公對使者焚詔書附奏曰但道臣沆以爲不可其議遂寢

寇萊公始與丁晉公善嘗以丁之才薦於公而終未用一日寇謂公曰比屢言丁謂之才而相公終不用豈其才不足用耶公曰如斯人者才則才矣顧其人可使之在人上乎萊公曰如謂者公終能抑之使在人下乎公笑曰他日後悔當思吾言也丁後與寇相軋交互傾奪至有海康之禍始服文靖之識

公嘗讀論語或問之公曰沆為相如論語中節用愛人使民以時兩句尚未能行聖人之言終身誦之可也

時李繼遷久叛兵衆日盛有圖取朔方之意朝廷困於飛輓

輔臣咸以爲靈州乃必爭之地苟失之則緣邊諸郡皆不可保學士楊億以爲此虜方黠其財猶豐未可歲月破也須慶棄靈州退保環慶然後以計困之爾帝頗惑之因訪於沆沆曰繼遷不死靈州非朝廷有也莫若遣使密召州將使部分軍民空壘而歸如此則關右之民息肩矣方衆議各異未即從沆言未幾而靈州陷帝由是益重之

沆性直諒內行修謹言無枝葉識大體居位慎密不求聲譽動遵條貫人莫能干以私公退終日危坐未嘗跛倚頗通釋典尤厭榮利俗務罕以嬰心其自奉甚薄治第封邱門內廳

事前僅容旋馬或言太隘沆笑曰居第當傳子孫此爲宰相廳事誠隘爲太祝廳事已寬矣至於垣頹壁損不以屑慮堂前欄壞妻戒守舍者勿葺以試沆沆朝夕見之經月終不言妻以語沆沆曰豈可以此動吾一念哉家人勸治居第未嘗答弟維因語次及之沆曰身食厚祿時有横賜計囊裝亦可以治第但念内典以此世界爲缺陷安得圓滿如意自求稱足今市新宅須一年繕完人生朝暮不可保豈能久居巢林一枝聊自足耳安事豐屋哉沆友愛諸弟尤器重維暇日相對宴飲清言未嘗及朝政亦未嘗及家事

東坡志林云或薦梅詢可用眞宗曰李沆嘗言非君子時沆沒二十餘年矣歐陽文忠嘗問蘇子容云宰相沒二十年能使人主追信其言以何道子容言獨以無心耳軾謂陳執中俗吏耳特以至公猶能取主上信況如李公才識而濟之以無心耶

劉元城論本朝名相最得大臣體者惟李沆或曰何以明之李丞相每謂人曰沆在政府無以補報日家但諸處有人上利害書一切不行耳此大似失言然有深意祖宗時經變多矣故所立法度極是穩便正如老醫看病極多故

用藥不至孟浪殺人且其法度不無小害但其利多耳後人不知遂欲輕改此其害所以紛紛也李丞相每奏事畢必以四方水旱盜賊不孝惡逆之事奏聞上爲之變色慘然不悅既退同列以爲非公不答數數如此因謂同列曰人主一日豈可不知憂懼若不知憂懼則無所不至矣惟此兩事最爲得體在漢時魏相能行此兩事以爲古今異制方今務在奉行故事而已勅掾史案行郡國及休告從家還至府輒白四方異聞或有逆賊風雨災變郡不上相輒奏言之此最得宰相大體後之爲相者則不然好逞私

智喜變祖宗法度欺蔽人主惡言天下災異喜變法度則綱紀亂惡言災異則人主驕此大患也

王曾　宋眞宗　仁宗

王曾字孝先青州益都人由鄉貢試禮部廷對皆第一學士劉筠戲語之曰狀元試三場一生喫著不盡曾正色答曰曾平生之志不在溫飽

祥符中公在掖垣時瑞應沓至曾嘗入對帝語之曾奏曰此誠國家承平所致然願推而弗居異日或有災沴則免與議退又白於執政及帝既受符命大建玉清昭應宮羣下莫敢言者曾陳五害以諫

以右諫議大夫參知政事時宮觀皆以輔臣爲使王欽若方

挾符瑞以固寵位陰排異己者會有詔以會爲會靈觀使會以推欽若帝不悅謂會曰大臣宜傅會國事何遽自異耶會頓首曰君從諫謂明臣盡忠謂義陛下不知臣駑病使待罪宰府臣知義而已不知異也尋罷王旦告聞之曰王君介然他日德望勳業甚大顧余不得見爾或請其故曰王君昨讓觀使辭拂帝旨而詞直氣和了無所懾且始被進用已能若是我自任政事二十年每進對稍忤即蹴踖不能自容以是知其偉度矣

天禧中民間訛言有妖起若飛帽夜搏人自京師以南人皆

恐會令夜開里門敢倡言者即捕之卒無妖
復參知政事眞宗不豫皇后居中預政太子雖聽事資善堂
然事皆決於后中外以爲憂曾密語后戚錢惟演曰太子幼
非中宮不能立中宮非倚皇儲之重則人必亦不附后加恩
太子則太子安太子安所以安劉氏也惟演以爲然因以白
后兩宮由是益親人遂無閒
初章聖上仙外尚未聞中書密院同入問起居召詣寢閤東
面垂帷明肅傳遺命輔立皇太子及皇太后權聽斷軍國大
事退而發公於殿廬草遺詔丁謂欲去權字加淑妃爲皇太

妃字公執咨曰皇帝冲年太后臨朝斯已國家否運稱權猶足示後况言猶在耳何可改也且增減制書有法豈期表則之地先欲亂之耶曷爲更載立妃文必若尊禮當俟事定而議謂勃然曰參政卻欲擅改遺制耶公曰曾適來寢殿中實不聞此言若誠有之豈敢改也諸公無相同者遂依違而行然權字遂不敢去

先是寇準貶雷州李迪貶衛州始議竄逐會疑責太重丁謂熟視會曰居停主人恐亦不免也公嘗以第舍假準因踧然而懼密謀去之內侍雷允恭旣有力於謂謂深德之至是允

恭爲山陵都監謂爲山陵使允恭擅移山陵上穴謂知其非而重違允恭無所可否既而上穴有石石盡水出公具得其事以謂擅易陵地意有不善欲奏之而未得開語同列曰曾無子欲令弟子過房來日奏事畢畱奏之謂不疑曾獨對具言其事太后始大驚欲誅謂馮拯進曰謂固有罪然帝新即位亟誅大臣駭天下耳目太后少解乃謫謂太子少保分使西京謂天資險狡多陰謀得政久要不可測雖曾以計傾之而公論不以爲過

眞宗初崩內外洶洶曾正色獨立朝廷倚以爲重拜中書侍

郎平章事曾以帝初即位銓錄古先聖賢事跡凡六十事繪事以獻上嘉內之降詔褒美仍敕鏤板模印均賜近侍因命禁署月繪二十軸以進焉又建議請擇名儒勸講尋命孫奭馮元更侍經筵曾方嚴持重每進見言利害事審而中理多所薦拔尤惡僥倖帝問曾曰比臣僚請對多求進者曾對曰惟陛下抑奔競而崇恬淡庶幾有難進易退之人矣

公在中書聞謂卒顧謂同列曰斯人平生多智其在海外猶能用智而還若不死數年未必不復用則天下之不幸可勝道哉吾非幸其死

殿前副指揮使楊崇勳嘗詣中書白事屬微雨新霽崇勳穿泥鞾直登堦曾不以常禮延坐崇勳退劾奏其失送宣徽使問狀翼日對上請傳詔釋罪太后問其故曰崇勳武夫不知朝廷之儀舉劾者柄臣所以振紀綱寬釋者人君所以示恩德如此則仁愛歸於上而威令肅於下矣

時暑月大雨震雷平地水數尺壞京城民舍壓溺死者數百人水之作也宰執方晨朝未入俄有旨放朝會亟附中使奏曰天變甚異乃臣等爕理無狀豈可退安私室恬然自處亟請入見陳所以備禦之道同列有先歸者聞曾如是皆媿服

焉時又傳言汴口決水且大至都人恐皆欲東奔上以問會會曰河決恐未至此第民間訛言不足慮已而果然陝西轉運使置務搉醋請推其法天下會曰搉酒蓋出於前代之不得已未能省去若又搉醋則甚矣請罷之

命學士蔡齊等重删定編敕帝問輔臣曰或問先朝詔令不可輕改信然乎會曰此憸人惑上之言也咸平中删太宗朝詔令十存一二蓋去煩密之文以便於民何為不可今有司但詳其本末又須臣等審究利害一一奏稟然後施行也上然之

始太后受册將御天安殿曾執以爲不可及長甯節上壽止供張便殿太后左右姻家稍通請謁曾多所裁抑太后滋不悅會玉清昭應宮災乃出知青州復知天雄軍契丹使者往還斂車徒而後過無敢譁者人樂其政爲畫像而生祠之改判河南府景祐元年爲樞密使明年拜右僕射沂國公曾嘗言始參大政屬故王太尉當國每進用朝士必先望實或曰某人才某人賢則曰誠知此人然歷官尚淺且俾養望歲久不渝而後擢任則榮途坦然中外允愜故曾親執政之日遵行是言而人皆心服

初范仲淹遭母喪上書執政凡萬餘言會見而偉之知仲淹乃晏殊客也於是殊薦人充館職會謂殊曰公實知仲淹捨而薦此人乎已爲公置不行宜更薦仲淹也殊從之會進退士莫有知者仲淹嘗問會曰明揚士類宰相之任也公之盛德獨少此耳會曰夫執政者恩欲歸己怨將誰歸希文惘然歎曰眞家相也

會資質端厚眉目如畫在朝廷進止皆有常處平居寡言笑人莫敢干以私少與楊億同在侍從億喜嘲謔凡僚友無不狎侮至公則曰第四廳舍人不敢奉戲李翰林昌武尤所歎

服嘗曰考王舍人可謂不可得而親疏也

曾平生自奉甚儉有同年子孫京來告别曾留之云喫食了去飭子弟云已留孫京喫食安排饅頭饅頭時爲盛饌也食後合中送數軸簡紙開看皆是他人書簡後截下紙其儉德如此

公嘗語曰昔楊文公有言人之操履無若誠實吾每欽佩斯言苟執之不渝夷險可以一致

韓魏公言公德器深厚而寡言當時有得其品題一兩句者人皆以爲榮琦爲諫官時因納劄子忽云近日頗見章疏甚

好只如此此可矣向來如高若納輩多是擇利范希文亦未免近名要須純意於國事爾

胡安國曰李文靖澹然無欲王沂公儼然不動資稟既如此又濟之以學故是八九分地位也

大臣法則目錄

南豐謝文洊約齋彙纂　孫修擴　元孫鳴謙　鳴盛　本量　鳴篁　原本

易堂　髻山　諸友評定　同郡後學　饒拱辰　吳棠祖　譚光烈　儲棨　編校

受業門人參訂

晜孫鏞重刊

卷之五

宋

杜衍

范仲淹

韓琦

富弼

大臣法則卷之五

杜衍　宋仁宗

杜衍字世昌越州山陰人衍總髮苦志厲操尤篤於學擢進士甲科爲治謹密不以威刑督吏然吏民亦憚其清整衍自言歷知州提轉安撫未嘗壞一箇官員其閒不職者卽委以事使之不暇惰不愼者諭以禍福俾之自新從而遷善者甚衆不必繩以法也其有文學政事殊行絕德者雖不識面未嘗不力薦於朝有一善可稱一長可錄者亦未嘗不隨所能而薦之

衍聽獄訟雖明敏而審覈愈精故屢決疑獄人以爲神其簿
書出納推析毫髮終日無倦色至爲條目必使吏不得爲奸
而後已及其施於民者則簡而易行知乾州未滿歲安撫使
察其治行以公權知鳳翔府二邦之民爭於界上一曰此吾
公也汝奪之一曰今我公也汝何有焉
夏人叛命陝西困於科斂吏緣侵漁調發督迫民至破產不
能足往往自經以死公在永興語其人曰吾不能免汝然可
使汝不勞耳乃爲區處計較量物有無貴賤道里遠近寬其
期會使以次輸送由是物不涌貴牛車芻秣宿食來往如平

時而吏束手無所施民比他州省費十六七

吏部審官主天下吏員而居職者類以不久遷去故吏得爲奸公始視銓事一日選者三人爭闕公以問吏吏受丙賕對曰當與甲乙不能爭遂授他闕居數日吏教丙訟甲負某事不當得公悟召乙問之乙謝曰已得他闕不願爭衍不得已與丙而笑曰此非吏罪乃吾未知銓法耳因命諸曹各具格式科條以白問曰盡乎曰盡矣閲視具得本末曲折明日令諸吏無得升堂各坐曹聽行文書銓事悉自尋舉由是吏不能爲奸數月聲動京師其有以賂求官者吏謝不受曰我公

有賢名不久見用去矣姑少待之
慶歷初公拜樞密使上厭西兵之久出而民敝亟用富韓范
而三人者遂欲盡革衆事以修紀綱而小人權倖皆不悅獨
公與左右而公尤抑絕僥倖凡內降與恩澤者一切不與每
積至數十則連封而面還之或詰責其人至慙恨涕泣而去
上嘗謂歐陽修曰外人知杜衍封還內降邪吾居禁中有求
恩澤者每以杜衍不可告之而止者多於所封還也其助我
多矣此外人及杜衍皆不知也然公與此三人者卒皆以此
罷去

衍多知本朝故實善決大事初邊將議欲大舉以擊夏人雖韓琦亦以爲可舉衍爭以爲不可大臣至有欲以沮軍罪衍者然兵後果不得出契丹與夏人爭銀甕族大戰黃河外而雁門麟府皆警參知政事范仲淹宣撫河東欲以兵自從衍曰二國方交鬬勢必不來我兵不可妄出仲淹爭議帝前詆衍語甚厲仲淹嘗父行事衍衍不以爲恨後契丹卒不來契丹壻劉三嘏避罪來歸輔臣議厚館之以詰契丹陰事諫官歐陽修亦請留三嘏帝以問衍衍曰中國主忠信若自違誓約納叛亡則不直在我且三嘏爲契丹近親而逋逃來歸其

謀身如此尙足與謀國乎納之何益不如還之乃還三碬衍清介不殖私產既退寓南都凡十年第室卑陋才數十楹居之裕如也享客多用瓷器客有面稱歎者曰公嘗爲宰相清貧乃爾耶衍命侍人盡取白金燕器陳於前曰非乏之此雅不好爾然衍好施亦卒不蓄也張侍讀瓌曰祁公之好施人所能也其不妄施人所不能也出入從者十許人烏帽皁綈袍革帶或勸衍爲居士服衍曰老而謝事尙可竊高士名耶善爲詩正書行草皆有法卒年八十謚正獻戒其子努力忠孝斂以一枕一席小壙卑冢以葬自作遺疏其畧曰無以久

安而忽邊防無以旣富而輕財用宜早建儲副以安人心語不及私

公食於家惟一麵一飯而已或美其儉公曰衍本一措大耳名位服用皆國家者俸入之餘以給親族之貧者常恐浮食焉敢以自奉也一旦名位爵祿國家奪之卻爲一措大又將何以自奉耶

公嘗謂門生曰凡士君子作事行已當履中道不宜矯飾過實則近乎僞又曰天下惟浙人褊急怒易柔懦少立衍自在幕府至於監司入倘不信及爲三司副使果於上前執奏不移

人始信之反曰杜衍如是莫非兩浙生否其輕吾黨也如此觀子識慮高遠志尚端慤他日植立當爲鄉曲之顯謹勿少枉爲時所上下也有門生爲縣令公戒之曰子之才器一縣令不足施然切當韜晦無露圭角毀方瓦合求合於中可也不然無益於事徒取禍耳門生曰公平生以直諒忠信取重天下今反誨某以此何也公曰衍歷任多歷年久上爲帝王所知次爲朝野所信故得以申其志今子爲縣令卷舒休戚係之長吏夫良二千石者固不易得若不相知子烏得以申其志徒取禍耳吾非欲子毀方瓦合欲求合於中也又嘗謂

門生曰作官第一清無求人知苟欲人知同列不慎者衆必譖巳爲上者又不加明察適足取禍耳但優游於其閒黙而行之無愧於心可也

公一日憂見於色門人問曰公今日何以不悅公曰適覩朝報行某事行某事非便所以憂耳又一日喜見於色門人未及問公曰今日見朝報某人進用某人進用社稷之福也公又曰孔子稱不在其位不謀其政第衍荷國恩之厚退居以來家事百不關心獨不能忘國耳門生嘗從容問公曰公在相位未朞年而出使蒼生不盡被公之澤天下甚鬱望公曰

衍以非才久妨賢路遽得解去深遂乃心然獨有恨爾門生曰公之恨何在公曰某平生聞某人之賢可某任某人之才可某用未能悉薦而去此所以爲恨也

韓琦言公心公而樂與人善既知其人無復毫髮疑閒始琦爲樞密副使論難一二事公初不樂後荷公相諒每事問曰諫議看來未諫議曾看便將來押字琦益爲之盡心不敢忽以此見公存心至公不必以出於已爲是賢於人遠矣

公幼穉時祖父脫帽使公執之會山水暴至家人散走其姑投一笇與之使挾以泛公一手執帽漂流久之救得免而帽

竟不濡
張采曰事事至誠衣冠言動皆露天眞者祁公耳

范仲淹 宋眞宗 仁宗

范仲淹字希文蘇州人父墉從錢俶納國任武甯軍節度掌書記卒時仲淹方二歲母謝氏貧無依再適淄州長山朱氏因襲朱姓既長知其世家感泣去之南都入學舍掃一室晝夜講誦其起居飲食人所不堪而益自刻苦五年未嘗解衣就寢夜或昏怠輒以水沃面往往饘粥不充日昃始食同舍生或饋珍饍皆拒不受

仲淹舉進士第眞宗大中祥符八年釋褐爲廣德軍司理日抱具獄與太守爭是非守盛怒臨之公不爲屈歸必記其往復論辨之

語於屏上比去至一無所容貧止一馬鬻馬徒步而歸改集慶軍節度推官天禧元年始還本姓更名母喪去官晏殊知應天府公遭母憂晏公請掌府學公常宿學中訓督學者夜課諸生讀書寢食皆立時刻往往潛至齋舍詗之見先寢者詰之其人紿云適疲倦暫就枕耳問未寢時觀何書其人亦妄對則取書問之其人不能對乃罰之出題使諸生作賦必先自爲之欲知其難易及所當用意亦使學者準以爲法由是學者輻輳

公服中上宰相書言朝政得失及民間利病凡萬餘言王曾

見而偉之時晏殊亦在京師薦一人爲館職會謂殊曰公知范仲淹舍不薦而薦斯人乎已爲公置不行宜更薦仲淹也殊從之遂除秘閣校理

天聖七年十一月癸亥冬至率百官上皇太后壽於會慶殿遂同御天安殿以受朝秘閣校理范仲淹先期上疏曰天子奉親於內自有家人之禮今顧與百官同列北面而朝虧君體損主威非所以垂法後世也疏入不報晏殊初薦仲淹爲館職聞之大懼召仲淹詰以狂率邀名且將累薦者仲淹正色抗言曰仲淹繆辱公薦每懼不稱爲知己羞不意今日反

以忠直獲罪門下殊不能答旣而又疏請太后還政亦不報
遂乞補外出爲河中府通判
八年春正月　仲淹上疏論職田不可罷其畧曰眞宗初賜
職田實遵古制蓋大賚於多士俾無蠹於生民無厭之徒或
冒典憲由濫官之咎非職田之過若從而廢罷則吏困於廉
收而均給則民受其弊天下幕職州縣官俸祿微薄全藉職
田濟贍其無職田處持廉之人例皆貧窘曩時士員尚少凡
得一任必五六年方有交替到闕卽日差除復便請給當時
條例未密士寡廉隅雖無職田自可優足今物貴與時不同

替罷之後守選待闕動踰二年官吏衣食不足廉者復濁何以致化天下受弊必如臣言乞深加詳較不以一時之論廢經遠之制天下幸甚夏四月轉范仲淹爲殿中丞

明道二年夏四月壬子帝始親政召宋綬范仲淹而黜內侍羅崇勳等中外大悅以范仲淹爲右司諫仲淹聞遺詔以楊太妃爲皇太后參決國事亟上疏言太后母號也未聞因保育而代立者今一太后崩又立一太后天下且疑陛下不可一日無母后之助也時已刪去參決等語然太后之號訖不改止罷其册命而已初劉太后愛帝如己出帝亦盡孝始終

無毫髮閒至是帝親庶務言者多追詆太后時事仲淹上言曰太后受遺先帝調護陛下者十餘年今宜掩其小故以全大德帝曰此亦朕所不忍聞也遂下詔戒飭中外毋得輒言皇太后垂簾日事

詔以旱蝗去尊號仍令中外直言闕政時蝗食草木幾盡范仲淹請遣使循行未報因請間曰宮掖中半日不食當如何帝惻然乃命陳執中安撫京東命仲淹安撫江淮仲淹所至開倉廩賑乏絕禁淫祀奏蠲廬舒折役茶江丁口鹽錢饑民有食烏昧草者擷草進御請示六宮貴戚以戒侈心又陳救

弊八事上嘉納之又薦知崇州吳遵路爲郡得古人風乞以
遵路救災事跡頒諸州幷付史館
郭后廢仲淹率諫官御史伏閤爭之不能得明日將留百官
揖宰相廷爭方至待漏院有詔出知睦州歲餘徙蘇州州大
水民田不得耕仲淹募游手疏五河導太湖注之海
仲淹在蘇州奏請立郡學先是仲淹得南園之地既卜築而
將居焉陰陽家謂必踵生公卿仲淹曰吾家有其貴孰若郡
縣之士咸教育於此貴將無已焉遂即地建學
冬十月除范仲淹爲禮部員外郎天章閣待制判國子監尋

權知開封府十一月戊子故后郭氏暴卒后居瑤華帝頗念之遣使存問賜以樂府后和答之辭甚悽惋帝益悔焉嘗密遣人召之后辭曰若再見召須百官立班受册方可內侍閻文應以嘗譖后懼其復立屬后小疾帝遣文應挾醫診視數日言后暴崩中外疑文應進毒而不得其實帝深憫之以禮斂葬而停謚册祔廟之禮知開封府范仲淹劾奏文應之罪竄之嶺南死於道

三年　五月范仲淹以呂夷簡執政進用多出其門上百官圖指其次第曰如此爲序遷如此爲不次如此則公如此則私

況進退近臣凡超格者不宜全委之宰相夷簡不悅他日論建都之事仲淹進曰洛陽險固而汴為四戰之地太平宜居汴即有事必居洛陽當漸廣儲蓄繕宮室帝以問夷簡夷簡對曰仲淹迂闊務名無實仲淹聞之乃為四論以獻一曰帝王好尚二曰選賢任能三曰近名四曰推委大抵譏切時弊且曰漢成帝信張禹不疑舅家故有新莽之禍臣恐今日亦有張禹壞陛下家法夷簡訴仲淹越職言事離間君臣引用朋黨仲淹對益切由是落職知饒州集賢校理余靖上言仲淹以譏刺大臣重加譴謫倘其言未合聖慮在聽與不聽耳

安可以爲罪乎汲黯在廷以平津爲多詐張昭論將以魯肅爲粗疎漢皇吳主孰聞嘗毀兩用無猜豈損令德陛下自親政以來屢逐言事者恐鉗天下之口請改前命疏入坐落職監[筠]州酒稅館閣校勘尹洙上疏曰仲淹忠亮有素臣與之義兼師友則是仲淹之黨也今仲淹以朋黨被罪臣不可苟免夷簡怒斥監郢州酒稅尋改唐州館閣校勘歐陽修貽書責司諫高若訥若訥怒上其書修坐貶夷陵令時朝士畏宰相無敢送仲淹者獨龍圖閣直學士李紘集賢校理王質出郊飲餞之或以誚質質曰希文賢者得爲朋黨幸矣館閣校勘

蔡襄作四賢一不肖詩以譽仲淹靖洙修而譏若訥都人士相傳寫鬻書者市之得厚利契丹使適至買以歸張於幽州館御史韓縝希夷簡旨請以仲淹朋黨牓朝堂戒百官越職言事者從之蘇舜欽上書切諫不報

寶元元年十一月徙范仲淹知越州十二月甲子京師地震直史館葉清臣上疏書奏數日徙范仲淹知潤州

康定元年二月命知制誥韓琦安撫陝西琦言范雍節制無狀宜召知越州范仲淹委任之方陛下焦勞之際臣豈敢避形迹不言若涉朋比誤國家當族帝從之召仲淹知永興軍

夏五月以范仲淹爲陜西都轉運使仲淹言今邊城之備十有五七關中之備十無二三若昊賊深入乘關中之虚東阻潼關隔兩川貢賦則朝廷不得安枕矣爲今之計宜嚴戒邊城使持久可守實關内使無虚可乘若寇至邊城清野不與大戰關中稍實豈敢深入二三年間彼自困弱此上策也今邊城請五路入討臣恐承平日久無宿將精兵一旦興深入之謀國之安危未可知也

秋七月己卯除范仲淹龍圖閣直學士與韓琦並爲陜西經畧安撫副使同管句都部署司事初仲淹與呂夷簡有隙及

議加職夷簡請超遷之上悅以夷簡爲長者既而仲淹入謝
上諭使釋前憾仲淹頓首曰臣向所論蓋國事於夷簡何憾
也仲淹以延州諸砦多失守請自行詔仲淹兼知延州先是
詔分邊兵總官領萬人鈐轄領五千人都監領三千人寇至
禦之則官卑者先出仲淹曰將不擇人以官爲序取敗之道
也於是大閱州兵得萬八千人分六將領之日夜訓練量賊
衆寡使更出禦敵人聞之相戒曰無以延州爲意今小范老
子腹中自有數萬甲兵不比大范老子可欺也大范蓋指雍
也仲淹以民遠輸勞苦請建鄜城爲軍以河中府同華州中

下戸租稅就輸之春夏徙兵就食可省糴十之三他所減不與詔以爲康定軍仲淹又修承平永平等砦稍招還流亡定保障通斥堠城十二砦於是羌漢之民相踵歸業時張載年二十有一喜談兵至欲結客取洮西之地以書謁仲淹仲淹一見知其遠器乃警之曰儒者自有名敎可樂何事於兵因勸讀中庸載由是知學

慶歷元年春正月詔諸路會討仲淹言塞外大寒我師暴露不如俟春深賊馬瘦人飢其勢易制且鄜延密邇靈夏西羌必由之地第按兵不動以觀其釁許臣稍以恩信招徠之不

然情意阻絕臣恐偃兵無期矣乞留鄜延一路以備招納或擇利進城廢砦以牽制元昊帝從之仍詔仲淹與琦等同謀可以應機乘便卽仍出師琦亦奏言兩路協力尙懼未能大剉黠虜若鄜延以牽制爲名則是委涇原孤軍嘗於賊手非計之得乞督令鄜延進兵同入帝以奏示仲淹仲淹言臣與琦等皆一心非有怯弱但戰者危事當自謹守以觀其變未可輕兵深入琦又令尹洙至延州議仲淹堅執不可洙歎曰公於此不及韓公也韓公曰大凡用兵當置勝敗於度外琦復上奏乞別命近臣以觀賊隙如何進討斷在不疑朝廷終

難之元昊遣高延德還延州與范仲淹約和仲淹自爲書遺
元昊韓琦聞之曰無約而請和者謀也命諸將戒嚴而自行
邊二月韓琦行邊至高平元昊果遣衆寇渭州逼懷遠城琦
乃趨鎮戎軍盡出其兵又募勇士萬八千人命環慶副總管
任福將之以耿傅參軍事涇原都監桑懌爲先鋒朱觀武英
王珪各以所部從福將行琦令福併兵自懷遠趣德勝砦至
羊牧隆城出敵之後諸砦相距纔四十里道近糧餉便度勢
未可戰即據險置伏要其歸路戒之再三且曰苟違節制有
功亦斬福違令引諸軍深入屯好水川陷其伏中官軍大潰

懌福英　珪傳皆死士卒死者萬三百人惟觀以兵千餘得還隔右大震琦還至半途陣亡者之父兄妻子數千人號於馬首持故衣紙錢招魂而哭哀慟震天地琦掩泣駐馬不能進仲淹聞之歎曰當是時難置勝負於度外也三月元昊答仲淹書語極悖慢仲淹對使焚之朝廷命仲淹陳對仲淹奏曰臣始聞虜有悔過之意故以書誘諭之會任福敗虜勢益張故復書悖慢臣以爲使朝廷見之而不能討則辱在朝廷乃對官屬焚之使若朝廷初不知者則辱專在臣矣故不敢上聞奏下兩府共議宋庠遽曰仲淹可斬杜衍曰仲淹志在

招叛盍忠於朝廷也何可深罪爭之甚力夷簡曰杜衍之言是也止可薄責而已乃降仲淹知耀州

分秦鳳涇原環慶鄜延爲四路以韓琦知秦州王沿知渭州范仲淹知慶州龐籍知延州各兼經略安撫招討使初元昊陰誘屬羌爲助而環慶酋長六百餘人約爲鄉導事尋露仲淹以其反覆不常至部即奏行邊以詔書犒賞諸羌閱其人馬爲立條約諸羌皆受命自是爲中國用羌人親愛之呼爲龍圖老子仲淹以西北馬鋪砦當後橋川口在賊腹中欲城之度賊必爭密遣其子純佑與番將趙明先據其地引兵隨

之諸將不知所向行至柔遠版築皆具旬日城成卽大順城也賊覺以三萬騎來戰佯北仲淹戒勿追已而果有伏大順既城而白豹金湯皆不敢犯環慶自此寇少仲淹在邊純佑年方冠與將卒錯處鈎深摘隱得其才否由是仲淹任人無失所向有功

二年　三月癸丑范仲淹請給樞密院空名宣及宣徽院頭子各百道以備賞功從之巡邊至環州州屬羌陰連虜爲邊患仲淹謂种世衡素得屬羌心而青澗城已堅固乃奏世衡知環州以鎮撫之詔從其請夏四月癸亥除范仲淹爲鄜州觀

察使辭不受其讓表畧云觀察使班待制下臣守邊數年羌胡頗親愛臣呼臣爲龍圖老子今改爲觀察使則與諸族首領名號相亂恐爲賊所輕且無功不應更增厚祿辭甚切表三上乃命復爲龍圖閣直學士

葛懷敏敗於定川賊大掠至潘原關中震恐民多竄山谷閒仲淹率衆六千由邠涇援之聞賊已出塞乃還始定川事聞帝按圖謂左右曰若仲淹出援吾無憂矣奏至帝大喜曰吾固知仲淹可用也時已命文彥博經畧涇原帝以涇原傷夷欲對徙仲淹遣王懷德喻之仲淹附奏曰涇原地重第恐臣

不足當此路願與韓琦同經畧涇原並駐涇州琦兼秦鳳臣兼環慶涇原有警臣與韓琦合秦鳳環慶之兵犄角而進若秦鳳環慶有警亦可率涇原之師爲援臣當與琦練兵選將漸復横山以斷賊臂不數年間可期平定矣願詔龐籍兼領環慶以成首尾之勢秦州委文彦博慶州用滕宗諒總之渭州一武臣足矣帝采用其策於是復置陝西路經畧安撫招討使總四路之事置府涇州益屯兵三萬以琦仲淹籍分領之徙彦博帥秦宗諒帥慶張亢帥渭州琦與仲淹在兵閒久名重一時人心歸之朝廷倚以爲重二人號令嚴明愛撫士

卒諸羌來者推誠撫接咸感恩畏威不敢輒犯邊境邊人為之謡曰軍中有一韓西賊聞之心膽寒軍中有一范西賊聞之驚破胆

朝廷以元昊請和遂召韓琦范仲淹為樞密副使富弼言西寇未殄亦須藉材若二人俱來或恐闕事願召一人使處於内一人就授副樞且令往邊表裏相濟事無不集不聽

秋七月丙子王舉正罷歐陽修余靖論舉正懦黙不任事范仲淹有相才請罷舉正而用仲淹帝然之罷舉正知許州八月丁未以范仲淹參知政事仲淹曰執政可由諫官而得乎

固辭不拜願與韓琦出行邊命爲陝西宣撫使未行復除參知政事帝方銳意太平數問當世事仲淹語人曰上用我至矣事有先後久安之弊非朝夕可革也帝再賜手詔又爲之開天章閣召輔臣條對仲淹退而上十事曰明黜陟抑僥倖精貢舉擇長官均公田厚農桑修武備推恩信重命令減徭役悉采用之宜著令者皆以詔畫一頒下

時議弛茶鹽之禁及減商稅仲淹以爲不可曰茶鹽商稅之入但分減商賈之利耳行於商賈未甚有害也今國用未減歲入不可闕既不取之於山澤及商賈須取之於農與其害

農孰若取之於商賈今爲計莫若先省國用國用有餘當先寬賦役然後及商賈弛禁非所當先也議遂寢

仲淹爲參政與韓富二樞並命銳意天下事患諸路監司不才更用杜杞張昷之輩仲淹取班簿視不才監司每見一人姓名一筆句之以次更易富弼素以丈事仲淹謂仲淹曰六丈則是一筆焉知一家哭矣仲淹曰一家哭何如一路哭遂悉罷之

始仲淹以忤呂夷簡放逐者數年士大夫持二人曲直交指爲朋黨及陝西用兵帝以其士望所屬拔用護邊及夷簡罷

召還倚以爲治中外想望其功業仲淹亦以天下爲己任與富弼日夜謀慮興致太平然更張無漸規模闊大論者藉藉以爲難行及按察使出多所舉劾衆心不悅任子之恩薄磨勘之法密僥倖者不便由是謗毀寖盛滋不可解先是石介奏記於弼責以行伊周之事夏竦怨介斥己又欲因以傾弼等乃使女奴陰習介書久之習成遂改伊周曰伊霍且僞作介爲弼作廢立詔草飛語上聞帝雖不信而弼與仲淹恐懼不自安於朝乃請出按西北邊不許適聞契丹伐夏仲淹固請行乃獨允之於是以仲淹爲河東陝西宣撫使鄜州新羅

大寇言者多請棄之仲淹爲修故砦招還流亡三千戸餘蠲其稅罷搉酤又奏免府州商稅河外遂安初仲淹赴陝過鄭州時呂夷簡巳老居鄭仲淹往見之夷簡欣然相與語終日問曰何爲亟去朝廷仲淹言欲經制西事爾事畢卽還夷簡曰經制西事莫如在朝廷爲便且君此行正蹈危機豈復再入仲淹爲之愕然自仲淹出攻者益急初仲淹自請罷政上欲聽其請章得象曰仲淹素有虛名今一請遽罷恐天下謂陛下輕黜賢臣不若且賜詔不允若仲淹卽有謝表則是挾詐要君乃可罷也上從之仲淹果奉表謝上愈信得象言遂

以爲陝西四路宣撫使知邠州其在政府所施爲亦稍稍沮罷以疾請鄧州徙青州會病甚請潁州未至而卒年六十四謚文正卒在皇祐四年五月

仲淹內剛外和性至孝以母在時方貧其後雖貴非賓客不重肉妻子衣食僅能自充而好施與汎愛樂善士多出其門下雖里閭田野之人外至夷狄莫不頌其名字而樂道其事死之日四方聞者皆爲歎息爲政尙忠厚所至有恩邠慶二州之民與屬羌皆畫像立生祠祀之及其卒也羌酋數百人哭之如父齋三日而去

公平生厲志聖賢之學其於富貴貧賤毀譽歡戚不一動其心而慨然有志於天下常自誦曰士當先天下之憂而憂後天下之樂而樂也其事上遇人一以自信不擇利害爲趣舍其有所爲必盡其力曰爲之自我者當如是其成與否有不在我者雖聖賢不能必也

公爲將務持重不急近功小利於延州築青澗城墾營田復承平永平廢寨屬羌歸業者數萬戶於慶州城大順以據要害奪賊地而耕之又城細腰胡盧於是明珠滅臧等大族皆去賊爲中國用所得賜賚皆以上意分賜諸將使自爲謝諸

蕃質子縱其出入無一人逃者蕃酋來見召之臥內屏人徹衛與語不疑居邊二歲士勇邊實恩信大洽乃決策謀取橫山復靈武而元昊數遣使請和上亦召公歸矣

初西人籍爲鄉兵者數萬既而黥以爲軍唯仲淹所部但刺其手仲淹去兵罷獨得復爲民其於兩路既得熟羌爲用使以守邊因徙屯兵就食內地而紓西人饋挽之勞其所設施去而人德之與守其法不敢變者至今爲多

仲淹嘗立一軍爲龍猛軍皆是招收前後作過黥配之人後來甚得其用時人目仲淹爲龍猛指揮使方仲淹起用事時

軍政全無統紀從頭與他整頓一番其役只務經理內地養
威持重專行淺攻之策以爲得寸則吾之寸得尺則吾之尺
卒以此牽制夏人
慶歷二年南郊赦書應用公事受到諸處行軍司馬副使司
士文學參軍仰逐處並具到任月日負犯依分析聞奏候到
令刑部子細勘會元犯因依中奏委中書門下別取進止者
仲淹因奏言懷才抱藝之人一落散地終身不齒獸窮則變
人窮則詐古人所慎也況今邊事未甯尤宜使過欲乞朝廷
催促逐處依赦文分析聞奏乞差近臣就中書定奪元犯情

理分作等第又委長吏密切體量上件人或有材質或有節行亦具申奏所貴負犯之人各期自新不懷幽憤唐張說薦負犯之人充將帥之用其表云活人於死者必舍生而報恩榮人於辱者必盡節而雪恥古猶今也乞朝廷留意

西賊攻塞門砦其砦城池未備兵甲又少部署司不與救應砦主高延德為賊所擒後放歸漢界遂配遠方仲淹言漢家將帥有數人陷在賊庭俱是苦戰力屈為賊所擒即非背叛如朝廷貸高延德被以寬恩仍與近邊任使使陷蕃將帥聞之必願昊賊歸順望再見其家或即懷本朝之恩不助賊計如

朝廷責其不死來者遠竄其陷蕃將帥更無歸路必懷怨望其中或有助賊爲孽其患不細昔中行說傅公主入匈奴說不欲行怨漢乃教單于大爲漢患此人情之可見也乞朝廷留意

劫盜張海橫行數路將過高郵知軍晁仲約度不能禦諭軍中富民出金帛具牛酒迎勞且厚遺之海悅徑去不爲暴事聞朝廷大怒時仲淹在政府富弼在樞府弼議欲誅仲約以正法仲淹欲宥之爭於上前富弼曰盜賊公行守臣不能戰不能守使民醵錢遺之法所當誅也不誅郡縣無復肯守者

矣聞高郵之民疾之欲食其肉不可釋也仲淹曰郡縣兵械足以戰守遇賊不禦而反賂之此法所誅也今高郵無兵械雖仲約之義當勉力戰守然事有可恕戮之非法意也小民之情得醵出財物而免於殺掠理必喜之而云欲食其肉傳者過也仁宗釋然從之仲約由是免死既而弼慍曰方今患法不舉方欲舉法而多方沮之何以整衆仲淹密告之曰祖宗以來未嘗輕殺臣下此盛德事奈何欲輕壞之且吾與公在此同寮之間同心者有幾雖上意亦未知所定而輕導人主以誅戮臣下他日手滑雖吾輩亦未敢自保也弼終不以

爲然及仲淹與彌迹不安仲淹出按陝西彌出按河北還及
國門不得入未測朝廷意比夜徬徨遶床歎曰范六丈聖人
也

皇祐二年吳中大饑殍殣枕路時仲淹領浙西發粟及募民
存餉爲術甚備吳人喜競渡好爲佛事仲淹乃縱民競渡太
守日出宴於湖上自春至夏居民空巷出遊又召諸佛寺主
守諭之曰饑歲工價至賤可以大興土木之役於是諸寺工
作鼎興又新敖倉吏舍日役千夫監司奏劾杭州不恤荒政
嬉遊不節及公私興造傷耗民力仲淹乃自條敘所以宴遊

及興造皆欲廢有餘之財以惠貧者貿易飲食工技服力之人仰食於公私者日無慮數萬人荒政之施莫此爲大是歲兩浙惟杭晏然民不流徙

仲淹嘗與呂夷簡論人物夷簡曰吾見人多矣無有節行者仲淹曰天下固有人但相公不知爾以此意待天下士宜乎節行者之不至也

仲淹言幕府辟客須可爲已師者乃辟之雖朋友亦不可辟盖謂我敬之爲師則心懷尊奉每事取法於我有益耳

仲淹在睢陽掌學有孫秀才者索遊上謁仲淹贈錢一千明

年孫生復謁又贈一千因問何爲汲汲於道路孫生戚然動色曰母老無以養若日得百錢則甘旨足矣仲淹曰吾觀子辭氣非乞客二年僕僕所得幾何而廢學多矣吾今補子爲學職月可得三千錢以供養子能安於學乎孫生大喜於是授以春秋而孫生篤學不舍晝夜行復修謹仲淹甚愛之明年仲淹去睢陽孫亦辭歸十年聞泰山下有孫明復先生以春秋教授學者道德高邁朝廷召至乃昔索遊孫秀才也

狄青器度深遠韓范之爲西帥也皆隸其節下咸奇之曰此國器也仲淹嘗以左氏春秋授之曰熟此可以斷大事將不

知古今匹夫之勇不足爲也青於是益治書史

歐余王蔡爲諫官時謂之曰四諫四人力引石介執政欲從之公爲參政獨曰介剛正天下所聞然亦好異使爲諫官必以難行之事責人君以必行少拂其意則牽裾折檻叩頭流血無所不爲主上富春秋無失德朝廷政事亦自修舉安用此諫官也諸公服其言而罷

晏殊判南京公以大理寺丞丁憂權掌西監一日晏曰吾有女及笄仗君爲我擇壻公曰監中有二舉子富皐張爲善皆有文行他日皆至卿輔並可壻也晏曰然則孰優范曰富修

謹張蔬俊晏曰唯郎取富爲壻後改名弼爲善改名方平
仲淹子純仁娶婦將歸或傳婦以羅綺爲帷幔者仲淹聞之
不悅曰羅綺豈帷幔之物家素清儉安得亂吾家法敢持至
吾家當火於庭仲淹誡諸子曰吾貧時與汝母養吾親汝母
躬執爨而吾親甘旨未嘗充也今而得厚祿欲以養吾親親
不在矣汝母又以早世吾所最恨者忍令若曹享富貴之樂
耶仲淹在杭州子弟以其有退志乘閒請治第洛陽樹園圃
以爲逸老之地仲淹曰人苟有道義之樂形骸可外况居室
哉吾今年逾六十生且無幾乃謀樹第治圃顧何時而居乎

吾之所患在位高而艱退不患退而無居也且西都士大夫園林相望爲主人者莫得常遊而誰獨障吾遊者豈必有諸已而後樂耶

仲淹語諸子弟曰吾吳中宗族甚盛於吾固有親疎然吾祖宗視之則均是子孫吾安得不恤其飢寒哉且自祖宗來積德百餘年而始發於吾若獨享富貴而不恤宗族異日何以見祖宗於地下今亦何顏入家廟乎公輕財好施尤厚於族人既貴於姑蘇近郭買良田數千畝爲義莊以養羣族之貧者擇族人長而賢者一人主其出納人日食米一升歲衣縑

一匹嫁娶喪葬皆有贍給聚族人僅百口仲淹自政府出歸
姑蘇焚黃搜外庫惟有絹三千匹錄親戚及閭里知舊散之
皆盡曰宗族鄉黨見我生長幼學壯仕爲我助喜我何以報
之哉仲淹以朱氏長育有恩常思厚報之及貴用南郊恩乞
贈朱氏父太常博士暨諸子皆仲淹爲葬之歲別爲享祭仲
淹在睢陽遣子純仁到姑蘇取麥五百斛純仁時尚少既還
舟次丹陽見石延年問寄此何如延年曰兩月矣三喪在淺
土欲葬之而北歸無可與謀者純仁以所載麥舟付之單騎
自長蘆捷徑而去到家拜起侍立良久仲淹曰東吳見故舊

乎曰曼卿爲三喪未舉方留滯丹陽時無郭元振莫可告者
仲淹曰何不以麥舟與之純仁曰已付之矣
仲淹在鄧鄧人賈黯以狀元及第歸鄉謁仲淹願受教仲淹
曰君不憂不顯惟不欺二字可終身行之黯不忘其言每語
人曰吾受范公教平生用之不盡
仲淹微時與南都朱某相善朱且病仲淹視之白仲淹曰某
常遇異人得變水銀爲白金術吾子幼不足傳今以傳君遂
以其方并藥贈之仲淹不納強之乃受未嘗啟封後其子宗
長仲淹教之義均子弟及宋登第乃以所封藥併其術還之

萬廷言曰莊生云以無厚入有閒又云視爲止行爲遲動刀甚微文正有天下之志之才規模宏遠而用意忠厚真千古豪傑但觀其初年作用氣象似乃稍厚動稍急倡導太露欠禮行巽出從容以和之意是以遂至小人有朋黨之論而功業不副其才志也

仲淹曰吾遇夜就寢即自計一日食飮奉養之費及所爲之事果自奉之費與所爲之事相稱則鼾鼻熟寐或不然則終夕不能安眠明日必求所以稱之者補

韓琦 宋仁宗 英宗 神宗

韓琦字稚圭相州人風骨秀異仁宗初臨軒試進士 名在第二方唱名太史奏日下五色雲見左右從官皆賀監左藏庫時

禁中需金帛皆內臣持批旨取之無印可驗琦請復舊制置傳宣合同司以相防察又每綱運至必俟內臣監蒞始得受往往數日不至暴露廡下衛校以爲病公奏罷之徙開封府推官理事不倦暑月汗流浹背府尹王博文大器重之曰此人要路當前而治民如此眞宰相器也

以右司諫供職言賞罰當從中書出今數聞有內降不可不止王曾蔡齊宋綬當世名臣宜大用上納其說王沂公見公論事切直有本末謂公曰比年臺諫官多畏避爲自安計不則激發近名如君固不負所職諫官宜若此沂公天下正人公得此益自信

民間作銷金服玩公請以先朝舊制禁絕之乃下詔申諭未幾有犯者開封以刑名未明申請審刑院議止徒三年公奏大中祥符八年勑犯銷金者斬請復用之

詔同詳定阮逸胡瑗等所造鐘律公曰祖宗舊法遵用斯久

屬者猶一士之偏議變數朝之定律臣切計之不若窮作樂之源爲致治之本使政令平簡民物熙洽海內擊壤鼓腹以歌太平斯乃上世之樂可得以器數求乎既達其源又當今之所急國家方夏甯一又弛邊備犬戎之性豈能常保願陛下與左右弼臣緩茲求樂之誠移訪安邊之議急其所急在理爲長遂詔將來南郊用和峴舊樂

公言自古興儉以勸天下必以身先之今欲減省浮費莫如自宮掖始請令三司取入內內侍省并御藥院內東門司先朝及今來賜予支費之目比附酌中皆從減省無名者一切

罷之

公爲諫官三年所存諫稿欲歛而焚之以效古人愼密之義然無以見人主從諫之美乃集七十餘章爲三卷曰諫垣存稿自叙於首大畧曰諫止於理勝而以至誠將之

以益利路人饑爲體量安撫使公至則蠲稅募人入粟招募壯者等第刺以爲廂禁軍一人充軍數口之家得以全活檄劒門關民流移而東者勿禁簡州艱食爲甚明道中以災傷嘗勸納粟後糶錢十六餘萬歸於常平公曰是錢乃賑濟之餘非官緡也發庫盡以給四等以下戶逐貪殘不職吏罷冗

役七百六十八人為饘粥活餓人一百九十餘萬蜀人曰使者之來更生我也

元昊初叛兵銳甚中國久不知戰人心頗恐擾公陝西安撫使趣上道公勇欲自效馳至延安則羌已解圍去然士氣沮傷將吏往往移病求罷職公卽選練材武治戰守器慰安居人收召豪傑與之計議范雍守延州朝廷以爲不能欲以趙振代公奏曰范雍節制無狀宜召知越州范仲淹委任之方陛下焦勞之際臣豈敢避形迹不言若涉朋比誤國家當族帝從之召仲淹知永興軍慶人陳叔慶陳邊防策補官東南

公奏曰忠義憤懣爲國獻計雖稍收用乃置於僻左實羈縻之非所以開示誠意招徠人才也

康定元年夏竦都護西師公副之未幾遣學士晁宗愨內侍王守忠督出兵攻賊公曰如詔意爲便不則元昊聚兵出不意攻我我倉卒赴敵必敗合府爭之公所論不得用使持奏還而元昊掠鎮戎軍偏將劉繼宗逆賊戰果不利詔下切責俾以進兵日月來上衆復會議乃畫攻守二策求中決公馳驛奏闕下上計用攻策已而執政以爲難公不得已獨上章曰元昊精兵不出四五萬餘皆婦女老弱舉族而行我四路之

兵不爲少分戍數十城寨彼聚而來故常衆我散故常寡相遇每不敵是以元昊能數勝今不究此失乃待賊太過以二十萬重兵惴然守界濠不敢與虜角臣實痛之願更命近臣觀虜之隙如不可不擊則願不疑臣言奏雖未下知兵者以公言爲然公往來塞下勤苦忘寢食期有以報上出按屯至涇原聞元昊乞和公諭諸將曰無約而降者謀也宜益備遠調兵兵未集賊果入鈔山外公指圖授諸將曰山閒狹隘可守過此必有伏或致師以怒我或爲餌以誘我皆無得輒出待其歸且脩邀擊之而裨將任福王仲寶狃小勝數違節度

公檄之曰違節度有功亦斬福猶進兵遇伏遂戰死疾公者乞置公大罪後大帥使收餘兵得檄福衣帶間封上之朝廷知罪在諸將止左遷右司諫知秦州公在秦增廣州城以係固東西市招集屬戶益市諸羌馬討殺生羌之鈔邊者厲兵以待賊説公去秦賊不敢窺塞初京師所遣戍兵脆懦不習勞苦賊嘗輕之目曰東軍而土兵勁悍善戰公奏增土兵以抗賊而稍減屯戍內實京師又以籠竿城據衝要乞建為德順軍以蔽蕭關鳴沙之道既任事久歲補月完甲械精堅諸城皆有備賞罰信於軍中將亦習戰鬬識形勢每出輒有功

公方建請於鄜延渭三州各以土兵三萬爲一軍軍雖别屯而耳目相通爲一視虜所不備互出擣之破其和市屠其種落困撓其國因以招横山之人茂横山聽則平夏兵素弱必不能支我下視興靈穴中兎耳章既上又與仲淹定謀益堅而元昊黠賊知不可敵亦歛兵不敢近塞

公至延安忽有人夜擕匕首至卧内遽褰幃帳公起坐問曰誰何曰某來殺諫議又問曰誰遣汝來曰張相公遣某來蓋是時張元在夏國用事也公復就枕曰汝擕余首去其人曰某不忍願得金帶足矣遂取帶而出明日亦不治此事俄有

守陴卒報城櫓上得金帶者納之時范純佑亦在延安謂公曰不治此事爲得體益行之則沮國威今乃受其帶是墮賊計中矣公嘆曰非琦所及

慶歷元年冬十月　分秦鳳涇原環慶鄜延爲四路以　琦知秦州王沿知渭州范仲淹知慶州龐籍知延州各兼經畧安撫招討使詔分領之張方平言涇原最當賊衝王沿未愜人望不當與琦等同列不報琦上言請於鄜慶渭三州各更益兵三萬人拔用有勇畧將帥統領訓練預分部曲遠斥堠於西賊舉動之時先據要害來則命駐劄之兵觀利整陣併力

擊之又於西賊未集之時出三州已整之兵淺入大掠或破其和市招其種落築壘拓地別立經制朝廷節儉省費傾內帑三分之一分助邊用使行間覘賊如此則二三年間賊力漸屈平定有期矣

慶歷三年夏四月　甲辰朝廷以元昊請和遂召琦與范仲淹爲樞密副使時元昊倚契丹邀索亡厭晏殊等厭兵將一切從之琦力陳其不便帝嘉納之　八月　癸丑以韓琦爲陝西宣撫使時二府合班奏事琦必盡言雖事屬中書亦指陳其實同列或不悅帝獨識之曰韓琦性直琦嘗條所宜先者七事

繼又陳救弊八事帝嘉納之遂命宣撫陝西琦討平羣盜張海郭邈山等沐禁卒羸老不任用者修鄜延城障賑河中同華諸州饑民所活百餘萬八且陳西北四策以爲今當以和好爲權宜戰守爲實務請繕甲厲兵營修洛都密定討伐之討

慶歷四年五月　琦自陝西還與范仲淹並對於崇政殿言爲今之策當以和好爲權宜戰守爲實務因上四策一曰和二曰守三曰戰四曰備且請力行七事一密爲經畧二再議兵屯三專於遣將四急於教戰五訓練義勇六修京師外

城七密定討伐之謀又言北戎久强今乘元昊議和其勢愈重苟不大爲之備禍未可量夫京師坦而無備若北戎一朝稱兵深入必促河朔重兵與之力戰彼戰勝則直趨澶淵若京城堅固戒河朔之兵勿與戰彼不得戰欲深入則前有堅城後有重兵必沮而自退退而邀擊之可也故修京師非徒禦寇誠以伐深入之謀諫官余靖言王者守在四夷今無故而修京城是舍天下之大而爲嬰城自守之計遂不果行是年六月范仲淹出爲陝西河東宣撫使家傳載公俱出按行鑑不載

慶歷五年三月辛酉韓琦罷時范仲淹富弼罷去琦乃上疏

曰陛下用杜衍爲相方及一百二十日而罷范仲淹以夏人初附自乞保邊固亦有名至於富弼之出則所損甚大富弼大節難奪天與忠義昨契丹領大兵壓境命弼使虜以正辨屈强虜[illegible]復和議忘身立事古人所難近者李昃臣自虜來歸盛言虜主而下皆稱羨之陛下兩命弼爲樞密副使皆忽其有功辭避不受遠抑令赴上則不顧毀譽動思振緝紀綱其志欲爲陛下立萬世之業爾近日臣僚多務攻擊忠良取快私忿非是國家之福疏入不報會陜西四路總管鄭戩與知渭州尹洙爭城水洛事琦是洙朝議右戩竟徙洙知慶州

又徙晉州琦因請外遂出知楊州河東轉運使

嘉祐元年八月　以韓琦爲樞密使通鑑自慶歷五年載琦出知揚州河東轉運使至是年始載爲樞密使中閒十一二年不載一事一語何其疎也

二年八月丁卯詔諸州置廣惠倉初天下沒入戶絕田官自鬻之至是韓琦請留勿鬻募人耕而收其租別爲倉貯之以給州縣之老幼貧疾不能自存者謂之廣惠倉以提刑領其事歲終具出納之數上三司每千戶留田租百石以是爲差戶寡而田有餘則鬻如舊

三年六月　以韓琦同平章事朱庠田況爲樞密使張昇爲樞密副使時羣臣皆以建儲爲言帝依違不決琦既相乘閒進

曰皇嗣者天下安危之所繫自昔禍亂之起皆由策不早定陛下何不擇宗室之賢以爲宗廟社稷計帝曰後宮將有就館者姑待之已而又生女琦懷漢書孔光傳以進曰成帝無嗣立弟之子彼中材之主猶能如是況陛下乎願以太祖之心爲心則無不可者帝不答

六年閏七年　庚子以韓琦爲昭文館大學士曾公亮同平章事張昇爲樞密使胡宿爲副使歐陽修參知政事是時琦爲首相法令典故問公亮文學之事問修三人同心輔政百官奉法循理朝廷稱治修以兵民官吏財用之要中書所當知

者集爲總目遇事取視之不復求諸有司

冬十月壬辰起復宗實知宗正寺初帝旣連失三王自至和中得疾不能御殿中外惴恐臣下爭以立嗣固根本爲言包拯范鎭尤激切積五六歲未之行言者亦稍怠至是琦乃又與曾公亮張昇歐陽修極言之司馬光上疏曰向者臣進豫建太子之說意謂卽行今寂無所聞此必有小人言陛下春秋鼎盛何遽爲此不祥之事小人無遠慮特欲倉卒之際援立其所厚善者耳定策國老門生天子之禍可勝言哉帝大感動曰送中書光見韓琦等曰諸公不及今定議異日禁中

夜半出寸紙以某人爲嗣則天下莫敢違琦等拱手曰敢不盡力時知江州呂誨亦上疏言之及琦入對以光誨二疏進讀帝遽曰朕有意久矣誰可者琦皇恐對曰此非臣輩所可議當出自聖擇帝曰宮中嘗養二子小者甚純近不慧大者可也琦請其名帝曰宗實琦等遂力贊之議乃定宗實天性篤孝好讀書不爲燕嬉褻慢服御儉素如儒者時居濮王喪乃起復知宗正寺琦曰事若行不可中止陛下斷自不疑乞內中批出帝意不欲宮人知曰只中書行足矣命下宗實固辭乞終喪帝復以問琦琦對曰陛下既知其賢而選之今不

敢遽當盋器識遠太后以爲賢也願固起之帝曰然凡十八
章而後許之
八年三月　辛未帝崩遺制皇子即皇帝位於是皇后悉斂諸
門鑰寘於前黎明召皇子入嗣位皇子驚再言曰不敢爲臣
反走韓琦等掖留之夏四月壬申朔皇子即位欲亮陰三年
命琦攝冢宰宰臣不可乃止乙亥帝不豫丙子尊皇后曰皇
太后己卯詔請皇太后權同處分軍國事后乃御內東門小
殿垂簾宰臣日奏事秋七月帝疾瘳初帝疾甚舉措或改常
度遇宦者尤少恩左右多不悅乃共爲讒間兩宮遂成隙內

外洶懼知諫院呂誨上書兩宮開陳大義詞旨深切多人所難言者然兩宮猶未釋然一日韓琦歐陽修奏事簾前太后嗚咽流涕具道所以琦曰此病故爾疾已必不然子疾母可不容之乎后意不解修進曰太后事先帝數十年仁德著於天下昔溫成之寵太后處之裕如今母子閒反不能容耶后意稍和修復曰先帝在位久德澤在人故一日晏駕天下奉戴嗣君無敢異同者今太后一婦人臣等五六書生耳非先帝遺意天下誰肯聽從后默然久之琦進曰臣等在外聖躬若失調護太后不得辭其責后驚曰是何言我心更切也同

則聞者莫不流汗後數日琦獨見帝帝曰太后待我少恩琦對曰自古聖帝明王不爲少矣獨稱舜大孝豈其餘盡不孝哉父母慈而子孝此常事不足道惟父母不慈而子不失孝乃爲可稱但恐陛下事之未至耳父母豈有不慈者哉帝大感悟帝自六月不御殿至是月壬子初御紫宸殿見百官琦因請乘輿禱雨具素服以出人情大安

治平元年五月戊申帝疾大瘳韓琦欲太后撤簾還政乃取十餘事稟帝帝裁決悉當琦即詣太后覆奏后每事稱善琦因白后求去后曰相公不可去我當居深宮耳卻每日在此

甚非得已琦曰前代之后賢如馬鄧不免顧戀權勢今太后便能復辟誠馬鄧之所不及未審決取何日徹簾太后遂起琦卽命撤簾簾卽落猶於御屏後見太后衣也帝親政加琦尙書左僕射

八月丙辰內侍都知任守忠竄蘄州初章獻太后臨朝守忠與都知江德明等交通請謁權寵過盛累遷宣政使入內都知仁宗以未有儲嗣屬意於帝守忠陰欲援立昏弱以邀大利及帝卽位又乘帝疾交搆兩宮知諫院司馬光論守忠離閒之罪國之大賊乞斬於都市呂誨亦上疏論之帝納其言

明日琦手出空頭勑一道歐陽修已僉趙槩難之修曰第書之韓公必自有說既而琦坐政事堂召守忠立庭下曰汝罪當死遂責蘄州安置取空頭敕塡與之即日押行琦意以爲少緩則中變也其黨史昭錫等悉竄南方中外快之

夏人入寇韓琦議停其歲賜絕其和市遣使問罪文彥博難之舉寶元康定時事琦曰諒祚狂童也非有元昊智計而吾邊備過當時遠甚亟詰之必服會知延州陸詵策與琦合而諒祚果歸欵帝顧琦曰一如卿料也 治平三年

三年十二月壬寅立子頊爲皇太子大赦時帝久疾韓琦入

問起居因進言曰陛下久不視朝願早建儲以安社稷帝頷之琦請帝親筆指揮帝乃書曰立大王爲皇太子琦曰必潁王也煩聖躬更親書之帝又批於後曰潁王頊琦卽召學士承旨張方平至福甯殿草制帝凴几言言不可辨方平復進筆請書其名帝力疾書之

四年春正月丁巳帝崩太子卽位以吳奎爲樞密副使宰相韓琦曾公亮樞密使文彥博參知政事歐陽修趙槩判揚州富弼等進秩有差時琦爲首相凡事該政令則曰問集賢該典故則曰問東廳該文學則曰問西廳至於大事則自決人

以爲得相體

九月辛卯以富弼爲尚書左僕射戊戌以王安石爲翰林學士辛丑罷首相韓琦琦執政三朝或言其專自御史中丞王陶論劾後曾公亮因力薦王安石覬以閒琦琦求去益力帝不得已以琦爲鎮安武勝軍節度使司徒兼侍中判相州入對帝泣曰侍中必欲去今日已降制矣然卿去誰可屬國者王安石何如琦對曰安石爲翰林學士則有餘處輔弼之地則不可帝不答琦早有盛名識量英偉臨事喜慍不見於色居相位再決大策以安社稷當是時朝廷多故琦處危疑之

際知無不爲或曰公所爲誠善萬一蹉跌豈惟身不自保恐
家無處所矣琦歎曰是何言耶人臣當盡力事君死生以之
至於成敗天也豈可豫憂其不濟遂輟不爲哉言者愧服
青澗守將种諤旣受嵬名山降迫十一月夏主諒祚乃詐爲
會議誘知保安軍楊定等殺之邊釁復起朝議以諤生事欲
棄綏誅諤陝西宣撫主管機宜文字趙卨言虜旣殺王官而
又棄綏不守示弱已甚且名山舉族來降當何以處又移書
執政請存綏以張兵勢覘度大理河中建堡畫稼穡之地三
十里以處降者不從乃改命韓琦判永興軍經畧陝西琦言

邊臣肆意妄行棄約甚亂願召二府亟決之琦陛辭曾公亮等方奏事乞與琦同議帝召之琦曰臣前日備政府所當共議今日藩臣也不敢預聞又言王陶指臣爲跋扈今陛下乃舉陝西兵柄授臣復有劾臣如陶者則臣赤族矣帝曰侍中猶未知朕意耶琦初言綏不當取及楊定等被殺復言綏不可棄樞密以初議詰之琦具論其故卒存綏州

熙甯元年秋七月 韓琦復請相州以歸尋徙判大名府充安撫使

熙甯三年二月己酉河北安撫使韓琦上疏曰臣準散青苗

詔書務在在惠小民不使兼并乘急以要倍息而公家無所
利其入今所立條約乃自鄉戶一等而下皆立借錢貫數三
等以上更許增借且鄉戶上等并坊郭有物業者乃從來兼
并之家今令借錢一千納一千三百是官自放錢取息與初
詔相違又條約雖禁抑勒然不抑勒則上戶必不願請下戶
雖或願請請時甚易納時甚難將來必有督索同保均陪之
患陛下躬行節儉以化天下自然國用不乏何必使興利之
臣紛紛四出以致遠邇之疑哉乞罷諸路提舉官第委提點
刑獄依常平舊法施行帝袖其疏以示執政曰琦眞忠臣雖

在外不恤王室朕謂可以利民不意乃害民如此且坊郭安得青苗而使者亦强與之王安石勃然進曰苟從其所欲雖坊郭何害因難琦奏曰如桑宏羊籠天下貨財以奉人主私用乃可謂興利之臣今陛下修常平法所以助民至於收息亦周公遺法抑兼并振貧弱非所以佐私欲安可謂興利之臣乎帝終以琦說爲疑詔以琦奏付制置條例司令曾布疏駁刊石頒之天下琦申辨愈切且論安石妄引周禮以惑上聽皆不報時文彥博亦以青苗之害爲言帝曰吾遣二中使親問民間皆云甚便彥博曰韓琦三朝宰相不信而信二宦

者乎

熙寧七年三月丙辰遼主以河東路沿邊增修城壘起鋪舍侵入蔚應朔三州界內使蕭禧來言乞行毁撤别立界至禧歸帝面諭以三州地界俟遣官與北朝官即境上議之遂遣太常少卿劉忱等如遼遼遣樞密副使蕭素會忱於代州境上詔下樞密院議且手詔判相州韓琦司空富弼判河南府文彦博判永興軍曾公亮條代北事宜以聞琦奏言臣觀近年朝廷舉事似不以大敵爲卹彼見形生疑必謂我有圖復燕南之意故引先發制人之說造爲釁端所以致疑其事有

七高麗臣屬地方久絕朝貢乃因商船誘之使來契丹知之必謂將以圖我一也强取吐蕃之地以建熙河契丹聞之必謂行將及我二也徧植榆柳於西山冀其成長以制蕃騎三也报團保甲四也河北諸州築城鑿池五也制都作院頒弓刀新式大作戰車六也置河北三十七將七也契丹素爲敵國因事起疑不得不然臣常竊計始爲陛下謀者必曰自祖宗以來因循苟且治國之本當先聚財積穀募兵於農則可以鞭笞四夷復唐故疆故散青苗錢爲免役法置市易務次第取錢新制日下更改無常而監司督責以刻爲明今農怨

於畎畝商歎於道路長吏不安其職陛下不盡知也夫欲攘斥四夷以興太平而先使邦本困搖眾心離怨此則為陛下始謀者誤也臣今為陛下計宜遣報使具言向來修作乃修備之常豈有他意疆土素定悉如舊境不可持此造端以隳累世之好可疑之形如將官之類因而罷去益養民愛力選賢任能疏遠奸諛進用忠鯁使天下悅服邊備日充若其果自敗盟則可一振威武恢復故疆攄累朝之宿憤矣弼彥博公亮亦皆有言大抵度上以虜為憂故深指時事云

熙甯八年六月 甲寅韓琦卒琦天資忠孝識量英偉相三朝

立二帝論大事決大疑以安社稷嶷然山立辭氣雍容不見有喜慍之色折節下士進拔人才如恐不及儻公論所與雖意所不悅亦收用之而未嘗以官職私其所親故得人爲多爲相十年輕財好施家無餘貲卒之前一夕大星隕州治廳馬皆驚帝自爲文置其墓篆其首曰兩朝顧命定策元勛之碑贈尚書令謚忠獻配享英宗廟廷後追封魏王自分秦鳳涇原條以下皆本通鑑

公徙知鄆州時京東素多盜捕盜之法以百日爲三限限不獲者抵罪盜未必得而被刑者衆公請獲他盜者聽比折除

過捕者有免刑之路故獲多盜朝廷著爲天下法至今用之此以下本雜錄知鄆定二州通鑑俱不載豈卽知揚州以後事耶

徙鎮定定州久用戎將治兵無法度至於驕不可使公至卽用兵律裁之察其橫軍中尤不可教者捽首斬軍門外死攻圍者賻其家恤其孤兒使繼衣廩恩威既信則倣古兵法作方員銳三陣指授偏將日月教習之由是定兵精勁齊一號爲可用冠河朔歲大歉爲法賑之活饑人七百萬鄰城旁路刺取其法視山中隱然爲雄鎭聲動虜中

中書習舊弊每事必用例五房吏操例在手顧金錢唯意所

去取所欲與白舉用之所不欲行或匿例不見公令取五房例自刪訂及刑房斷例除其冗繆不可用者爲綱目類次之封縢謹掌每用例必自閱自是人知賞罰可否出宰相五房吏不得高下於其間

公自爲相即與當時諸公同力一德謀議制作銓補天下士所汲引多正直有名或忠厚可鎮風信以公議用之士莫知出何人門下嘉祐四年下祫享赦事多便民者命諸路舉學行尤篤遺詣京師館於太學試舍人院差使授官立柴氏後爲崇義公擇才臣詣四方寬恤民力籍戶絶田租爲廣惠倉

以廣賑恤募耕唐鄧廣田勸課農作守令治最者久其任以率吏課裁定令赦以省疑讞弛茶禁以便東南之民議者謂近於三代之仁義多公所論議頒行

治平中夏國泛使至將以十事與朝廷未知其何事也時太常少卿祝諮館伴既受命先見樞府已而見丞相琦曰樞密何語曰樞府云若使人議及十事第云受命館伴不敢輒及邊事琦笑曰豈有止主飲食而不及他語耶琦乃徐料十事以授祝曰彼及某事則以某辭對辨某事則以某辭折及宴果及十事凡八事正中琦所料夏人竦服

仁宗棄天下平旦入預六議英宗即位宮門徐開追百官班宣遺制衛士坐甲諸司燕廡下治喪人情肅然日至午市肆猶有未知者公性厚重未嘗名其功其門人親客或燕坐從容語及太子定策事必正色曰此仁宗聖神(德)斷爲天下計太后內助之力朝廷定議久矣臣子又何與焉

英宗初爲皇太子時允弼最尊屬必不平且有語來朝制度嗣天子即位先親王賀次六軍次見百官公是時先獨召允弼入稱先帝晏駕太子即位大王當賀允弼曰太子爲誰曰某人允弼曰豈有團練使爲天子者何不立尊行公曰先帝

有詔允弼曰焉用宰相遂循殿陛上公叱下曰大王人臣也不得無禮甲士已至遂賀次召見諸親王見六軍百官中外晏然

英宗即位已數日初掛服於柩前哀未發而疾暴作大呼語言恐人左右皆反走大臣輩駭愕癡立莫知所措公急投杖於地直趨至前抱入簾曰誰激惱官家且當服藥內人驚散公呼之徐徐方來遂擁上以授之曰皆須用心照管官家再三慰安以出仍戒當時見者曰今日事惟某人見某人見外人未有知者復位就哭處之若無事然歐公歸以語所親曰

韓公遇事眞不可及

英宗初以驚疑得疾雖平而疑未解潛晦自居猶若疾者面壁臥不受藥餌公日率同僚台捧藥以進公俯而懇告則或熟視而不言或取藥覆公之衣而不顧公或跪於榻上者移時或拜於床下者數四太后每勞公曰相公亦不易勝矣大王謂神宗汝自勸及大王勸之猶不顧也然須公強之而後服英宗遇貂璫少恩禮左右不悅多道禁中隱密者雖大臣亦心惑之公獨屹然不動昌言於衆曰豈有前殿不會差了一語而一入宮門得許多錯來琦深疑此事簾前亦屢以此爲

對自爾人情知公意不揺妄傳語言者遂息慈壽一日遣密
劄與公有爲孀婦作主之語仍敕中貴俟報公但曰領旨公
以山陵有事呈乞晚臨後上殿諸公不與既見謂上曰官家
不得驚有一文字進呈只是不可泄陛下今日皆太后力恩
不可不報然既非天屬之親願加意承奉便自無事上曰謹
奉教公又云此文字臣不敢留幸宫中密焚之若泄則間隙
開卒難合矣他日光獻對中書泣訴英宗疾中語言起居狀
繼而樞密院對語亦如前富公謂公曰適聞簾下說否弼不
忍聞蓋富意亦以太后之意爲然而歸咎於英宗及公力勸

太后撤簾不敢令富公與聞後中書已得光獻旨還政密院猶未知也迨於書出富公愕然因此不悅

公潛察英廟已安而曹后未有還政意乃先建議英廟曰可一出祈雨使天下之人識官家上然之咨太后太后怒曰獨不先稟此耶孩兒未安恐未能出公曰可以出矣后曰人主出不可不備儀方處喪素仗未具公曰此小事朝廷頤指即辦不數日素仗成上遂幸相國寺京師之疑已解太后不久即還政

濮安懿王以英宗踐祚側當改封上尤詳謹不欲遽旣臨大

祥始詔兩制議其禮兩制謂當稱大國封皇伯中書擬所生稱皇伯無經據又封爵須下詔名之則未得其中方下三省再議而臺諫官攻中書不已尤指歐陽公諸公避匿自解公獨謂人曰此中書事皆共議何可獨罪歐陽公士大夫歎其平直不肯推諉與人

神宗既即位王陶自東宮入御史府爲中丞意有所觖望奏彈宰相不押常朝班朝廷以宰相日奏事垂拱退詣文德殿押常朝班或已過辰正則御史臺放班行已數十年爲故事陶憤不勝乃肆詆誣上察其奸罷陶言職

陶言公不押常朝班爲跛扈帝遣近臣以陶言示公公奏曰
臣非跛扈者陛下遣一小黄門至則可縛臣矣帝爲之動出
陶知陳州
有人問公何以識安石不可爲相公曰嘗讀其答楊忱一書
竊其心術只爲一身不爲天下以此知非宰相器
初新法下曰琦舊臣也義不敢默及不聽曉官屬亟奉行曰
琦一郡守也其敢不如令
太宗眞宗嘗獵於大名之郊題詩數十篇賈魏公時刻於石
公留守日以其詩藏於班瑞殿之壁旣成客有勸摹本以進

者公曰修之則已安用進爲客亦莫喻公意韓絳來遂進之公聞之歎曰昔豈不知進耶顧上方鋭意四夷事不當更導之耳

魏公潞公俱嘗鎮北門魏公時朝城令決一守把兵士方二下輒悖罵不已令以解府魏公使前問云汝罵長官信否對曰當時乘忿實有之公即於解狀判處斬從容平和畧不變色潞公時復有解一卒猶前者潞公震怒問之兵對如實判處斬以此見二公之量不同如魏公則彼自犯法吾何怒之有不惟學術之妙亦天資之高爾

初爲館職所與遊者皆一時英俊石曼卿氣豪邁多戲侮同舍獨見公不敢少慢但時呼爲韓家益當時市井小民凡所畏尊官則呼厥姓曰某家故石效此語自在館閣已有重望於天下與同館王拱辰御史蕭定基同發解開封府舉人二公時有爭喧公安坐幕中閱試卷如不聞拱辰忿不助已詣公室謂公曰此中習宰相器度耶公和顏謝之及公爲樞副石介有慶歷聖德頌曰寻早識琦琦有奇骨可屬大事敦厚如勃後爲相歐陽永叔作晝錦堂記曰臨大節處大事垂紳正笏不大聲色而措天下於泰山之安可謂社稷之臣矣天

下傳之以為知言

公在相府時家有女樂二十餘輩及崔夫人亡一日盡厚遣之同列多勸且留以為暮年歡琦曰所樂能幾何而常令人心勞孰若吾簡靜之樂也琦天性清簡獨觀文書晝夜不倦餘暇則喜書札素愛顏魯公書而加以遒健自成一家端重剛勁類其為人

公慶歷中與彥國希文同在西府上前爭事議論各別下殿不失和氣如未嘗爭也當時相善三人正如指車子蓋其心主於可行而已公惟務容小人善惡白黑不大分故小人忌

之亦少如范富歐尹常欲分君子小人故小人忌怨日至朋黨亦起方諸人斥逐獨公安焉後扶持諸人復起皆公力也

公與仲淹議西事不合仲淹徑拂衣去琦自後把住其手云希文事便不容商量耶和氣滿面仲淹意亦解只此一轉消融幾異同公所以能當大事者正在此 許

公爲相作久旱喜雨詩斷句云須臾慰滿三農望收歛神功寂似無人謂此眞做出宰相事業也在北門重陽有詩云不羞老圃秋容淡且看黃花晚節香公居常謂保初節易保晚節難故晚節事事尤著力所立特全

公雖在外然其心常係社稷至身老而心益篤雖病不忘國家或有時聞更祖宗一法度壞朝廷一紀綱則泣血終日不食

公曰琦平生仗孤忠以進每遇大事則以死自處幸而不死皆偶成實天扶持非琦所能也又曰臨事若慮得是當劄定脚做更不移成敗則任他方可成務又論進退曰處去就之難者不可猛而有迹

公嘗謂大臣以李固杜喬爲本其弊猶恐爲胡趙若以胡趙自處弊可知也公論近世宰相獨許裴晉公本朝惟師服王

沂公又云若晉公點檢著亦有未盡處君子成人之美不可言也又嘗言仁廟議配享清議皆與沂公而不與申公誠意不可欺如此沂公爲相論其事則無可數者論其人則天下信之以爲賢相申公以進賢自任恩歸於已時士皆出其籠絡獨歐陽范尹旋收旋失終不受其籠絡申公不知指誰若呂公著則哲宗相非仁宗朝也多是呂許公誤書耳

又曰頃時丁寇立朝聞天下一善皆歸之萊公未必盡出萊公聞一不善事必歸之晉公未必盡出晉公蓋天下之善惡爭歸焉人之修身養誠意不可不謹

或問威克厥愛允濟如潞公臨大事全是威如何曰待威而

後濟者亦是也然亦有不須威而濟者觀公意豈以德不足者
必待威以立事耶古人謂鶚百鳥望而畏之鸞鳳百鳥望而
愛之其服則一其品相遠矣
公論君子小人之際當以誠待之但知其小人則淺與之接
耳凡人至於小人欺已處必露其明以破之公獨不然明足
以照小人之欺然每受之未嘗形於色也
孫和甫奉使虜中過魏請教於公公曰勿以爲夷狄而鄙薄
之甚善
公在相位所進用人惟以公議所在旡薦引於上前未嘗輒

漏其語閒因上有宣諭或同僚談說人始聞之有問公郭逵爲樞密衆人皆謂出公力曰用人非人臣所得專須還他主上若用人是則將順非則開陳何謂琦力始英宗欲郝質在西府公謂質固得但二府論道經邦一黥卒主之反使不安如狄青爲中外所服一旦居此論議紛然而去愛之適所以害之英宗沉吟久之曰如此則用郭逵粗勝質遂然之

公元勳盛德如此聞人一小善則曰琦不及也公平日獎進人才極博至心許者不過一二人多見其與人長忘人短而用之爲太濫其實胸中不

啻白黑論時望諸公皆

不以經綸許之謂才器須周可當四面入粗入細乃經綸事業今皆可當一面才也或問君實晦叔天下屬望他日大用當何如公曰才偏規模小吳長文子璟素以堅挺有節槩稱公亦稱之及幕府有闕門下有以璟爲言者公曰此人氣雖壯然包蓄不深發必暴且不中節當以此敗置而不言不踰年璟敗皆如其言錢明逸久在禁林不滿意出爲秦州居常怏怏不事事公聞之語人曰已雖不足獨不思所部十萬生靈耶公平日謂成大事在膽未嘗以膽許人往往自許也

公屢薦歐陽公而仁宗不用他日復薦之曰韓愈唐之名士

而竟不用使愈爲之未必有補於唐而談者至今以爲謗歐陽修今之韓愈也而陛下不用臣恐後之談者謗必及國不特臣也陛下何惜不一試之以曉天下後世也上從之公晚與永叔相知而相親最深永叔深服公之德量常曰累百歐陽修何敢望韓公公曰永叔相知無他琦以誠而已公知永叔不以繫辭爲孔子書又多不以文中子爲可取中書相會累年未嘗與之言及也公爲相或謂公之德業無愧古人但文章有所不逮公曰某爲相歐陽永叔爲翰林學士天下文章誰大於是

公言始學行已當知金玉不受微塵之染方是及其成德有所受亦有所不害者不然無容矣公嘗言忠義之心人皆有之惟其執之不固勉之不力是以不及古人

蘇軾試制科中程後英宗即欲便授知制誥琦曰軾材遠大器也他日自當爲天下用要在朝廷培養之使天下士莫不畏慕降伏皆欲朝廷進用然後取而用之則人人無復異辭今驟用之士未必以爲然適足累之也乃授直史館軾聞之曰韓公可謂愛人以德矣

公謂處事不可有心有心則不自然不自然則擾太原士風

喜射故民間有弓箭社琦在太原不禁亦不驅故人情自得亦可寓兵備於其間後來相繼政頗著必處之下令籍爲部伍仍須用角弓太原人貧素用木弓自此有責牛買弓者人始騷然矣此出於有心也

公嘗從容議及養兵事慨然曰琦有所思而得之未嘗語人人亦未必信養兵雖非古然積習既久不可廢又自有利處一不爲不深昔者發百姓戍邊無虛歲父子兄弟有生離死別之苦議者但以不如漢唐調兵於民獨不見杜甫石壕吏一篇調兵於民其弊至此後世既收拾强悍無賴者養以爲兵

良民雖斂稅良厚而終身保骨肉相聚之樂此豈小事又其練習戰陳而豪壯可使安得與農民同日道也

公在大名日有人獻玉盞二隻云耕者入壞塚而得表裏無纖瑕可指亦絕寶也每開宴召客特設一卓覆以錦衣置盞其上一日召漕使且將用之酌酒勸座客俄爲一吏誤觸倒玉盞俱碎坐客皆愕然吏且伏罪公神色不動笑謂坐客曰凡物成敗亦自有數俄顧吏曰汝誤也非故也何罪之有坐客皆歎公寬厚不已公帥定武時夜作書令一兵持燭侍傍兵他視燭燃公鬚公遽以袖麾之而作書如故少頃回視則

已易其人矣公恐主吏鞭之亟呼視之曰勿易渠已解把燭矣軍中感服

公姿貌偉特美鬚髯骨格清聳眉目森秀圖繪傳天下人以爲高山大嶽望之氣象雄傑而包育微細蓄泄雲雨藏匿寶怪蓋自然也

富弼　宋仁宗　英宗　神宗

富弼字彦國河南人初遊場屋穆伯長謂之曰進士不足以盡子之才當以大科名世公果禮部試下西歸范文正遣人追公曰有旨以大科取士可亟還公還京師見文正辭以未嘗爲此學文正曰已同諸公薦君矣久爲君闢一室皆大科文字可往就館公遂以賢良方正登第時晏元獻爲相求婚於文正文正曰公女若嫁官人則仲淹不敢知必求國士無如富弼者即議婚

郭后廢范仲淹等爭之貶知睦州孔道輔貶知泰州孫祖德

等罰金公時爲僉書河陽判官上言朝廷一舉而兩失縱不能復后宜還仲淹等以來忠言不聽

寶元初元昊反公時通判鄆州陳八事且言元昊遣使求割地邀金幣使者部從儀物如契丹而詞甚倨此必元昊腹心謀臣自請行者宜出其不意斬之都門又言夏守彬庸人平時猶不當用而况艱難之際可爲樞密乎議者以爲有宰相器

知諫院康定元年日食正旦公言請罷宴徹樂雖虜使在館亦且就賜飲食而已執政以爲不可公曰萬一虜主行之爲

朝廷羞後使虜還者云虜中罷宴如公言仁宗悔之

元昊寇鄜延延州民二十八人詣闕告急上召問具得諸將敗亡狀執政惡之命遠近禁民赴闕者公上言此非陛下意宰相惡上知四方有敗爾民有急不得訴之朝則西走元昊與北走契丹矣

夏守彬爲陝西都總管又以宦者王守忠爲都鈐轄公言用守彬已爲天下笑而守忠鈐轄乃與唐中官監軍無異遂詔罷守忠

自用兵以來吏民上書者甚衆初不省用公言知制誥本中

書屬官可選一人置局中書考其所言可用用之宰相偷安欲以天下是非盡付他人又引國初故事請使宰相兼領樞密院仁宗曰軍國之務當盡歸中書樞密非古官然未欲遽廢卽詔中書同議樞密院事宰相辭曰恐樞密院謂臣奪權公曰此宰相避事耳非畏奪權也會西夏首領來降補借奉職羈置荆湖公言二人之降其家已族矣當厚賞以勸來者上命以所言送中書公見宰相論之宰相初不知也公嘆曰此豈小事而宰相不知耶更極論之上從公言以宰相兼樞密使

契丹自晉朝以來戍有幽薊北鄙之警略無寧歲凡六十有
九年至景德元年舉國來寇上用寇準親征之策自是復通
好不盜邊者三十九年及元昊叛兵久不決契丹之臣有貪
而喜功者以我爲怯且厭兵遂教其主投詞以動我欲得晉
高祖所與關南十縣乃遣蕭特末劉六符來致書取故地且
問興師伐夏及沿邊疏濬水澤增益兵戍之故呂夷簡奏富
弼爲接伴使上遣中使勞之特末托疾不拜弼曰吾嘗使北
病臥車中聞命輒起今中使至而子不拜何也特末等矍然
起拜弼開懷與語不以夷狄待之左右寧以其主之所欲者

告且曰可從從之不然以一事塞之弼具以聞帝惟許增歲幣或以宗室女嫁其子且令夷簡擇報聘者夷簡不悅弼因薦之集賢校理歐陽修引顏眞卿使李希烈事請留之不報弼得命卽入對叩頭曰主憂臣辱不敢愛其死帝爲動色進弼樞密直學士弼辭曰國家有急義不憚勞奈何逆以官爵賂之弼至契丹見契丹主宗眞言曰兩朝人主父子繼好垂四十年一旦求割地何也契丹主曰南朝違約塞雁門增塘水治城隍籍民兵將以何爲羣臣請舉兵而南吾謂不若遣使求地求而不獲舉兵未晚弼曰北朝忘章聖皇帝之大德

平澶淵之役苟從諸將言北兵無得脫者且北朝與中國通好則人主專其利而臣下無所獲若用兵則利歸臣下而人主任其禍故勸用兵者皆爲身謀爾契丹主驚曰何謂也彌曰晉高祖欺天叛君末帝昏亂土宇狹小上下離叛故契丹全師獨克然擄獲金幣充牣諸臣之家而壯士健馬物故大半此誰任其禍者今中國提封萬里所在精兵以百萬計法令修明上下一心北朝欲用兵能保其必勝乎就使其勝所亡士馬羣臣當之歟亦人主當之歟若通好不絕歲幣盡歸人主臣下所得止奉使者歲一二人耳羣臣何利焉契丹主

大悟首肯者久之弼又曰塞雁門者備元昊也塘水始於何
承矩事在通好前城隍皆修舊民兵亦補闕非違約也契丹
主曰微卿言吾不知其詳雖然吾祖宗故地當見還也弼曰
晉以盧龍賂契丹周世宗復取關南地皆異代事若各求地
豈北朝之利哉既退劉六符曰吾主恥受金幣堅欲十縣何
如弼曰本朝皇帝嘗言爲祖宗守國豈敢妄以與人北朝所
欲不過租賦爾朕不忍多殺兩朝赤子故屈己增幣以代之
若必欲得地是志在敗盟假此爲辭爾澶淵之盟天地鬼神
實臨之北朝首發兵端過不在我天地鬼神其可欺乎六符

謂其介曰南朝皇帝存心如此大善當共奏使兩主意通明日契丹主召弼同獵引弼馬自近曰得地則歡好可久弼反覆陳其不可狀且言北朝既以得地為榮南朝必以失地為辱兄弟之國豈可使一榮一辱哉獵罷六符曰吾主聞君榮辱之言意甚感悟今惟結婚可議爾弼曰結婚易生嫌隙本朝長公主出降齎送不過十萬緡豈若歲幣無窮之利哉契丹主諭弼使還曰俟卿再至當擇一事受之卿其遂以誓書來弼還具以白帝帝復使弼持和親增幣二議及誓書往契丹且命受口傳之辭於政府既行次樂壽謂副使張茂實曰

吾爲使而不見國書脫書詞與口傳異吾事敗矣啟視果不同馳還都以晡時入見曰政府故爲此以陷臣臣死不足惜如國事何帝以問晏殊殊曰吕夷簡決不爲此誠恐誤耳弼曰晏殊奸邪黨夷簡以欺陛下遂易書而行既至契丹不復議婚專欲增幣且曰南朝既增我歲幣其遺我之辭當曰獻弼曰南朝爲兄豈有兄獻於弟乎契丹主曰然則爲納字弼曰亦不可契丹曰南朝既以厚幣遺我是懼我矣於一字何有若我擁兵而南得毋悔乎弼曰本朝兼愛南北之民故屈己增幣何名爲懼或不得已而用兵則當以曲直爲勝負非

使臣之所憂也契丹主曰卿勿固執古有之矣弼曰自古惟
唐高祖借兵突厥當時贈遺或稱獻納其後頡利爲唐太宗
所擒豈復有此禮哉聲色俱厲契丹主知不可奪乃曰吾當
自遣人議之乃留增幣誓書復使耶律仁先及劉六符持誓
書與弼偕來且求爲獻納弼奏曰二字臣以死拒之虜氣折
矣可勿許也帝用晏殊議竟以納字許之於是歲增錢絹各
十萬匹兩送至白溝契丹自是通好如故慶歷二年以富弼爲翰
林學士辭不拜弼始受命使契丹聞一女卒再往聞一男生
皆不顧得家書未嘗發輒焚之曰徒亂人意於是帝復申樞

密直學士之命臣辭又除翰林學士臣懇辭曰增歲幣非臣本意特以方討元昊未暇與角故不敢與死爭敢受賞乎一日王拱辰言於帝曰富弼亦何功之有但能添金帛之數厚夷狄而敝中國耳帝曰不然朕所保者土宇生民耳財物非所惜也拱辰曰財物豈不出於生民耶帝曰國家經費取之非一日之積歲出以賜夷狄亦未至困民若兵興調發歲出不貲非若今之緩取也拱辰曰犬戎無厭好窺中國之隙且陛下只有一女萬一欲請和親則如之何帝閔然動色曰苟利社稷朕亦豈愛一女耶拱辰言塞且知譖之不行也遽曰

臣不知陛下能屈己愛民如此眞堯舜之主也洒泣再拜而
出初富弼以右正言糾察在京刑獄時有用僞牒爲僧者事
覺乃堂吏爲之弼白呂夷簡請以吏付獄夷簡指其坐曰公
不久居此無爲近名弼必得吏乃止夷簡滋不悦乃薦弼使
契丹歐陽修引顏眞卿李希烈事益爲此至是帝嘉弼使事
有功而拱辰希執政意故譖不行
慶歷三年三月命公爲樞密副使辭愈力至七月申前命公
言虜既通好議者便謂無事邊備遂弛虜萬一敗盟臣死且
有罪非獨臣不敢受亦願陛下思夷狄輕侮中原之恥臥薪

嘗膽不忘修政因以告納上前而罷逾月復以命公時元昊
使辭上俟班綴樞密院班乃坐且使宰相章得象諭公曰此
朝廷特命非以使虜故也公不得已乃受時晏殊爲相范仲
淹參政杜衍樞密韓琦與公副之歐余王蔡爲諫官皆天下
之望石介作詩以美之公既以社稷自任而仁宗責成於公
與仲淹數以手詔督公等條具其事又開天章閣召公等坐
具筆劄書其所欲爲者遣中使更往督之且命仲淹主西事
公主北事公遂與仲淹各上當世之務十餘條又自上河北
安邊十三策大畧以進賢退不肖止僥倖去宿弊爲本欲稍

易諸路監司之不才者使澄汰所部吏於是小人始不悅矣

元昊遣使以書來稱男而不稱臣公言契丹臣元昊而我不臣則契丹爲無敵於天下不可許乃卻其使卒臣之七月契丹來告舉兵討元昊十二月詔册元昊爲夏國主使將行而止之以俟虜使公曰若虜使未至而行則事自我出旣至則恩歸契丹矣從之

初石介作詩譽公而詆夏竦竦怨之會介以書遺公責以伊周之事竦遂教女奴習介書改伊周爲伊霍又僞作介爲弼作廢立詔草飛語上聞上雖不信而公懼不自安因保州賊

平求出宣撫河北歸及國門不得見除知鄆州自鄆移青會河朔大水民流京東擇所部豐稔者三州勸民出粟得十五萬斛益以官廩隨所在貯之得公私廬舍十餘萬間散處其人以便薪水官吏自前資待闕寄居者皆給其祿使即民所聚選老弱病瘠者廩之山林河泊之利有可取以爲生者聽流民取之其主不得禁官吏皆書其勞約爲奏請使他日得以次受賞於朝率五日輒遣人以酒肉糗飯勞之出於至誠人人爲盡力流民死者大塚葬之目曰叢冢及麥大熟民各以遠近受糧而歸凡活五十餘萬人募爲兵者萬計前此救

災者皆聚民城郭中爲粥食之蒸爲疾疫及相蹈藉或待哺數日不得而仆名爲救之而實殺之自弼立法簡便天下傳以爲式帝聞遣使褒勞加拜禮部侍郎弼曰救災守臣職也固辭不受

皇祐元年

以文彥博富弼同平章事帝嘗問置相於王素素對曰惟宦官宮妾不知姓名者可充其任帝曰如是則富弼耳素曰陛下得人矣至是彥博與弼同召至郊詔百官迎之范鎭言曰隆之以虛禮不若推之以至誠及宣制士大夫相慶於朝帝遣小黃門覘之語翰林學士歐陽修曰古之命相或得夢卜

今朕用二相人情如此豈不賢於夢卜哉修頓首賀會契丹使者耶律防至王德用與射玉津園防曰天子以公典樞密而用富公爲相皆得人矣至和二年六月

嘉祐六年三月己亥富弼以母喪去位詔爲罷春宴故事執政遭喪皆起復帝虚位五起之弼固請終制且曰起復金革之變禮不可施於平世帝許之

公爲相議欲稍由學校進士命侍從儒臣講立法制大學諸生經明行修者由右學升左學由左學升上舍歲終擇上舍中經行尤高者比及第人命之以官既僉同列奏獨翰林歐

陽永叔舍人劉原父異論曰如是則通經者未升於左學而詞賦者已在高科矣事卒不行

公爲相守格法行故事而附以公議無心於其間故百官任職天下無事以所在民力困敝歲役不均遣使分道相視裁減寬恤又弛茶禁便商賈省刑獄天下便之

嘉祐八年　五月戊午以富弼爲樞密使　治平二年　秋七月癸亥富弼罷嘉祐中韓琦與弼同相或中書有疑事往往與樞密謀之自弼爲樞密使非得旨合議者琦未嘗詢弼弼不懌及太后還政弼大驚曰弼備位輔佐他事固不可與聞此事

韓公獨不能共之耶或以咨琦琦曰此事當時出太后意安可顯言於衆耶愈不懌帝親政加弼戶部尚書弼辭曰制詞取嘉祐中嘗議建儲推恩此特緣髮之勞何足加賞仁宗太后於陛下有天地之恩尚未聞所以爲報可謂倒置再奏不聽乃受至是以足疾力求解政章二十餘上上遂以使相鄭國公判揚州未幾徙判汝州

英宗一日因公進除目而震怒響滿一殿擲目榻下公慨然振笏拾除目進之曰天子亦有怒焉出九師以伐四夷否則陳斧鉞以誅大臣今日陛下之怒不爲除目也必以臣等有

大過惡可赦者何不誅臣以謝天下英宗爲之霽色溫言公
進說猶久之不已
英宗臨御一日韓公進擬數官者冊立有勞當遷官公曰先
帝以神器付陛下此輩何功可書韓有愧色後韓帥長安爲
范堯夫言其事曰琦便怕富公也
公懇辭相章二十上以使相判河陽復五上章辭使相且言
真宗以前不輕以此授人仁宗即位之初執政欲自爲地故
開此例迨仁宗之位宰相罷者皆除使相至不稱職者亦然
今陛下初即位願立法自臣始不從

熙甯二年春二月己亥以富弼同平章事初弼自汝州入覲詔許肩輿至今其子掖以進且命毋拜坐語從容訪以治道弼知帝果於有爲對曰人君好惡不可令人窺測可窺測則姦人得以附會當如天之監人善惡皆所自取然後誅賞隨之則功罪皆得其實矣又問邊事弼對曰陛下臨御未久當布德惠願二十年口不言兵亦不宜重賞邊功干戈一起所係禍福不細帝嘿然至日昃乃退欲以集禧觀使留之力辭赴郡至是召拜司空兼侍中賜甲第悉辭之乃詔以左僕射同平章事時帝以災變避殿減膳徹樂王安石言災異皆天數非關

人事得失所致爾在道聞之歎曰人君所畏者天也若不畏天何事不可爲者此必奸人欲進邪說以搖上心使輔弼諫諍之臣無所施其力是治亂之機不可以不速救卽上書數千言雜引春秋洪範及古今傳記人情物理以明其決不然者及入對又言君子小人之進退繫王道之消長願深加辨察勿以同異爲喜怒喜怒爲用舍陛下好使人伺察外事故奸險得志又今中外之務漸有更張此必小人獻說於陛下也大抵小人惟喜動作生事則其閒有所希覬若朝廷守靜則事有常法小人何望哉願深燭其然無使有悔

熙寧二年　冬十月丙申富弼罷時王安石用事不與弼合弼度不能爭稱疾求退章數十上帝曰卿卽去誰可代卿者弼薦文彥博帝嘿然良久曰王安石何如弼亦嘿然遂出判亳州弼恭儉孝敬好善疾惡常言君子小人並處其勢必不勝君子不勝則奉身而退樂道無悶小人不勝則交結搆扇千歧萬轍必勝而後已待其得志遂肆毒於善良求天下不亂不可得也

熙寧四年六月　甲戌富弼在亳州持青苗法不行曰如是則財聚於上人散於下提舉官趙濟劾弼沮格詔旨鄧綰乞付

有司鞫治乃落弼武寧節度使同平章事以右僕射移判汝州王安石曰弼雖謫猶不失富貴昔鯀以方命殛共工以象恭流弼兼二罪止奪使相何由沮姦帝不答弼行過應天謂判府張方平曰人固難知也方平曰謂王安石乎亦豈難知者方平頃知皇祐貢舉或稱安石文學辟以考校旣至院中事皆欲紛更方平惡其爲人檄之使出自是未嘗與語弼有愧色蓋弼亦素喜安石也

熙寧五年三月 戊戌判汝州富弼致仕弼至汝州兩月卽上言新法臣所不曉不可以治郡願歸洛養疾許之遂授司空

武甯節度使致仕弼雖家居朝廷有大利害知無不言帝雖不盡用而眷禮不衰嘗因王安石有所建明帝卻之曰富弼手疏稱老臣無所告訴但仰屋竊歎者即當至矣其敬之如此

元豐六年閏六月丙申富弼卒遺表大畧云陛下即位之初邪臣納說上誤聰明寖成禍患今上自輔臣下及多士畏禍圖利習成敝風去年永樂之役兵民死亡者數十萬今久戍未解百姓困窮豈諱過恥敗不思救禍之時乎天地至仁寧與羌夷較勝負願休兵息民使關陝之間稍遂生理兼陝西

再圍保甲州縣奉行勢倖星火人情惶駭不若寖罷以綏懷之興利之臣爲國斂怨宮尉之臣不可委以兵柄願擇循良之吏賑貸存卹臣之所陳急於濟事若夫要道則在聖心所存與所用之人君子小人之辨爾彌自幼篤學有大度初名臬既而易名彌早有公輔之望名聞夷狄遼使每至必問其出處安否臨事周悉不萬全不發當其敢言奮不顧身忠義之性老而彌篤以司徒封韓國公家居一紀斯須未嘗忘朝廷卒年八十訃聞贈太尉謚文忠

公平生所薦甚衆尤知名者十餘人如王質與其弟素余靖

張瓌石介孫復吳奎韓維陳襄王鼎張盈之杜杞陳希亮之流皆有聞於世世以爲知人

富公之客李偲問公曰公治平初進戶部尚書屢辭今進司徒一辭而拜何也公曰治平初乃弼自辭官今日潞公皆遷弼豈敢堅辭妨他人也蓋潞公與荆公論政事不合出判北京七年不召自此眷禮復厚矣

故事宰相以使相致仕者給全俸公以司徒使相致仕居洛自三公俸一百二十千外皆不受清心學問獨居還政堂每早作啓中門鑰入瞻禮家廟對夫人如賓客子孫不冠帶不

見塵史云富鄭公治家嚴整守舍女
僕咸不得互相往來闈門肅如也平時謝客文潞公爲留
守時節往來公素喜潞公昔同朝更拜其毋每勸其早退公
旣甍公子紹廷字德先能守家法與公兩壻及諸甥皆同居
公之第家之事一如公無恙時毫髮不敢變鄉里稱之建中
靖國初擢爲河北西路提舉常平德先辭曰熙甯變法之初
先臣以不行靑苗得罪臣不敢爲此上益嘉之除祠部員外
郎崇甯中卒
富公致仕家居專爲佛老之學故吏呂大臨與叔奏記於公
曰大臨聞之古者三公無職事惟有德者居之內則論道於

朝外則主教於鄉古之大人當是任者必將以斯道覺斯民成已以成物豈以爵位進退體力盛衰爲之變哉今大道未明人趨異學不入於莊則入於釋疑聖人大道爲未盡輕禮義爲不足學致人倫不明萬物憔悴此老成大人惻隱存心之時以道自任振起壞俗在公之力宜無難矣若夫移情變氣務求長年此山谷避世之士獨善其身者之所好豈世之所以望於公者哉

大臣法則目錄

南豐謝文洊約齋彙纂　孫修撫元孫鳴謙本量鳴篁盛原本

易堂髻山諸友評定　同郡後學饒拱辰吳榮祖譚光烈儲槃編挍

受業門人參訂　昆孫鏞重刊

卷之六

宋

司馬光

六臣注則卷之六

司馬光　宋仁宗　英宗　神宗　哲宗

司馬光字君實陝州人舉進士甲科公自成童凜然如成人七歲聞講左氏春秋大愛之退爲家人講即了其大義自是手不釋書至不知饑渴寒暑年十五書無所不讀文詞醇深有西漢風 行狀 又邵氏後錄云尋見溫公親書一帖云光年五六歲弄青胡桃女兄欲爲脫其皮不得女兄去一婢子以湯脫之女兄復來問脫胡桃皮者光曰自脫也先公適見訶之曰小子何得謾語光自是不敢謾語幼時患記誦不如人

羣居講習衆兄弟既成游息矣猶下帷絕編迫能背誦乃止
用力多者收功遠其所精誦乃終身不忘也公嘗言書不可
不成誦或在馬上或中夜不寐時詠其文思其義所得多矣
黃山谷云范純甫言公初官時年尚少家人每每見其臥齋
中忽蹶起著公服執手版危坐久之以爲常竟莫識其意純
甫常從容問之答曰吾時忽念天下事夫人以天下安危爲
念豈可不敬耶
交趾貢異獸謂之麟公言誠僞不可知使其眞非自至不爲
瑞若僞爲遠人笑願厚賜而還之因奏賦以諷

嘉祐六年六月壬子朔日食司天言當食六分之半食四分
而雨羣臣欲援至和例稱賀同判尚書禮部司馬光言日之
所炤周徧華夷雲之所蔽至爲近狹雖京師不見四方必有
見者天意若曰人君爲陰邪所蔽災曆甚明天下皆知其憂
危而朝廷獨不知也食不滿分者乃歷官術數不精當治其
罪亦非所以賀也帝從之
以司馬光知諫院光入對首言臣昔通判并州所言三章願
陛下果斷行之帝沉思久之曰得非欲選宗室爲繼嗣者乎
此忠臣之言但人不敢及耳光對曰臣言此自謂必死不意

陛下開納帝曰此何害古今皆有之光復以三劄子上其一論君德有三曰仁曰明曰武仁者非嫗煦姑息之謂興教化修政治養百姓利萬民此人君之仁也明者非煩苛伺察之謂知道誼識安危別賢愚辨是非此人君之明也武者非强亢暴戾之謂唯道所在斷之不疑奸不能惑佞不能移此人君之武也故仁而不明猶有良田而不能耕也明而不武猶視苗之穢而不能耘也武而不仁猶知穫而不知種也三者兼備則國治闕一則衰闕二則危三者無一焉則亡臣竊見陛下天性慈惠謹微接下子育元元汎愛羣生雖古先聖

王之仁殆無以過然踐祚垂四十年而朝廷紀綱猶有虧缺閭里窮民猶有怨歎意者羣臣不肖不能宣揚聖化將陛下之於三德萬分一有所未盡歟臣伏見陛下推心御物端拱淵嘿羣臣各以其意有所敷奏陛下不復詢訪利害盡察得失一皆可之誠使陛下左右前後之臣皆忠實正人則善矣或有一奸邪在焉則豈可不爲之寒心哉願陛下以天下之至仁廓日月之融光奮乾綱之威斷善無微而不錄惡無細而不誅則唐虞三代之隆何遠之有其二論致治之道有曰任官曰信賞曰必罰國家御羣臣之道累日月以進秩循資

途而授任苟日月積久則不問其人之賢愚而寘高位資途相值則不問其人之能否而居重職非特如是而已國家采名不采實誅文不誅意夫以名行賞則天下飾名以求功以文行罰則天下巧文以逃罪陛下誠能慎選在位之士使有德行者掌教化有文學者待顧問有政術者爲守長有勇畧者爲將帥有功則增秩加賞而勿徙其官無功則降黜廢棄而更求能者有罪則流竄刑誅而勿加寬貸如是而朝廷不尊萬事不治百姓不安四夷不服臣請伏面欺之誅其三言養兵之術務精不務多上以其一留中其二下中書其三下

樞密院又曰赦書害多而利少非國家之善政漢吳漢曰臣死無所言願陛下慎無赦而已王符亦曰今日賊良民之甚者莫大於數赦蜀人稱諸葛亮之賢亦曰軍旅屢興而赦不妄下然則古之明君賢臣未嘗以赦爲美也又言故事凡臣僚上殿奏事悉屛左右內臣今內臣不過去御坐數步君臣對問之言皆可聽聞恐漏洩機事非便帝皆嘉納之詔自今止令御藥侍臣及扶侍四人立殿角以備宣喚餘悉屛之

司馬光上疏曰向者臣進豫建太子之說意謂卽行今寂無所聞此必有小人言陛下春秋鼎盛何遽爲此不祥之事小

人無遠慮特欲倉卒之際援立其所厚善者耳定策國老門生天子之禍可勝言哉帝大感動曰送中書光見韓琦等曰諸公不及今定議異日禁中夜半出寸紙以某人爲嗣則天下莫敢違琦等拱手曰敢不盡力時知江州呂誨亦上疏言之及琦入對以光誨二疏進讀帝遂曰朕有意久矣誰可者琦皇恐對曰此非臣輩所可議當出自聖擇帝曰宮中嘗養二子小者甚純近不慧大者可也琦請其名帝曰宗實琦等遂力贊之議乃定嘉祐六年冬十月

治平元年六月己亥增宗室教授先是以王陶等爲皇子伴

讀司馬光言陶等雖爲皇子官屬若不旬日得見或見而遽退語言不洽志意不通教者止於供職學者止於備禮而左右前後侍御僕從或有佞邪讒巧之人褋處其間雖皇子資性端慤難移然親近易習積久易遷雖有碩儒端士爲之師傅終無益也臣願陛下博選學行之士使日與皇子居處燕游講論道義其侍御僕從邪佞讒巧之人誘導爲非委伴讀官糾舉即時斥逐若皇子自有過失規誨不從亦聽以聞如此則進德修業日就月將善人益親邪人益疏天下之幸也

帝嘉納之至是封皇子頊爲潁王王陶等爲翊善記室治平元年

章獻太后臨朝任守忠與都知江德明等交通請謁權寵過盛累遷宣政使入內都知及帝即位又乘帝疾交搆兩宮知諫院司馬光論守忠離間之罪國之大賊乞斬於都市呂誨亦上疏論之帝納其言明日韓琦出敕竄逐守忠蘄州安置其黨悉竄南方

治平元年　十一月乙亥刺陝西民爲義勇軍時韓琦言三代漢唐以來皆籍民爲兵故其數雖多而贍養至薄所以維制萬寓而威服四夷非近所畜冗兵可及也唐制府兵最爲近古天寶以後廢不能復因循至於五代廣募長征之兵故困

天下而不能給今之義勇河北幾十五萬河東幾八萬勇悍純實生於天性而有物力資產父母妻子之所係若稍加簡練亦唐之府兵也陝西當西事之初亦常三丁選一丁為弓手其後刺為保捷正軍及夏國納款朝廷揀放於今所存者無幾河東河北陝西三路當西北控禦之地事當一體今若於陝西諸州亦點義勇止刺手背則人知不復刺面可無驚駭或令永興河中鳳翔三府先刺觀聽既安然後次及諸郡一時不無少擾而終成長利矣詔從之乃命徐億等往籍陝西主戶三丁之一刺之凡十五萬六千餘人人賜錢二千民

情驚擾而紀律疎畧不可用知諫院司馬光上疏曰臣傳聞朝廷差陝西提點刑獄陳安石於本路人戶三丁之內刺一丁充義勇不知虛實若果如此大爲非便臣竊意議者必以爲河北河東皆有義勇而陝西獨無近因趙諒祚寇邊故欲廣籍民兵以備緩急使之捍禦也臣伏見康定慶歷之際趙元昊叛亂王師屢敗死者動以萬數國家乏少正軍遂籍陝西之民三丁之內選一以爲鄉弓手尋又刺充保捷指揮差於沿邊戍守當是之時閭里之間惶擾愁怨不可勝言耕桑之民不習戰鬬官中旣費衣糧私家又須供送骨肉流離田

園蕩盡陝西之民比屋凋殘今二十餘年不復舊者皆以此也其謀策之失亦足以爲戒矣是時河北河東邊事稍緩故朝廷但籍其民以充義勇更不籍爲軍雖比之陝西保捷爲害差小然國家何嘗使捍禦戎狄得其分毫之益乎今議者但怪陝西獨無義勇不知陝西之民三丁之內已有一丁充保捷矣自西事以來陝西困於科調比於景祐以前民減耗三分之二加之近歲屢遭凶歉今秋方獲小稔且望息肩又值邊鄙有警衆心已揺若更聞此詔下必致警擾人人愁苦一如康定慶歷之時是賊寇未來而先自困敝也況即日陝

兩丑軍甚多不至闕乏何爲遽作此有害無益之事以循覆車之轍也伏望朝廷審察利害特罷此事誠一方之大幸連上六疏力言不聽乃至中書與韓琦辨琦曰兵貴先聲使賊驟聞益兵二十萬豈不震懾光曰兵貴先聲爲其無實也獨可欺于一日之間耳今吾雖益兵實不可用不過十日彼將知其詳尙何懼琦曰君但見慶歷閒鄉兵刺爲保捷憂今復然已降敕與民約永不充軍遣戍邊矣光曰朝廷常失信於民〔光〕未敢以爲然琦曰吾在此君何憂光曰公長在此地可也異日他人當位用以運糧戍邊反掌閒耳琦不從竟爲陝西之患

初西夏遣使致祭延州指使高宜押伴傲其使者侮其國主使者訴於朝光與呂誨乞加宜罪不從明年夏人犯邊殺畧吏士趙滋爲雄州專以猛悍治邊光論其不可至是契丹之民捕魚界河代柳白溝之南朝廷以知雄州李中祐爲不材將代光謂國家當戎狄附順時好與之計較末節及其桀驁又從而姑息之近者西禍生於高宜北禍起於趙滋時方賢此二人故邊臣皆以生事爲能漸不可長宜敕邊吏疆埸細故輒以矢刃相加者罪之

治平二年　夏四月戊戌詔議崇奉濮安懿王典禮初知諫院

司馬光以帝必將追隆所生嘗因奏事言漢宣帝爲孝昭後終不追尊衛太子史皇孫光武上繼元帝亦不追尊鉅鹿南頓君此萬世法也至是詔禮官與待制以上議翰林學士王珪等相視莫敢先發司馬光獨議曰爲人後者爲之子不得顧私親若敬愛之心分於彼則不得專於此秦漢以來帝王有自旁支入承大統者或推尊其父母以爲帝后皆見非當時取譏後世臣等不敢引以爲聖朝法況前代入繼者多宮車晏駕之後援立之策或出臣下非如仁宗皇帝年齡未衰深惟宗廟之重祗承天地之意於宗室衆多之中簡推聖明

援以大業陛下親爲先帝之子然後繼體承祧光有天下濮安懿王雖於陛下有天性之親顧復之恩然陛下所以負扆端冕富有四海子孫萬世相承皆先帝德也臣等竊以爲濮王宜準先朝封贈期親尊屬故事尊以高官大國譙國襄國仙遊並封太夫人考之古今爲宜稱於是珪卽命吏具以光手稿爲案議上中書奏珪等所議未見詳定濮王當稱何親名與不名珪等議濮王於仁宗爲兄於皇帝宜稱皇伯而不名參知政事歐陽修引喪服大記以爲爲人後者爲其父母降服三年爲期而不沒父母之名以見服可降而名不可沒

也若本生之親改稱皇伯歷考前世皆無典據進封大國則又禮無加爵之道請下尚書集三省御史臺議

八月庚寅京師大雨平地涌水壞官私廬舍漂民人畜產不可勝計是日帝御崇政殿宰相而下朝參者十數人而已詔開西華門以洩宮中積水水奔激東殿侍班屋皆摧人民溺死官爲葬祭其無主者千五百八十人詔罪已求直言司馬光上疏畧曰陛下即位以來災異甚衆陛下安得不側身恐懼思其所以致此之咎乎當陛下初得疾之時聞皇太后於先帝梓宮之前爲陛下叩頭祈請額爲之傷豈可謂無慈愛

之心不幸爲讒人離間兩宮介然有隙就使皇太后誠有不慈陛下爲人子安可遂生忿恨先帝擢陛下於衆人之中升爲天子惟以一后數公主託陛下而梓宮在殯已失太后之歡心長公主數人皆屏居閑宮此陛下所以失人心之始也陛下凡百奏請不肯與奪知人之賢不能舉知人不肖不能去知事之非不能改知事之是不能從或非才而驟進或有罪而見寬此天下所以重失望也國家所以置臺諫之官爲天子耳目防大臣壅蔽陛下當察其是非今乃一付之大臣彼安肯以已之所行爲非而以他人所言爲是乎此陛下所

以獨取拒諫之名而大臣坐得專權之利也帝嘉納之
王廣淵除直集賢院光論其奸邪不可近昔漢景帝重衛綰
周世宗薄張美廣淵當仁宗之世私自結於陛下豈忠臣哉
宜黜之以厲天下
治平三年夏四月命龍圖閣學士司馬光編歷代君臣事迹
於是光奏曰紀傳之體文字繁多切不自揆嘗欲上自戰國
下至五代正史之外旁採他書凡關國家之盛衰生民之休
戚善可爲法惡可爲戒帝王所宜知者畧依左氏春秋傳體
爲編年一書名曰通志其上下貫穿千餘載固非愚臣所能

獨修伏見翁源縣令劉恕將作監主簿趙君錫皆有史學欲
望特差二人與臣同修詔從之其後君錫父喪不赴命太常
博士劉攽代之
治平四年三月　以司馬光爲翰林學士光力辭帝曰古之君
子或學而不文或文而不學惟董仲舒楊雄兼之卿有文學
何辭爲光對曰臣不能爲四六帝曰如兩漢制誥可也且卿
能取進士高第而云不能四六何耶光乃就職神宗初即位
夏四月丙寅御史中丞王陶謀欲易置大臣自規重位因劾
韓琦不押文德殿常朝班爲跋扈琦閉門待罪吳奎以陶爲

過言詔陶爲翰林學士司馬光爲御史中丞兩易其任奎又言唐德宗疑大臣信羣小斥陸贄而以裴延齡等爲腹心天下至今稱爲至闇之主今陶排抑端良不黜無以責大臣展布陶遂言奎附宰相欺天子帝以陶過毀大臣出知陳州而奎亦議謫外州光言陶論宰相不押班未行而罷則中丞不可復爲請俟琦押班然後就職復言吳奎名望素重於陶今與陶並黜恐大臣皆不自安各求引去陛下新卽位係四方觀聽舉動宜愼帝從之奎乃復還中書

百官上尊號光嘗答詔言先帝親郊不受尊號末年有獻議

者謂國家與契丹往來通信彼有尊號我獨無於是復以非時奉策昔匈奴冒頓自稱天地所生日月所置匈奴大單于不聞漢文帝復爲大名以加之也願追述先帝本意不受此名帝大悅手詔奬光使善爲答辭以示中外

九月 癸卯復以御史中丞司馬光爲翰林學士光論張方平不協物望難居政府帝不從故罷光中丞仍還經幄呂公著封還除目曰光以舉職賜罷是爲有言責者不得盡其言也詔以告直付閤門公著又言制命不由門下則封駁之職因臣而廢願理臣之罪以正紀綱帝諭之曰所以徙光者賴其

勸學耳非以言事故也公著請不已罷公著知開封府

熙寜元年十一月　丁亥郊執政以河朔旱傷國用不足乞南郊勿賜金帛詔學士議司馬光曰救災節用當自貴近始可聽也王安石曰常衮辭堂饌時以爲衮自知不能當辭職不當辭祿且國用不足者以未得善理財者故也光曰善理財者不過頭會箕歛耳安石曰不然善理財者不加賦而國用足光曰天下安有此理天地所生財貨不在民則在官彼設法奪民其害乃甚於加賦此蓋桑宏羊欺武帝之言司馬遷書之以見其不明耳爭議不已帝曰朕意與光同然姑以不

允答之會安石草制引常袞事責兩府兩府不敢

二年六月丁巳罷御史中丞呂誨王安石既執政士大夫多以爲得人呂誨獨言其不通時事大用之則非所宜將對學士司馬光亦將詣經筵相遇並行光密問今日所言何事誨曰袖中彈文乃新參也光愕然曰衆喜得人奈何論之誨曰君實亦爲是言耶安石雖有時名然好執偏見輕信姦回喜人佞已聽其言則美施於用則疎置諸宰相天下必受其禍且上新即位所與圖治者二三執政而已苟非其人將敗國事此乃心腹之疾豈可緩耶上疏言大姦似忠大詐似信安

石外示朴野中藏巧詐驕蹇慢上陰賊害物誠恐陛下悅其才辨久而倚毘大奸得路羣陰彙進則賢者盡去亂由是生臣究安石之迹固無遠畧唯務改作立異於人徒文言而飾非將罔上而欺下臣竊憂之誤天下蒼生必斯人也疏奏帝方眷注安石還其章疏誨遂求去安石亦求去帝謂曾公亮曰若出誨恐安石不自安安石曰臣以身許國陛下處之有義臣何敢以形迹自嫌茍爲去就乃出誨知鄧州誨既出安石益自用光由是服誨之先見自以爲不及也

熙甯二年九月壬辰王安石薦呂惠卿爲太子中允崇政殿

說書司馬光諫曰惠卿憸巧非佳士使王安石負謗於中外者皆其所爲也帝言安石不好官職自奉甚薄可謂賢者光曰安石誠賢但性不曉事而愎此其所短也又不當信任呂惠卿惠卿眞奸邪而爲安石謀主安石爲之力行故天下并指爲奸邪也近者進擢不次大不厭衆心帝曰惠卿進對明辨亦似美才光對曰惠卿誠文學辨慧然用心不正願陛下徐察之江充李訓若無才何以動人主帝嘿然光又貽書安石曰諂諛之士於公今日誠有順適之快一旦失勢將必賣公自售矣安石不悅

安石得政行新法光逆疏其利害邇英進讀至曹參代蕭何
事帝曰漢帝守蕭何之法不變可乎對曰甯獨漢使三代之
君常守禹湯文武之法雖至今可也漢武取高帝約束紛更
盜賊半天下元帝改孝宣之政漢業遂衰由此言之祖宗之
法不可變也呂惠卿言先王之法有一年一變者正月始和
布法象魏是也十五年一變者巡狩考制度是也有三十年
一變刑法世輕世重是也光言非是其意以風朝廷耳帝問
光光曰布法象魏布舊法也諸侯變禮易樂者王巡狩則誅
之不自變也刑新國用輕典亂國用重典是謂世輕世重非

變也且沿天下譬如居室敝則修之非大壞不更造也公卿侍從皆在此願陛下問之三司使掌天下財不才而出可也不可使執政侵其事今爲制置三司條例司何也宰相以道佐人主安用例苟用例則胥吏矣今爲看詳中書條例司何也惠卿不能對則以他語詆光帝曰相與論是非耳何至是光曰平民舉錢出息尚能蠶食下戶况縣官督責之威乎惠卿曰青苗法願取則與之不願不強也光曰愚民知取債之利不知還債之害非獨縣官不強富民亦不強也昔太宗平河東立和糴法時米斗十錢民樂與官爲市其後物貴而和糴

不解遂爲河東世世患恐異日之青苗亦猶是也帝曰坐倉糴米何如坐者皆起光曰不便惠卿曰糴米百萬斛則省東南之漕以其錢供京師光曰東南錢荒而粒米狼戾今不糴米而漕錢棄其有餘取其所無農末皆病矣侍講吳申起曰光言至論也帝曰今天下洶洶者孫叔敖所謂國之有是衆之所惡也光曰然陛下當論其是非今條例所爲獨安石韓絳惠卿以爲是耳陛下豈能獨與此三人共爲天下耶

以陳升之同平章事升之既相帝問司馬光近相升之外議云何對曰閩人狡險楚人輕易今二相皆閩人二參政皆楚

人必將援引鄉黨之士充塞朝廷風俗何以更得淳厚帝曰升之有才智曉民政光曰但不能臨大節不可奪耳凡才智之士必得忠直之人從旁制之此明主用人之法也帝又曰王安石何如對曰人言安石邪則毀之太過但不曉事又執拗耳

三年二月壬申以司馬光爲樞密副使固辭不拜初光素與王安石善及行新法貽書開陳再三又與呂惠卿辨論於經筵安石不樂帝欲大用光訪之安石安石曰外托劘上之名內懷附下之實所言盡害政之事所與盡害政之人而欲寘

之左右使與國論此消長之機也光才豈能害政但在高位則異論之人倚以爲重韓信立漢赤幟趙卒氣奪今用光是與異論者立赤幟也及安石稱疾不出帝乃以光爲樞密副使光辭曰陛下所以用臣葢察其狂直庶有補於國家若徒以祿位榮之而不取其言是以天官私非其人也臣徒以祿位自榮而不能救生民之患是盜竊名器以私其身也陛下誠能罷制置條例司追還提舉官不行青苗助役法雖不用臣臣受賜多矣青苗之散使者恐其逋負必令貧富相保貧者無可償則散而之四方富者不能去必責使代償十年之

外貧者既盡富者亦貧常平又廢加之以師旅因之以饑饉民之羸者必委死溝壑壯者必聚而爲盜賊此事之必至者也疏凡九上帝使謂之曰樞密兵事也官各有職不當以他事爲辭光對曰臣未受命猶侍從也於事無不可言者會安石復起視事乃下詔允光辭收還敕誥知通政銀臺司范鎮封還詔旨者再帝以詔直付光不由門下鎮奏曰由臣不才使陛下廢法乞解其職許之

司馬光求去帝曰王安石素與卿善何自疑光曰臣素與安石善但自其執政違忤甚多凡忤安石者如蘇軾輩皆毀其

素履中以危法臣不敢避削黜但欲苟全素履臣善安石豈如呂公著安石初舉公著云何後毀之彼一人之身何前是而後非必有不信者矣上曰蘇軾非佳士卿誤知之鮮于侁在遠軾以奏稿傳之韓琦贈銀三百兩而不受反販鹽及蘇木甆器光曰凡察人當察其情軾販鬻之利豈能及所贈之銀乎安石素惡軾陛下豈不知以姻家謝景溫爲鷹犬使攻之臣豈能自保不可不去也且軾雖不佳豈不賢於李定不服母喪禽獸之不如安石喜之乃欲用爲臺官乃以光出知永興軍熙寧三年九月癸丑

翰林學士司馬光乞差前知龍水縣范祖禹同修資治通鑑許之光進讀資治通鑑至張釋之論嗇夫利口乃言曰孔子稱惡利口之覆邦家夫利口何至覆邦家蓋其人能以是爲非以非爲是以賢爲不肖以不肖爲賢人君苟以爲賢則邦家之覆誠不難矣時呂惠卿在側光蓋指之也

熙甯四年　夏四月癸卯以司馬光判西京留臺先是光在永興以言不用乞判西京留臺不報又上疏曰臣之不才最出羣臣之下先見不如呂誨公直不如范純仁程顥敢言不如蘇軾孔文仲勇決不如范鎮今陛下惟安石是信附之者謂

之忠直攻之者謂之讒慝臣今日所言於陛下亦安石之所謂讒慝者也若臣罪與范鎮同即乞依鎮例致仕若罪重於鎮或竄或誅所不敢逃久之乃從其請光既歸洛自是絶口不復論事

呂誨病亟司馬光往省之至則目已瞑聞光哭張目强視曰天下事尚可爲君實勉之遂卒年五十八海内識與不識咸痛惜之司馬光爲誌其墓言獻可爲中丞時有侍臣棄官家居者朝埜稱其才以爲古今少倫天子引參大政衆皆喜於得人獻可獨以爲不然抗章條其過失曰誤天下蒼生者必此人也初誌未成河南監牧使劉航自請書石及見其文遲

迴不敢書以安石在相位也航之子安世曰成吾父之美可
乎代書之航又陰祝呂氏諸子勿摹本示人恐非三家之福
時蔡延禧欲中光厚賂刻工摹獻安石安石得之懸壁省覽
且謂其門下士曰君實此誌西漢之文也熙甯四年
元豐七年十二月戊辰端明殿學士司馬光上資治通鑑初
光約戰國至秦二世如左氏體爲通志以進英宗悅之命續
其事就崇文殿開局許自選官屬得借龍圖天章三館秘閣
書籍給御府筆墨繒帛及御前錢以供果餌以內臣爲承受
光遂與劉攽劉恕范祖禹及子康編集帝即位賜名資治通

鑑制序文賜之會光出知永興軍以衰病乞閒乃差判西京
留司御史臺及提舉崇福宮前後六任聽以書局自隨給之
祿秩光於是徧閱舊史旁采小說抉摘幽隱較計毫釐上起
周威烈王二十三年下終五代凡一千三百六十二年修成
二百九十四卷又畧舉事目年經國緯以備傍尋爲目錄三
十卷又參考羣書評其仝異俾歸一途爲考異三十卷合三
百五十四卷歷十九年而成至是上之帝諭輔臣曰前代未
嘗有此書過荀悅漢紀遠矣詔以光爲資政殿學士降詔獎
諭

元豐八年三月司馬光聞神宗崩入臨時光罷居洛已十五年矣田夫里老皆號爲司馬相公婦人孺子亦知有君實至是入臨衛士見光皆以手加額民遮道呼曰公無歸洛留相天子活百姓所至人聚觀之光懼亟還太后遣梁惟簡勞光問爲政所當先光疏曰陛下新臨大寶太皇太后同斷萬幾初發號斯乃治亂之歧途安危之所分也當以要切爲先以瑣細爲後臣竊見近年以來風俗頹弊士大夫以偷合苟容爲智以危言正論爲狂是致下情蔽而不上通上恩壅而不下達閭閻愁苦痛心疾首而上不得知明主憂勤宵衣旰食

而下無所訴皆罪在羣臣而愚民無知往往怨歸先帝臣愚以爲今日所宜先者莫若明下詔書廣開言路不問有官無官之人凡有知朝政闕失及民間疾苦者並許進實封狀盡情極言仍須下諸路州軍出榜曉示在京則於鼓院投下委主判官晝時進入在外則於諸軍投下委長吏卽日附遞奏聞皆不得取責副本强有抑退羣臣若有沮難者其人必有姦惡畏人指陳專欲壅蔽聰明此不可不察詔從之

五月丙申詔百官言朝政闕失榜於朝堂值大臣有不悅者設六事於詔語中以禁遏之曰若陰有所懷犯非其分或扇搖

機事之重或迎合已行之令上以觀望朝廷之意以僥倖希
進下以眩惑流俗之情以干取虛譽若此者必罰無赦太后
封詔草示光光曰此非求諫乃拒諫也人臣惟不言言則入
六事矣時太府少卿宋彭年水部員外郎王諤皆應詔言事
有欲借此二人以懲天下言者謂其非職而言罰銅三十斤
光具論其情改詔行之於是上封事者千數
詔起司馬光知陳州光過闕入見留爲門下侍郎時蘇軾自
登州召還道路之人相聚號呼曰寄謝司馬相公毋去朝廷
厚自愛以活我是時天下引領拭目以觀新政而議者猶謂

三年無改於父之道光曰先帝之法其善者雖百世不可變也若王安石呂惠卿所建爲天下害者改之當如救焚拯溺況皇太后以母改子非子改父也於是衆議乃止

詔中外臣庶許直言朝政得失民間疾苦司馬光上疏曰四民之中惟農最苦寒耕熱耘霑體塗足戴日而作戴星而息蠶婦治繭績麻紡緯縷縷而積之寸寸而成之其勤極矣而又有水旱霜雹蝗蜮閒爲之災幸而收成公私之債交爭互奪穀未離場帛未下機已非己有所食者糠籺而不足所衣者綈褐而不完直以世服田畝不知舍此之外有何可生之

路耳而況聚斂之臣於租稅之外巧取百端以邀功賞青苗則强散重斂給陳納新免役則刻剝窮民收養浮食保甲則勞於非業之作保馬則困於無益之費可不念哉今者濬發德音使畎畝之民得上封事雖其言辭鄙雜皆身受實患直貢其誠不可忽也初熙甯六年立法勸民栽桑有不趨令則仿屋粟里布爲之罰然長民之吏不能宣究德意民以爲病至是楚邱民古昌等言其不便詔罷之且蠲所負罰金與平縣抑民田爲牧地民亦自言詔悉還之

秋七月戊戌以呂公著爲尚書左丞初公著知揚州被召侍

讀太后遣使迎問所欲言公著曰先帝本意以寬省民力爲先而建議者以變法侵民爲務與已異者一切斥去故日久而弊愈深法行而民愈困誠得中正之士講求天下利病協力而爲之宜不難矣既至遂有是拜公著既居政府與司馬光同心輔政推本先帝之志凡欲革而未暇與革而未定者一一舉行之又乞備置諫員以開言路民懽呼鼓舞稱便

詔罷保甲法初保甲法行於京畿及河北河東陝西三路凡民閒應調不勝其苦先是司馬光言於太后曰兵出民閒雖云古法然古者八百家纔出甲士三人步卒七十二人閒民

甚多三時務農一時講武不妨稼穡日兩司馬以上皆選賢士大夫爲之無侵漁之患故卒乘輯睦動則有功今籍鄉村之民二丁取一以爲保甲授以弓弩教之戰陣是農民半爲兵也三四年來又令三路置教場無問四時每五日一教特置使比監司專切提舉州縣不得關與每一丁教閱一丁供送雖云五日而保正長以泥堋除草爲名聚之教場得賂則縱否則留之是三路耕耘收穫稼穡之事幾盡廢也至是復力言其公私勞擾有害無益遂詔罷之

以鮮于侁爲京東轉運使熙寧末侁已嘗爲是官至是吳居

厚貶復用之司馬光語人曰今復以子駿爲轉運使誠非所宜然朝廷欲拯東土之弊非子駿不可此一路福星也安得百子駿布在天下乎佖旣至奏罷萊蕪利國兩鐵冶又奏海鹽依河北通商民大悅

元祐元年閏二月以司馬光爲尙書左僕射兼門下侍郎時光已得疾而青苗免役將官之法猶在西夏未降光歎曰四害未除吾死不瞑目矣與呂公著書曰光以身付醫以家事付愚子惟國事未有所托今以屬公旣而詔免朝參許乘肩輿三日一入省光不敢當曰不見君不可以視事詔令子康

扶入對遼夏使至必問光起居敕其邊吏曰中國相司馬矣毋輕生事開邊隙

以李常爲戸部尚書初司馬光言戸部尚書舊三司使之任其所管財穀事有散在五曹及寺監者並歸戸部詔從之尋以常爲尚書或疑其少幹局慮不勝任光曰用常主邦計則天下知朝廷不急於征利貪吏望風掊克之患少息矣常作元祐會計録十二卷

章惇有罪罷帝初卽位起蘇軾知登州尋召爲禮部郎中軾素善司馬光及光爲僕射惇每謔侮之軾謂惇曰司馬君實

時望甚重昔許靖以虛名無實見鄙於蜀先主法正曰靖之浮譽播流四海若不加禮必以賤賢爲累先主納之乃以靖爲司徒靖且不可慢況君實乎安石是言者論惇讒賊狠戾罔上蔽明不忠之罪與蔡確等惇不白安及確罷論者益力會與司馬光爭辨役法於太后簾前其語甚悖太后怒斥知汝州

三月罷熙河蘭會路經制財用司司馬光請悉罷免役錢復差役法諸色役人皆如舊制其見在役錢撥充州縣常平本錢於是詔修定役書凡役錢惟元定額及額外寬剩二分以

下許著為準餘並除之若寬剩元不及二分者自如舊則詩
詔耆戸長壯丁仍舊募人供役係正甲頭承帖人並罷侍御
史劉摯乞並用祖宗差法監察御史王巖叟請立諸役相助
法中書舍人蘇軾請行熙甯給田募役法因列其五利王巖
叟言五利難信而有十弊軾議遂格司馬光復言免役之法
其害有五上戸舊充役固有陪備而得番休今出錢比舊費
特多年年無休息下戸舊不充役今例使出錢舊所差皆土
著良民今皆浮浪之人恣為姦欺又農民出錢難於出力凶
年則賣莊田牛具以錢納官又提舉司惟務多斂役錢積寬

剩以爲功此五害也今莫若直降敕命委縣令佐揭簿定差其人不願身自供役許擇可任者雇代惟衙前一役最號重難今仍行差法陪備既少當不致破家若猶矜其力難獨任即乞如舊於官戶寺觀單丁女戶有屋產莊田者隨貧富以差出助役錢尚慮役人利害四方不能齊同乞許監司守令審其可否可則亟行如未究盡縣五日具措畫上之州州一月上轉運使以聞朝廷委執政審定隨一路一州各爲之敕務要曲盡初章惇取光所奏疏畧未盡者駁奏之呂公著言惇專欲求勝不顧朝廷大體望選差近臣詳定於是資政殿

大學士韓維及范淳仁呂大防孫永等詳定以聞蘇軾言於光曰差役免役各有利害免役之害聚斂於上而下有錢荒之患差役之害民常在官不得專力於農而吏胥緣以爲姦此三害輕重蓋略等矣光曰於君何如軾曰法相因則事易成事有漸則民不驚三代之法兵農爲一至秦始分爲二及唐中葉盡變府兵爲長征卒自是以來民不知兵兵不知農農出穀帛以養兵兵出性命以衛農天下便之雖聖人復起不能易也今免役之法實大類此公欲驟罷免役而行差役正如罷長征而復民兵蓋未易也光不以爲然初差役行於

祖宗之世法久多弊編戶充役不習官府吏虐使之多以破產而狹鄉之民或有不得休息者免役使民以戶高下出錢而無執政之苦但行法者不循上意於雇役實費之外取錢過多民遂以病若量出爲入毋多取於民則善矣光爲人忠信有餘而通達不足知免役之害而不知其利欲一切以差役代之軾獨以實告而光始不悅矣軾又陳於政事堂光色忿然軾曰昔韓魏公刺陝西義勇公爲諫官爭之甚力韓公不樂公亦不顧軾昔聞公道其詳豈今日作相不許軾盡言耶光謝之自是役人悉用見數爲額惟衙前用坊場河渡錢

雇募爲招募范純仁謂光曰治道去其太甚者可也差役一事尤當熟講而緩行不然滋爲民病願公虛心延衆論不必謀自己出謀自己出則諂諛得乘閒迎合矣設議或難同則可先行之一路以觀其究竟光不從持之益堅純仁曰是使人不得言耳若欲媚公以爲容悅何如少年合安石以速富貴哉又云熙寧按問自首之法旣已改之有司立文大深四方死者視舊數倍殆非先王寧失不經之意純仁素與光同志及臨事規正類如此初差役之復爲期五日同列病其太迫知開封府蔡京獨如約悉改畿縣雇役無一違者詣政事

白光光曰使人人奉法如君何不可行之有光居政府凡王安石呂惠卿所建新法剗革畧盡或謂光曰熙豐舊臣多憸巧小人他日有以父子之義閒上則禍作矣光正色曰天若祚宋必無此事衛尉丞畢仲游與光書曰昔安石以興作之說動先帝患財不足也故凡政之可得民財者無不用蓋散青苗置市易斂役錢變鹽法者事也而欲興作患不足者情也苟未能杜其興作之情而徒欲禁其散斂變置之法是以百說而百不行今遂廢青苗罷市易蠲役錢去鹽法凡號為利而傷民者一掃而更之則向來用事於新法者必不喜矣不

喜之人必不但曰不可廢罷鐲去必操不足之情言不足之事以動上意雖致石而使聽之猶將動也如是則廢罷鐲去者皆可復行矣可不預治哉爲今之策當大舉天下之計深明出入之數以諸路所積之錢粟一歸地官使經費可支二十年之用數年之閒又將十倍於今日使天下曉然知天下之餘於財也則不足之論不得陳於前然後所謂新法者始可永罷矣昔安石之居位也中外莫非其人故其法能行今欲救前日之弊而左右侍職司使者十有七八皆安石之徒雖起二三舊臣用六七君子然累百之中存其十數焉烏在

其勢之可爲也勢未可爲而欲爲之則青苗雖廢將復散況未廢乎市易雖罷且復置況未罷乎役錢鹽法亦莫不然以此救前日之弊如人久病而少間其父子兄弟喜見顔色而未敢賀者以其病之猶在也光得書悚然亦竟不爲之慮

四月　辛亥司馬光請立經明行修科歲委升朝文臣各舉所知以勉勵天下使敦士行以示不專取文學之意若所舉人違犯名教必坐舉主毋赦則自不敢妄舉而士之居鄉居家者立身行已惟懼玷缺所謂不言之教不肅而成不待學官日訓月察立賞告訐而士行自美矣於是詔自今凡遇科舉

令升朝官各舉經明行修之士一人

秋七月辛酉立十科取士法司馬光奏曰爲政得人則治然人之才或長於此而短於彼雖皐夔稷契各守一官中人安可求備故孔門以四科論士漢室以二路得人若指瑕掩善則朝無可用之人苟隨器指任則世無可棄之士臣備位宰相職當選官而識短見狹士有恬退滯淹或孤寒遺逸豈能周知若專引知識則嫌於私若止循資序未必皆才莫若使有未達官各舉所知然後克叶至公野無遺賢矣欲乞朝廷設十科取士一曰行義純固可爲師表科有官無官人皆可

舉二曰節操方正可備獻納科舉有官人三曰智勇過人可備將帥科舉文武有官人四曰公正聰明可備監司科舉知州以上資序五曰經術精通可備講讀科有官無官人皆可舉六曰學問該博可備顧問科同經術舉人七曰文章典麗可備著述科同經術舉人八曰善聽獄訟盡公得實科舉有官人九曰善治財賦公私俱便科舉有官人十曰練習法令能斷請讞科舉有官人應職事官自尚書至給事中中書舍人諫議大夫寄祿官自開府儀同三司至大中大夫職自觀文殿大學士至待制每歲須於十科內舉三人仍具狀保任

中書置籍記之異時有事須材即執政披籍視其所嘗被舉科格隨事試之有勞又著之籍內外官闕取嘗試有效者隨科授職所賜告命仍具所舉官姓名其人任官無狀坐以繆舉之罪所貴人人慎重所舉得才光又言朝廷執政惟八九人若非舊交無以知其行能不惟涉徇私之嫌兼所取至狹豈足以盡天下之賢才若採訪毀譽則情僞萬端與其聽遊談之言曷若使之結罪保舉故臣奏設十科以舉士其公正聰明可備監司誠知請屬挾私所不能無但有不如所舉譴責無所寬宥則不敢妄舉矣詔從之

夏國主秉常卒子乾順立初秉常遣訛囉聿求蘭州米脂等五砦神宗不許及帝卽位秉常復遣使來請司馬光言此乃邊鄙安危之機不可不察靈夏之役本由我起今旣許其內附若靳而不與彼必以爲恭順無益不若以武力取之小則上書悖慢大則攻陷新城當此之時不得已而與之其爲國家恥毋乃甚於今日乎羣臣見小忘大守近遺遠惜此無用之地使兵連不解願決聖心爲兆民計文彥博與光合太后將許之光又欲幷棄熙河安燾固爭之曰自靈武而東皆中國故地先帝有此武功今無故棄之豈不取輕於外夷

耶那恕亦言此非細事當訪之邊人光乃召禮部員外郎前通判河州孫路問之路挾輿地圖示光曰自通遠至熙州纔通一徑熙之北已接夏境今自北關瀕大河城蘭州然後可以扞蔽若捐以與敵一道危矣光乃止會兼常卒遣使來告哀詔自元豐四年用兵所得城砦待歸我永樂陷沒以當盡畫以給還遣穆衍往弔祭衍奏以為蘭棄則熙危熙危則關中震唐自失河湟西邊一有不順則警及京都今二百餘年非先帝英武孰能克復若一旦棄之恐後患益前悔將無及矣議遂止尋遣使封乾順為夏國主

八月辛卯詔復常平舊法罷青苗錢司馬光以疾在告范純仁以國用不足請再立常平錢穀給斂出息之法限正月以散及一半為額民間絲麥豐熟隨夏稅先納所輸之半願併納者止出息一分臺諫劉摯上官均王觀蘇轍交章極論其非光謂先朝散青苗本為利民並取情願後提舉官速要見功務求多散今禁抑配則無害也中書舍人蘇軾錄黃奏曰熙甯之法未嘗不抑配而其為害也至此民家量入為出雖貧亦足若今分外得錢則費用自廣今若許人情願則未免設法罔民使快一時非禮之用而不慮後日催納之患非良

法也會臺諫王巖叟朱光庭王覿等交章乞罷青苗光大悟力疾請對太后從之詔常平錢穀止令州縣依舊法趨時糴糶青苗錢更不支俵除舊欠二分之息元支本錢驗見欠多少分料次隨二稅輸納

光

九月丙辰朔司馬光卒初宦時年方冠遂以天下安危爲已任至是入相兩宮虛已以聽光亦自見言行計從欲以身徇社稷躬親庶務不舍晝夜賓客見其體羸舉諸葛亮食少事煩以爲戒光曰死生命也爲之益力病革諄諄如夢中語皆朝廷天下事也及卒其家得遺奏八紙上之皆當世要務太

后爲之慟與帝臨其喪贈太師溫國公謚文正年六十八京師人爲之罷市往弔鬻衣以致奠巷哭以過車及如陝葬送者如哭私親嶺南封州父老亦相率具祭都中四方皆畫像以祀飲食必祝子康居喪因寢地得腹疾召醫李積於兖鄉民聞之告積曰百姓受司馬公恩深今其子病願速往也積至則康疾不可爲矣光孝友忠信恭儉正直居處有法動作有禮自少至老語未嘗妄自言吾無過人者但平生所爲未嘗有不可對人言者耳誠心自然天下敬信陝洛皆化其德有不善曰君實得毋知之乎光於物澹然無所好於學無所

不通惟不喜釋老曰其微言不能出吾書其誕吾不信也

從龐籍辟通判幷州麟州屈野河西多良田夏人蠶食其地爲河東患籍命光按視光請建築二堡以制夏人募民耕之耕者衆則糴賤亦可漸紓河東貴糴遠輸之憂籍從其策而麟將郭恩勇且狂引兵夜渡河不設備沒於敵籍得罪去光三上書自引咎不報籍沒光升堂拜其妻如母撫其子如昆弟時人賢之

光初除樞副覓辭不受時韓琦在魏聞之亟遣人齎書與交彥博勉之云王上倚重之厚庶幾行道道或不行然後去之

可也似不須堅讓彥博以書示光光曰自古被這般官爵引得壞了名節爲不少矣琦後得彥博書云君實作事今人所不可及須求之古人

公不事生產買第洛中僅蔽風雨有田三頃喪妻賣田以葬惡衣菲食以終其身

公與其兄伯康友愛尤篤伯康年將八十公奉之如嚴父保之如嬰兒每食少頃則問曰得無饑乎天少冷則撫其背曰衣得無薄乎

熙豐閒士大夫論天下賢者必曰君實景仁其道德風流足

以師表當世其議論可否足以榮辱天下二公益相得歡甚皆自以爲莫及曰吾與子生同志死當同傳而天下之人亦無優劣之者二公既約更相爲傳而後死者則誌其墓故君實爲景仁傳其畧則门以獻可之先見景仁之勇決皆予所不及也益二公用舍大節皆不謀而同如仁宗時論立皇嗣英宗時論濮王稱號神宗時論新法其言若出一人相先後若左右手故君實嘗謂人曰吾與景仁兄弟也但姓不同耳然至於論鐘律則反復相非終身不能相一君子是以知二公非苟同者

光嘗問邵雍曰光何如人曰君實腳踏實地人也光深以爲然雍又曰君實九分人也其重之如此

大臣法則目錄

南豐謝文洊約齋彙纂　孫修擴元孫鳴謙本量鳴盛鳴篁原本

易堂髻山諸友評定　同郡後學饒拱辰吳榮祖譚光烈儲粲編挍

叅業門人參訂

晜孫鏞重刊

卷之七

宋

呂公著

范純仁

大臣法則卷之七

呂公著　宋仁宗　英宗　神宗　哲宗

呂公著字晦叔幼嗜學至忘寢食父夷簡器之曰他日必爲公輔

公侍經筵時仁宗春秋高公于經傳同異訓詁得失皆粗陳其畧至于治亂安危之要聞之足以戒者乃爲上反覆申陳之仁宗嘗詔講官凡經傳所載逆亂事皆直言無諱公因進講言弑逆之事臣子所不忍言而仲尼書之春秋者所以深戒後世人君欲其防微杜漸居安慮危使君臣父子之道素

明長幼嫡庶之分早定則亂臣賊子無所萌其奸心故易曰
履霜堅冰至由辨之不早辨也
公每進講多傳經義以進規會講論語至人不知而不愠不
亦君子乎公言在下而不見知于上者多矣然在上者亦有
未見知于下者也故古之人君政令有所未孚人心有所未
服則反身修德而不以愠怒加之如舜之誕敷文德文王之
王自敬德是也上知公意深切每改容鞠躬如在車之式
公于講讀尤精語約義明可爲當世之冠與司馬光同侍經
筵光退語人曰每聞晦叔講便覺巳語煩

英宗治平元年九月詔日開經筵時重陽節當罷講呂公著
司馬光言先帝時無事常開講筵近以聖體不安遂于端午
及冬至後盛暑盛寒權罷數月今陛下初政清明宜親近儒
雅講求治術願不惜頃刻之閒日御講筵從之
治平三年五月　呂公著知蔡州將行上言曰伏見程頤年三
十四有特立之操出羣之資嘉祐四年已與殿試報罷自後
絶意進取往來太學諸生願得以爲師臣方領國子監親往
敦請卒不能屈臣嘗與之語洞明經術通古今治亂之要實
有經世濟物之才非同拘士曲儒徒有偏長使在朝廷必爲

國器伏望特以不次旌用

四年九月　召知蔡州呂公著爲翰林學士知通進銀臺司命

修英宗實錄

神宗熙寧元年　五月禮官用唐故事請上御大慶殿受朝因

上尊號呂公著曰陛下方度越漢唐追復三代何必于陰長

之日爲非禮之會受無益之名從之

十一月　呂公著薦周敦頤擢爲廣東轉運判官

是年地震自七月至十一月京師震者六河朔地亦大震呂

公著上疏曰自昔人君遇災者或恐懼以致福或簡誣以致

禍上以至誠待下則下思盡誠以應之上下至誠而變異不消者未之有也惟君人者去偏聽獨任之弊而不主先入之言則不爲邪說所亂顏淵問爲邦孔子以遠佞人爲戒蓋佞人惟恐不合于君則其勢易親正人惟恐不合于義則其勢易疎惟先格王正厥事未有事正而世不治者也

以知開封府吕公著爲御史中丞時王安石嫌吕公弼不附已乃白用公弼弟公著爲中丞以偪之公弼果力求去帝不許

程顥自晉城令改著作佐郎至是吕公著薦爲御史神宗自

藩邸即熟聞公與司馬光名及即位首召二人爲學士朝論翕然稱得人

神宗初御經筵公進講尚書至天乃錫王勇智上曰何以獨言勇智公曰仲虺方稱成湯能伐夏救民故以勇智言之然聖人之德當如易所謂聰明睿知神武而不殺者然後可以盡善時上方富于春秋故公以好勇黷武爲戒

拜御史中丞入對上語及西陲事公退而奏曰惟當修嚴武備來則應之以逸待勞若臨遣大臣張皇武事或議深入或求奇功皆非國家至計後公夫位朝廷遣大臣臨邊已而西

征無功士卒內潰皆如公所料

二年爲御史中丞時王安石方行青苗法公著極言曰自古有爲之君未有失人心而能圖治亦未有能脅之以威勝之以辯而能得人心者也昔日之所謂賢者今皆以此舉爲非而主議者一切詆爲流俗浮論豈昔皆賢而今皆不肖乎安石怒其深切

三年三月己亥始以策試進士初同知貢舉呂公著在貢院中密奏言天子臨軒策士而用詩賦非舉賢求治之意乞出自宸衷以咨訪治道至是上御集英殿試進士遂專用策

帝使公著舉呂惠卿爲御史公著曰惠卿固有才然奸邪不可用帝以語安石安石益怒遂誣公著言韓琦欲因人心不忍如趙鞅興晉陽之甲以除君側之惡于是貶公著知潁州

王荆公與呂申公素相厚嘗曰呂十六不作相天下不太平及薦申公爲中丞其辭以爲有八元八凱之賢未半年所論不同復謂有驩兜共工之奸荆公之喜怒如此蓋孫覺莘老嘗爲上言今藩鎮大臣如此論列而遭挫折若唐末五代之際必有興晉陽之甲以除君側之惡者矣上已忘其人但記美鬚誤以爲申公也見聞錄

以張載爲崇文院校書時帝將一新百度思得才哲之士謀
之呂公著上言曰張載學有本原四方之學者皆宗之乃自
渭州僉判召見

八年十月乙未帝以彗出彰災異數見避殿減膳詔求直言赦天下呂公著應詔上疏曰陛下
臨朝願治爲日已久而左右前後莫敢正言使陛下有欲治
之心而無致治之實此任事之臣負陛下也夫士之邪正賢
不肖既素定矣今則不然前日所舉以爲天下之至賢而後
日逐之以爲天下至不肖其于人材既反覆不常則于政事
亦乖戾不審矣古之爲政初不信于民者有之若子產治鄭

二年而人怨之三年而人歌之陛下垂拱仰成七年于此然輿人之誦亦未有異于前日陛下獨不察乎

元豐元年春閏正月　起吕公著知河陽召還提舉中太乙宮遷翰林學士承旨改端明殿學士知審官院

九月乙酉以吕公著知樞密院事公著前在翰林帝嘗以釋老之事語之公著曰堯舜知此道乎帝曰堯舜豈不知公著曰堯舜雖知此而惟以知人安民爲難所以爲堯舜也帝黙然又論唐太宗能以權智御臣下公著曰太宗所以能成王業者以其能屈已從諫耳帝臨御日久羣臣畏上威嚴莫敢

進規至是聞公著言跡然敬納之故有是命
初公自河陽入覲都人環觀相謂曰此公還朝百姓之幸也
至是士民相慶旣受命出殿武夫衛卒皆歡忭咨歎及光獻
太后聞公進尤喜曰積德之門也溫公在洛聞公登樞以書
遺都下友人曰晦叔進用天下皆喜以爲治表聞其猶力辭
光不敢致書君宜勸之早就職
公旣就職因奏自熙寧以來朝廷論議不同端人良士例爲
小人所沮格指爲沮壞法度之人不可復用此非國家之利
願陛下省察上曰當以次用之

議復肉刑帝初即位韓絳曾布嘗建此議至是復詔輔臣議呂公著曰後世禮教未備而刑獄繁肉刑不可復將有踊貴屨賤之譏王珪欲取死囚試劓刖之公著曰不可試之不死則肉刑遂行矣議遂寢

二年二月名知扶溝縣程顥判武學命下數日李定何正臣劾其學術迂闊趨向僻異且新法之初首爲異論復罷之呂公著上疏言方朝廷修改法度之初凡在朝野孰無議論陛下兼包旦悉記錄而小人賊害指目未已如顥者陛下早自知之其立身行己素有本末昔在言路時有論列皆辭意忠

厚不失臣子之體兼所除武學亦未爲仕宦要津而小人斷
斷必以爲不可者直欲深梗正路其所措意非但一二人而
已疏奏不納顯復舊任
上以慈聖旣升祔大推恩于曹氏凡進官被賞者二百餘人
公因言自古亡國亂家不過親小人任宦官通女謁寵外戚
數事而已上深以爲然
五年夏四月丁丑同知樞密院呂公著以興兵討夏秦晉民
力大困大臣不敢言公著數白其害不從乃引疾求去除資
政殿學士定州安撫使

諜告夏幽其主秉常上對二府議大舉兵伐之公曰如諜者所告則夏人誠有罪然陛下未審以何人爲元帥未得其人則不如不舉五年四月公以西師無功奏曰外奏皆謂王中正宜正刑戮日公上奏乞解樞務章繼上面請尤切乃罷樞及永樂城陷奏至上開天章閣對輔臣曰邊民疲敝若此獨呂公着爲朕言之他人未嘗及也家傳

五年 九月丁亥夏人陷永樂城徐禧等敗死初帝之遣禧也王安禮諫曰禧志大才疏必誤國事帝不聽及敗帝日安禮每勸朕勿用兵少置獄蓋爲是也又每臨朝歎曰邊民疲敝

如此獨吕公著毎爲朕言之于是徙公著知揚州加大學士

八年秋七月戊戌以吕公著爲尚書左丞初公著知揚州被名侍讀太后遣使迎問所言公著曰先帝本意以寛省民力爲先而建議者以變法勞民爲務與己異者一切斥去故日久而弊愈深法行而民愈困誠得中正之士講求天下利病協力而爲之宜不難矣因上十事曰畏天愛民修身講學任賢納諫薄斂省刑去奢無逸既至遂有是拜公著既居政府與司馬光同心輔政推本先帝之志凡欲革而未暇與革而未定者一一舉行之又乞備置諫員以開言路民歡呼鼓舞

稱便

是年三月神宗崩哲宗即位官制三省並建而中書獨爲取

旨之地門下尚書奉行而已公曰三省均輔臣也正如同舟

其濟當一心並力以修政事乞事干三省者自今執政同進

呈取旨而各行之遂定爲令神道碑

初執政三五日一集都堂長官專決同列多不與議及公秉

政非有故日聚都堂遂爲故事神道碑

公始與司馬光輔政于是共推本先帝之意蓋欲鞭笞四夷

以强中國阜蕃邦財以佐其費有司奉行失其本旨先帝固

常患之矣故欲更而未暇與已更而未定其詳悉記言具在而可考者有若干事若詰青苗之害則曰常平泉穀以禦水旱而貪散以求利至十之七八國失拯救之備而民之責償被笞箠者衆責興利之弊則曰大傷鄙細有損國體戒用兵之失則曰南安西師兵夫死傷者皆不下二十萬有司失一死罪其責不輕今無罪置數十萬人于死地朝廷不得不任其咎救官制之滯則曰更新官制以覈正吏治至今須行無緒有以啟釁四方貽譏後世于是二公與同志者建請以常平舊法攺青苗以嘉祐差役參攺募役罷保馬以復監牧損

保甲教選以便農作除市易之令寬茶鹽之禁賜邊砦贖亡民和西戎神道碑

溫公病中與公簡曰晦叔自結髮志學仕而行之端方忠厚天下仰服垂老乃得秉政平生所蘊不施于今日將何俟乎比日以來物論頗譏晦叔慎嘿太過若此復不廷諍事蹉跌則入彼朋矣光自病以來悉以身付醫家事付康惟國事未有所屬今日屬于晦叔矣

初溫公議凡役人皆不許雇人以代然東南及西蜀諸路民有高貲或子弟業儒皆當爲弓手執賤役既不許募役以代

甚哲之公聞其弊卽令一切聽雇役民情大悅
元年夏四月壬寅以呂公著爲尚書右僕射兼中書侍郎
上以邇英講讀論語畢賜執政講讀官左右史御筵于資善
堂内出御書唐人詩分賜在坐翼日公上奏曰臣伏念陛下
睿哲之性出于天縱而復内稟慈訓日新典學誠以堯舜三
代爲法則四海不勞而治將來論語終帙進講尚書二書皆
聖人之格言爲君之要道臣輒于其中及孝經内節要語共
一百段進呈聖人之言本無可去取臣今惟取明白切于治
道者庶使省覽或游意筆硯之間以備揮染亦日就月將之

一助也居數日太皇太后宣諭曰呂相所進要語已令皇帝即依所奏每日書寫看覽甚有益于學問與寫詩篇不同也

二年四月丁未呂公著請復制科詔曰祖宗設六科之選策三道之要以網羅天下賢儁先皇帝興學校崇經術以作新人材變天下之俗故科目之設有所未遑今天下之士多通于經術而知所學矣宜復制策之科以徠拔俗之材裨于治道蓋乃帝王之道損益趨時不必盡同同歸于治而已令復置賢良方正直言極諫科自今年為始

三年夏四月辛巳呂公著以老懇辭位乃拜司空同平章軍

國事詔建牙于東府之南啟北扉以便執政會議凡三省樞密院之職皆得總理閒日一朝因至都堂其出不以時蓋異禮也國初以來宰相以三公平章軍國事者四人而公著與父夷簡居其二世羨其榮時熙豐用事之臣雖去其黨分布中外起私說以搖時政鴻臚丞常安民貽公著書曰善觀天下之勢猶良醫之視疾方安寧無事之時語人曰其後必將有大憂則衆必駭矣惟識微見幾之士然後能逆知其漸故不憂于可憂而憂于無足憂者至憂也今日天下之勢可爲大憂雖登進忠良而不能搜致海內之英才使皆萃于朝以

勝小人恐端人正士未得安枕而卧也故去小人爲不難而勝小人爲難陳蕃竇武協心同力選用名賢天下想望太平然卒死曹節之手遂成黨錮之禍張柬之除五王中興唐室以爲慶流萬世及武三思一得志至于竄移淪没凡此者皆前世已然之禍也今用賢如倚孤棟拔士如轉巨石雖有奇特瑰卓之才不得一行其志甚可歎也猛虎負嵎莫之敢攖而卒爲人所勝者人衆而虎寡也故以十人而制一虎則人勝以一人而制十虎則虎勝奈何以數十人而制千虎乎今怨忿已積一發其害必甚可不爲大憂乎公著得書默然

四年春二月甲辰呂公著卒年七十二太皇太后見輔臣泣曰邦國不幸司馬相公既亡呂司空復逝痛惜久之帝亦悲感即詣其家臨奠贈太師封申國公謚正獻公著自少講學即以治心養性爲本平居無疾言遽色於聲利紛華泊然無所好簡重清淨蓋天稟然也其識慮深敏量宏而學粹遇事善決苟便于國不以利害動其心與人交出于至誠好德樂善見士大夫以人物爲意者必問其所知與其所聞參互考實以達于上每議政事博采衆善以爲善至所當守則毅然不可回奪神宗嘗言其于人材不欺如權衡之稱物尤能避

遠聲迹不以知人自處王安石博辨騁辭人莫敢與抗公著獨以精識約言服之安石嘗曰疵吝每不自勝一詣長者不覺消釋其敬服如此平生汲汲于薦賢達才而周敦頤程顥程頤張載邵雍尤其所注意者雖古之賢相不是過也

郎官何洵直失本部印公曰洵直誠有罪然重譴之則自今滑吏皆有以制主司矣乃薄其罪

公居家夏不排牕不揮扇冬不附火一日盛夏楊大夫瓌寶字器之將赴鎮戎軍來辭器之乃呂氏甥公于西牕下烈日中公裳對飲器之汗流浹背公凝然不動

公著平章軍國時門下因語次問曰嘉問敗壞家法可惜公著不答客媿而退一客少留曰司空尚能容呂惠卿何况族黨此人妄意迎合可惡也公著又不答既歸子弟請問二客之言何如公著亦不答嘉問以蔭入官條例司引以爲屬提舉市易務初嘉問竊從祖公弼論新法奏稿以示安石弼遂斥于外呂氏號爲家賊

公居洛一日對康節長歎曰民不堪命矣康節曰介甫者遠人公與君實引薦至此尚何言公作曰公著之罪也

呂正獻公廣用當世賢士人之有一善無不用也常以數幅

紙書當世名士姓名既而失之後復見此紙則所書人悉用之矣常親書與子希哲曰當世善士無不用者獨爾以吾故不得用亦命也

呂公著獨當國羣賢咸在朝不能不以類相從遂有洛黨蜀黨朔黨之分洛黨以程頤爲首而朱光庭賈易爲輔蜀黨以蘇軾爲首而呂陶等爲輔朔黨以劉摯梁燾王巖叟劉安世爲首而輔之者尤眾是時熙豐用事之臣退休散地怨入骨髓陰伺間隙而諸賢不悟各爲黨比以相訾議惟呂大防秦人戇直無黨范祖禹 師司馬光不立黨附錄

元祐四年五月以范祖禹爲右諫議大夫兼侍講祖禹初從司馬光修資治通鑑在洛十五年不事進取王安石尤愛重之祖禹終不往謁帝卽位擢右正言以婦翁呂公著當國引嫌辭職再改著作郎兼侍講會夏暑權罷講筵祖禹上言陛下今日之學與不學係他日治亂如好學則天下君子欣慕願立于朝以直道事陛下輔佐德業而致太平不學則小人皆動其心務爲邪諂以竊富貴且凡人之進學莫不于少時今聖質日長數年之後恐不得如今日之專竊惟陛下惜也公著卒始有諫議之除首上疏論人

主正心修身之要乞太皇太后日以天下之勤勞萬民之疾苦羣臣之邪正政事之得失開導上心曉然存之于中庶使異日衆說不能惑小人不能進又言蔡京非端良之士如使守成都其還當執政不宜崇長呂希哲爲兵部員外郎祖禹言于帝曰希哲經術操行宜備勸講其父公著嘗稱其不欺闇室守官京師不謁當路不尚虛言不爲異行臣豈得以婦兄之故不爲稱薦于是改爲崇政殿說書及太后旣崩中外洶洶人懷顧望在位者畏懼莫敢發言祖禹慮小人乘閒害政上疏曰陛下方攬庶政延見羣臣

今日乃國家隆替之本社稷安危之機生民休戚之端君子小人進退消長之際天命人心去就離合之時也可不畏哉先后有大功于宗社有大德于生靈九年之閒始終如一然羣小怨恨亦不爲少必將以改先帝之政逐先帝之臣爲言以事離閒不可不察也先后因天下人心變而更化旣改其法則作法之人有罪當退亦順衆言而逐之是皆上負先帝下負萬民天下之所讐疾而欲去之者也豈有憎惡于其閒哉惟辨析是非深拒邪說有以奸言惑聽者付之典刑痛懲一人以警羣慝則帖然無事矣此等

旣誤先帝又欲誤陛下天下之事豈堪小人再破壞耶時蘇軾方具疏將諫及見祖禹奏曰經世之文也遂附名同進而毁已草疏入不報旣復請對熙寧之初王安石呂惠卿造立新法悉變祖宗之政多引小人以誤國勳舊之臣屏棄不用忠正之士相繼遠引又用兵開邊結怨外夷天下愁苦百姓流徙賴先帝覺悟罷逐兩人而所引羣小已布滿天下不可復去蔡確連起大獄王韶創取熙河章惇開五溪沈起擾交管沈括徐禧俞充种諤興造西事兵民死傷者不下二十萬先帝臨朝悼悔謂朝廷不得不任其

咎以至吳居厚行鐵冶之法于京東王子京行茶法于福建蹇周輔行鹽法于江西李稷陸師閔行茶法市易于西川劉定教保甲于河北民皆愁痛嗟怨比屋思亂賴陛下與先后起而救之天下之民如解倒懸惟是向來所斥逐之人窺伺事變妄意陛下不以改法度爲是如得至左右必進奸言萬一過聽而復用之臣恐國家自此淩遲不復振矣

紹聖元年夏四月 罷翰林學士范祖禹時帝欲相章惇祖禹力言惇不可用帝不悅內外梗之者甚衆祖禹遂乞郡乃出知陝州祖禹在邇英守經據正獻納尤多每當

講前夕必正衣冠如在上側命子弟侍先按講其說開列古義參之時事言簡而當義理明白蘇軾稱爲講官第一

范純仁　宋英宗　神宗　哲宗

范純仁字堯夫文正公之次子以恩補官中進士第文正公門下多延賢士如胡瑗孫復石介李覯之徒與公遊從晝夜肄業置鐙帳中夜分不寢後公貴夫人猶收其帳頂如墨色時以示子孫曰爾父少時勤學鐙煙迹也

知襄城縣伯兄久病公承事照管如孝子名編校秘閣書籍以兄病辭不赴富公責之曰臺閣清資入豈易得小官出常調亦難事何必苦辭公曰富貴有命

襄城民素不事蠶織鮮有植桑者公患之因民有罪而情輕

者使植桑于家多寡隨其罪之輕重後按其所植榮茂與除罪自此人得其利公去民懷不忘至今號爲著作林著作公宰縣時官也

久旱不雨公度將來必闕食遂盡籍境內客舟名其主而諭之曰民將無食爾等商販唯以五穀貯于佛寺中後闕食時吾爲爾主糶衆賈從命運販不停以至春首所蓄無慮十數萬諸縣饑獨境內之民不知也

自陝西運副召還神宗問曰卿在陝西必精意邊事城郭甲兵糧儲如何對曰城郭粗完甲兵粗修糧儲粗備上愕然曰

卿才能如此朕所倚賴何爲皆言粗公徐對曰粗者未精之辭如是足矣臣願陛下無深留意于邊事恐邊臣觀望要功生事結釁夷狄殘害生靈耗竭才用糜費爵賞不惟爲今日目前之害又將貽他日意外之憂願陛下究孟子交隣之道修孔子來遠之德洽于夷狄彼將愛戴陛下如父母雖其酋首桀驁欲侵侮我疆其徒亦不爲之用也遂拜起居舍人同知諫院

爲諫官奏言王安石變祖宗法度掊克財利民心不寧書曰怨豈在明不見是圖願陛下圖不見之怨帝曰何謂不見之

怨對曰杜牧所謂不敢言而敢怒是也帝曰卿善論事宜爲朕條陳古今治亂可爲監戒者遂作尚書解以進曰其言皆堯舜禹湯文武之事治天下無以易此願深究而力行之帝切于求治多延見疏遠小臣咨訪闕失純仁言小人之言聽之若可采行之必有累蓋知小忘大貪近暗遠願加深察及薛向行均輸法于六路純仁言臣常親奉德音欲修先王補助之政今乃效桑宏羊行均輸之法而使小人掊克生靈斂怨基禍安石以富國强兵之術啟迪上心欲求近功忘其舊學尚法令則稱商鞅言財利則背孟軻鄙老成爲因循棄公論

爲流俗異已者爲不肖合意者爲賢人劉琦錢顗等一言便蒙降黜在廷之臣方大半趨附陛下又從而驅之其將何所不至道遠者理當馴致事大者不可速成人材不可急求積弊不可頓革倘欲事成急就必爲憸佞所乘宜速還言者而退安石以答中外之望留章不下純仁力求去不許未幾罷諫職改判國子監純仁去意愈確安石使諭之曰毋輕去已議除知制誥矣純仁曰此言何爲至于我哉言不用萬鍾非所顧也遂錄所上章申中書安石大怒乞加重貶帝曰彼無罪姑與一善地命知河中府尋徙成都轉運使以新法不便戒

州縣未得遽行安石怒其沮格以事左遷知和州
環慶大飢帥守坐不職罷去以公代之公到慶州餓殍滿路
官無穀以賑恤公欲發常平封樁粟麥賑之州郡皆欲奏請
得旨而後散公曰人七日不食飢死何可待報諸君但勿預
吾當獨坐罪或謗其所全活不實詔遣使按視會秋大稔民
讙曰公實活我忍累公耶晝夜爭輸還之使者至已無所負
邠甯間有叢冢使者曰全活不實之罪于此得矣發冢籍骸
上之詔本路監司窮治乃前帥楚建中所封也朝廷治建中
罪純仁上疏極言建中守法申請閒不免有殍死者已坐罪

罷去今緣按臣而及建中是一罪再刑也建中猶贖銅三十斤

再罷提舉西京留司御史臺時洛多耆舊純仁及司馬光皆好客而家貧相約爲眞率脫粟一飯酒數行洛中以爲勝事

元祐元年　以范純仁同知樞密院事司馬光請悉罷免役錢復差役法范純仁謂光曰治道去其太甚者可也差役一事尤當熟講而緩行不然茲爲民病願公虛心以延衆論不必謀自己出謀自己出則諂諛得乘閒迎合矣設議或難回則可先行之一路以觀其究竟光不從持之益堅純仁曰是使

人不得言耳若欲媚公以爲容悅何如少年合安石以速富貴哉又云熙寧按問自首之法既已改之有司立文大深四方死者視舊數倍殆非先王寧失不經之意純仁素與光同志及臨事規正類如此

元年　呂惠卿章惇呂嘉問鄧綰李定蒲宗孟范子淵等皆已斥外言者論之不已　純仁言于太后曰錄人之過不宜太深后納之乃詔前朝希合附會之人一無所問言者勿復彈劾惡御黨稍安或謂公曰今除惡不盡將貽後患純仁曰治道去太甚耳文景之世網漏吞舟且人材實難宜使自新豈

可使自棄耶
三年以范純仁爲尚書右僕射兼中書侍郎純仁務以博大開上意忠厚華士風章惇得罪去朝廷以其父老欲畀便郡旣而中止純仁請置往咎而念其私情韓維無故罷門下侍郎補外純仁奏維盡心國家不可因譖黜官時黨論方起純仁慮之會右諫議大夫王覿以胡宗愈進君子無黨論因疏宗愈不可執政太后大怒純仁與文彥博呂公著辨于簾前太后意未解純仁曰朝臣本無黨但善惡邪正各以類分彥博公著皆累朝舊人豈容雷同罔上昔先臣與韓琦富弼在

慶曆時同爲執政各舉所知當時飛語指爲朋黨三人相繼補外造謗者公相慶曰一網打盡矣此事未遠願陛下戒之因極言前世朋黨之禍并錄歐陽脩朋黨論上之

知漢陽軍吳處厚傳致蔡確安州車蓋亭詩以爲謗宣仁后上之諫官欲寘于憲典執政右其說惟純仁與左丞王存以爲不可爭之未定聞太師文彥博欲貶于嶺嶠純仁謂左相呂大防曰此路自乾興以來荆棘近七十年吾輩開之恐自不免大防遂不敢言及確新州命下純仁于宣仁后簾前言

聖朝宜務寬厚不可以語言文字之閒曖昧不明之過誅竄

大臣今舉動宜與將來爲法此事甚不可開端也且以重刑除惡如以猛藥治病其過也不能無損焉又與王存諫于哲宗退而上疏其畧云蓋如父母之有逆子雖天地鬼神不能容貸父子至親主于恕而已若處之必死之地則恐傷恩確卒貶新州大防奏確黨甚盛不可不問純仁面陳朋黨難辨恐誤及善人遂上疏曰朋黨之起蓋因趨向異同同我者謂之正人異我者疑爲邪黨既惡其異我則逆耳之言難至既喜其同我則迎合之佞日親以至眞僞莫知賢愚倒置國家之患率由此也至如王安石止因喜同惡異遂至黑白不分

至今風俗猶以觀望爲能後來柄臣固合永爲商鑑今蔡確不必推治黨人旁及支葉臣聞孔子曰舉直錯諸枉能使枉者直則是舉用正直而可化邪爲善不善者自當屏迹矣何煩分別黨人或恐有傷仁化司諫吳安詩正言劉安世交章擊純仁黨確純仁亦力求罷政出知河南府

八年秋七月丙子朔召范純仁爲尚書右僕射兼中書侍郎純仁入謝太后謂曰或謂卿必引用王覿彭汝礪卿宜與呂大防一心對曰此二人實有士望臣終不敢保位蔽賢望陛下加察純仁之將名也殿中侍御史楊畏附蘇轍欲相之因

與來之邵上疏論純仁師事程頤闇猥不才不可復相乞進
用章惇安燾呂惠卿不報楊畏亦攻純仁純仁辭不允及視
事呂大防欲引畏爲諫議大夫以自功純仁曰諫官當用正
人畏不可用大防曰豈以畏嘗言相公耶蘇轍即從旁誦其
彈文純仁初不知也已而竟遷畏禮部侍郎

十二月乙巳范純仁乞罷政不許初太皇太后寢疾召純仁
曰卿父仲淹可謂忠臣在明肅垂簾時惟勸明肅盡母道明
肅上賓惟勸仁宗盡子道卿當似之純仁泣曰敢不盡忠及
帝親政純仁乞避位帝語呂大防曰純仁有時望不宜去可

爲朕留之旦輒入覲帝問先朝行青苗法如何純仁對曰先帝愛民之意本深但王安石立法過甚激以賞罰故官吏急切以致害民退而上疏其要以爲青苗非所當行行之終不免擾民也時羣小力排太后時事純仁奏只大是保佑聖躬功烈誠心幽明共鑒議者不恤國是一何薄哉因以仁宗禁言明肅垂簾時事詔書上之曰望陛下稽倣而行以戒薄俗呂大防爲山陵使甫出國門楊畏首叛大防上疏言神宗更法立制以垂萬世乞賜講求以成繼述之道疏入帝卽名對詢以先朝故臣誰可名用者畏遂列上章惇安燾呂

惠卿鄧潤甫李清臣等行義各加題品且言神宗所建立
法度之意與王安石學術之美乞名章惇爲相帝深納之
遂復章惇爲資政殿學士呂惠卿爲中大夫
紹聖元年春二月丁未以李清臣爲中書侍郎鄧潤甫爲
尚書右丞潤甫首陳武王能廣文王之聲成王能嗣文武
之道以開紹述故有是命
三月乙亥呂大防罷
紹聖元年三月　乙酉策進士于集英殿李清臣發策問欲紹
元祐之政蘇轍力諫帝覽奏大怒曰安得以漢武比先帝轍

下殿待罪衆莫敢救范純仁從容言曰武帝雄才大畧史無貶辭轍以比先帝非謗也陛下親政之始進退大臣不當如訶斥奴僕右丞鄧潤甫越次進曰先帝法度爲司馬光蘇轍壞盡純仁曰不然法本無弊弊則當改帝曰人謂秦皇漢武純仁曰轍所論事與時也非人也帝爲之少霽轍平日與純仁多異至是乃服曰公佛地位中人也轍竟落職知汝州及進士對策考官第主元祐者居上禮部侍郎楊畏覆考乃悉下之而以主熙豐者置前列遂擢畢漸爲第一許景衡居下列自是紹述之論大興國是遂變

以章惇爲尚書左僕射兼門下侍郎時帝有紹復熙豐之志首起惇爲相惇于是專紹述爲國是遂引其黨蔡卞林希黃履來之邵張商英周秩翟思上官均等居要地任言責協謀報復范純仁請去益力乃以觀文殿大學士出知潁州純仁凡薦引人才必以天下公議其人不知所自舉或曰爲宰相豈可不牢籠天下士使知出于門下純仁曰但朝廷進用不失正人何必其知出于我耶

二年十一月　時呂大防等竄居遠州會明堂赦章惇豫言此數十人當終身勿徙范純仁聞之憂憤欲齋戒上疏申理之

所親勸其勿觸怒萬一遠斥非高年所宜純仁曰事至于此無一人敢言若上心遂回所繫大矣如其不然死亦何憾因上言大防等所犯亦因持心失恕好惡任情違老氏好還之戒忽孟軻反爾之言然牛李之禍數十年淪胥不解豈可尚遵前軌即今大防等年老疾病不習水土炎荒非久處之地又憂虞不測何以自存臣曾與大防等共事多被排斥陛下之所親見臣之激切止是仰報聖德向來章惇呂惠卿雖爲貶謫不出里居今趙彥若已死貶所願陛下斷自淵衷將大防等引赦原放疏奏章惇大怒遂落觀文殿大學士徙知隨

州
公在隨幾一年州事毫髮必親客至談笑終日無倦色公素
苦目疾忽全失其明因上表乞致仕章惇戒堂吏不得上蓋
懼公復有指陳終移上意
四年二月　癸未流呂大防劉摯蘇轍梁燾范純仁等嶺南貶
韓維等三十人官純仁永州安置命下怡然就道切戒子弟
不得小有不平意曰不見是而無悶汝曹勉之或謂公爲近
名公聞而歎曰七十之年兩目俱喪萬里之行豈其欲哉但
區區愛君之心不能自已人若避好名之嫌則無爲善之路

矣
永州命下忠宣欣然而往每諸子怨章惇忠宣必怒止之江行赴貶所舟覆扶忠宣出衣盡濕顧諸子曰此豈章惇爲之哉至永州公之諸子聞韓維謫均州其子告惇以父執政日與司馬光議論不合得免行欲以忠宣與司馬公議役法不同爲言求歸白公公曰吾用君實薦以至宰相同朝論事不合則可汝輩以爲今日之言不可也有愧而生者不若無愧而死諸子遂止
三年夏四月丁巳復范純仁等官時純仁在永州帝遣中使

賜以茶藥諭之曰皇帝在藩邸太皇太后在宮中知公先朝言事忠直今虛相位以待不知目疾如何用何人醫之純仁頓首謝徙居鄧州在道拜觀文殿大學士中太乙宮使制詞有曰豈惟尊德尚齒昭示寵優庶幾骨鯁嘉謀日聞忠告純仁聞制泣曰上果用我矣死有餘責既又遣中使趣入覲純仁乞歸養疾帝不得已許之每見輔臣問安否且曰范純仁得識一面足矣是年正月哲宗崩端王即位

建中靖國元年春正月　范純仁疾革以宣仁后誣謗未明爲恨呼諸子口占遺表其畧云蓋嘗先天下而憂期不負聖人

之學此先臣所以教予而微臣資以事君又云唯宣仁之誣謗未明致保祐之憂勤不顯又云未解疆埸之嚴幾空帑藏之積有城必守得地難耕又勸帝清心寡欲約以便民絕明黨之論察邪正之歸凡八事癸亥純仁卒初以父仲淹任爲太常太祝舉進士以至輔相刻意名節難進易退憂國愛君不以利害得喪二其心雖屢黜廢志氣彌厲其在朝廷專務奬進人才故天下善類視其用舍以爲消長性度易簡不事矜張議論平恕不爲已甚世謂使其言行于熙甯元豐時後必不至紛更盡申于元祐中必無紹聖復讐之禍此其德器

罔由于天成而學問之功得于家庭師友者蓋實有自嘗自
言曰忠恕二字一生受用不盡每戒子弟曰人雖至愚責人
則明雖有聰明恕已則昏苟能以責人之心責已恕已之心
恕人不患不到聖賢地位也親族有請教者曰惟儉可以助
廉惟恕可以成德卒年七十五上聞訃痛悼謚曰忠宣
純仁性夷易寛簡不以聲色加人誼之所在則挺然不少屈
自爲布衣至宰相廉儉如一所得奉賜皆以廣義莊前後任
子恩多先疎族沒之日幼子五孫猶未官
公嘗曰人材難得欲隨事有用則緩急無以應手七年之病

張米曰深醫安石時王韶輩大害故能作此語

三年之艾非儲之以待則如病者何

公弟純粹在關陝純仁慮其于西夏有立功意與之書曰大輅與柴車爭逐明珠與瓦礫相擲君子與小人鬬力中國與外邦校勝負非惟不可勝兼亦不足勝不惟不足勝雖勝亦非也

公攝帥成都程子將告歸既見曰先生何以告我頤曰公嘗言爲將帥營使士卒視己如父母然後可用然乎公曰何如頤曰公言是也然公爲政不若是何也公曰可得聞乎頤曰昔帥新亡而公張樂大享將校于府門是教之視帥如父母

乎曰亦疑其不可故使屬官攝主之也程學曰是尤不可公與舊帥同僚也夫同僚之義其過小屬官于主帥其義重豈廢享而頒之酒食如何曰無頒也武夫視酒食爲重事弗班則必思其所以而知事帥之義乃因事而教也公曰先生不來則不聞此矣其喜聞義如此

初純仁罷相與伊川相見責之曰曩者某事相公合言何爲不言純仁謝罪又曰某事相公亦合言何爲又不言純仁又謝罪如此連責數事純仁皆謝罪他日伊川偶見純仁劄子一篋凡伊川責純仁嘗言者皆已先言之矣但不與伊川辨

一辭惟謝罪耳此前輩之度量不可及也

大臣法則目錄

南豐謝文洊約齋彙纂　孫修擴元孫鳴謙盛本量鳴篁原本

易堂　髻山　諸友評定　同郡後學饒拱辰吳榮祖　譚光烈儲粲　編校

受業門人參訂

昆孫鏞重刊

卷之八

宋

李綱

大臣法則卷之八

李綱　宋徽宗　欽宗　高宗

李綱字伯紀無錫人也宣和元年五月大雨如注歷七日而止京城外水高十丈帝懼甚起居郎李綱言國家都汴百五十餘年矣未嘗有此災異夫變不虛生必有所以感召之災非易禦必思所以消復之今陰氣太盛當以盜賊外患爲憂更望求直言以答天戒朝廷惡其言謫監南劍州沙縣稅

宣和七年十二月以皇太子桓爲開封牧帝以金師日迫爲憂給事吳敏入對宰執皆在敏前奏事曰金人渝盟舉兵犯

順陛下，何以待之帝蹙然曰奈何，時東幸計已定命李梲先出守金陵敏退詣都堂言曰朝廷便爲棄京師計何理也此命果行須死不奉詔宰執以爲言梲遂罷行而以太子爲開封牧庚申以吳敏爲門下侍郎帝東幸之意益決太常少卿李綱謂敏曰建牧之議豈非欲委太子以留守之任乎今敵勢猖獗非傳太子以位號不足以招徠豪傑敏曰監國可乎綱曰肅宗靈武之事不建號不足以復邦而建號之議不出於明皇後世惜之上聰明仁恕公曷不爲上言之翼日敏入對具以綱言白帝帝即召綱入議隨刺血上疏其畧曰上策莫如親征講求眞廟幸澶淵故事選將勵兵躬臨訓練涓日啟行以鼓士氣驅逐醜虜保完舊疆此上策也中策莫如堅守夫京師天下之根本宗廟社稷朝廷宮室之所在百官之所聚密邇陵寢中四海而臨萬邦天下無二舍此安歸定堅守之計勵士民之心効死爲期無毫髮欲去之意遣帥分屯傍近要害之地翼衛帝室設使犬羊之衆敢肆憑陵當如周亞夫禦七國之策堅壁勿戰以挫其鋒待其糧竭力衰邀其歸路多設方畧一鼓破之此中策也下策爲避敵之計委陵寢宗廟社稷朝廷宮室百官萬民而去之遠邇必潰是以中

原昇之豹虎事勢一去不可復振臣恐京師朝行而夕亂其禍可勝言哉陛下雖命皇太子建牧以監之何補於事本朝及唐故事皇帝行幸郡國則皇太子監國此特國家閒暇之時典禮如此今大敵入寇天下震動安危存亡在呼吸間而用平時典禮可乎名分不正而當大權稟命則不威專命則不孝何以號召天下與之以死抗敵期成功於萬分之一哉陛下度今日人心已揺可以與之共患難而堅守則守而弗去可也度不能守則胡不假皇太子以位號使爲陛下保守宗社收將士心以死捍敵使宗廟社稷有所依歸四海蒼生

有所係屬陛下釋重負享安逸於無窮而以死宗廟社稷之事責重太子與士大夫豈不美哉帝意遂決辛酉宰臣奏事帝留李邦彥請敏綱所言書傳位東宮四字以付蔡攸因下詔禪位於太子桓自稱道君皇帝

宣和七年十二月二十四日淵聖皇帝受內禪綱於二十六日上實封言事奏狀其畧曰道君皇帝既已爲宗社生靈之故親御翰墨悔前日之非播告四方則夫左右恩寵之臣造作邊事養成禍胎屢覆王師貽禍宗社有如童貫者招權怙勢首爲兵謀以佞倖之姿據師保之任有如王黼蔡攸者以

此即位第一急務舉朝緘默惟綱侃侃言之不能即行時事可知矣

穿窬之質挾奸雄之謀作奇技淫巧以蕩上心運花石竹木以歛民怨有如朱勔者豪奪民田掊歛財賄剝下奉上依勢作威有如李邦彥者恃寵脅之私擅威福之柄招兵自殖失禁旅之心有如高俅者罪實比於四凶誅宜行於兩觀陛下以其久出道君左右之故未欲誅殛亦宜流竄遠方以正典刑而自即位以來今已累日寂然未聞決斷之詔羣心憂疑其何以仰副道君皇帝畀付之意上應天心下順人欲而使夷狄知中國之威逡巡而不敢進哉臣愚伏望陛下運以乾剛炤以離明爲宗社生靈大計斷而行之天意昭答人心悅

服則夷狄不難禦矣至於宰相臺諫之臣亦宜罷黜愼擇其人以協維新之政道君皇帝深悼前失降哀痛之詔罪己之言所不忍聞至於感疾遜位退居舊宮人主如此而宰相臺諫之臣偃然如故恬不爲怪此何理也爲今之計正宜深訪博採求人於閒廢疎賤之閒所謂擢卒爲將拔士爲相者正今日急務也惟陛下留神幸察召對延和殿時金議割地綱言祖宗疆土當以死守不可以尺寸與人帝嘉納之拜爲兵部侍郎

靖康元年正月己巳帝聞金將斡離不渡河卽下詔親征以

侍郎李綱爲親征行營使吳敏副之聶山參謀軍事庚午上
皇如亳州於是百官多潛遁京師戒嚴宰執議請帝出幸襄
鄧以備敵鋒行營參謀官李綱曰道君皇帝挈宗社以授陛
下委而去之可乎帝默然太宰白時中謂都城不可守綱曰
天下城池豈有如都城者且宗廟社稷百官萬民所在捨此
欲何之今日之計當整飭軍馬固結人心相與堅守以待勤
王之師帝問誰可將者綱曰白時中李邦彥等雖未必知兵
然藉其位號撫將士以抗敵鋒乃其職也時中忿然曰李綱
莫能將兵出戰否綱曰陛下不以臣庸懦倘使治兵願以死

報乃以綱爲尚書右丞東京留守綱爲帝力陳不可去之意且言明皇聞潼關失守即時幸蜀宗廟朝廷毀於賊手今四方之兵不日雲集奈何輕舉以蹈明皇之覆轍乎會内侍奏中宫已行帝色變倉卒降御榻曰朕不能留矣且中宫已行卿等毋執朕將往陝西起兵以復都城決不可留綱泣拜俯伏以死邀之會燕越二王至亦以固守爲然帝意稍定顧綱曰朕今爲卿留治兵禦敵之事專責之卿勿致疎虞綱倉皇受命是夜宰臣猶請出幸不已帝從之欲詰旦決行質明綱趨朝則禁衛擐甲乘輿已駕矣綱急呼禁衛曰爾等願守宗

社乎願從幸乎皆曰願死守綱入見曰陛下已許留復戒行何也今六軍父母妻子皆在都城願以死守萬一中道散歸陛下誰與爲衛且虜騎已迫知乘輿未遠以健馬疾追何以禦之帝感悟遂止乃召中宮還禁衛六軍聞之無不悅者辛未帝御宣德樓宣諭六軍始定固守之議命李綱爲親征行營使以便宜從事侍衛都指揮使曹曚副之治都城四壁守具以百步法分兵備禦日肄習之戰守之具粗畢而金人已抵城下矣太宰白時中罷以李邦彥爲太宰張邦昌爲少宰王申金人渡河遣使督諸道勤王兵入援癸酉斡離不軍抵

都城西北據牟駞岡天駟監獲馬二萬匹芻豆如山盖郭藥
師熟知其地故導金兵先據之帝召羣臣議李邦彦力請割
地求和李綱以爲擊之便帝竟從邦彦計命虞部員外郎鄭
望之及高世則使其軍未至遇金使吳孝民來因與偕還是
夜金人攻宣澤門以火舡數十順流而下李綱臨城募敢死
二千人列布拐子城下火舡至投石碎之及運蔡京家山石
疊門壯士縋城而下斬酋長十餘人殺其衆百餘人金人知
有備又聞道君已內禪至旦乃退甲戌金使吳孝民入見問
納張瑴事且言曰上皇朝事已往不必計今少帝與金別立

誓書結好仍遣親王宰相詣軍前可也帝因求大臣可使者李綱請行帝不許而命李棁綱曰安危在此舉臣恐李棁怯懦誤國事也不聽棁至金軍斡離不謂之曰汝家京城破在頃刻所以斂兵不攻者徒以少帝之故欲存趙氏宗社我恩大矣今欲議和當輸金五百萬兩銀五千萬兩牛馬萬頭表段百萬匹尊金帝爲伯父歸燕雲之人在漢者割中山太原河閒三鎮之地而以宰相親王爲質送大軍過河乃退因出事目一紙付棁遣還棁等唯唯不敢措一言遂與金使蕭三寶奴耶律中王汭等偕來凡金人所要求皆郭藥師教之也

利害曉然

以唐恪耿南仲並同知樞密院事乙亥金人攻天津景陽等門武泰節度使何灌力戰死丙子李梲至李邦彥等力勸帝從金議帝乃避殿減膳括借都城金銀及娼優家財得金二十萬兩銀四百萬兩而民間已空李綱言金人所需金幣竭天下且不足況都城乎三鎮國之屏蔽割之何以立國至於遣質即宰相當往親王不當往若遣辨士姑與之議所以可不可者宿留數日大兵四集彼孤軍深入雖不得所欲亦將速歸此時與之盟則不敢輕中國而和可久也李邦彥等言都城破在旦夕尚何有三鎮而金幣之數又不足較帝默然

因敗爲勝見大將歷練處

綱不能奪因求去帝慰諭之曰卿第出兵此事當徐圖之綱退則誓書已成稱伯大金國皇帝姪大宋皇帝金幣割地遣質更盟一依其言遣沈晦以誓書先往并持三鎮地圖示之庚辰以張邦昌爲計議使奉康王構往金軍爲質以求成詔稱金國加大字初邦昌與邦彦等力主和議不意身自爲質及行乃要帝署御批無變割地議帝不許康王與邦昌乘筏渡壕自午至夜始達金營康王道君皇帝第九子甲申都統制馬忠以京西募兵至擊金人於順天門外敗之金師暫欽西路稍通援兵得達丁亥种師道督涇原秦鳳兵入援師道

至洛聞斡離不已屯京城下或止師道言賊勢方銳願少駐汜水以謀萬全師道曰吾兵少若遲回不進形見情露祗取辱焉今鼓行而進彼安能測我虛實都人知吾來士氣自振何憂賊哉揭榜沿道言种少保領西兵百萬來遂抵京西趨汴水南徑逼敵營金人懼徙砦稍北斂遊騎但守牟駞岡增壘自衛時師道高年天下稱爲老种帝聞其至甚喜開安上門命李綱迎勞師道入見帝問曰今日之事卿意若何對曰臣以議和非也女眞不知兵豈有孤軍深入人境而能善其歸乎臣在西土不知京城臣今觀京師周迴八十里如何可

圍城高數十丈粟支數年不可攻也請於城內創營而城上
嚴兵拒守以待勤王之師不逾數月虜自困矣如其退卽與
之戰四鎭之地不宜割與帝曰業已講和對曰臣以軍旅之
事事陛下餘非所敢知也遂拜同知樞密院事充京畿河北
河東宣撫使師道被病許肩輿入朝金使王汭在廷素頡頏
望見師道拜跪稍如禮帝顧笑曰彼爲卿故也自虜渡河京
師諸門盡閉市無薪菜師道請啓西南壁聽民出入民始安
之又請緩給金幣於金俟彼惰歸扼而殲諸河計之上也帝
命師道於政事堂共議師道見李邦彥曰京城堅高備禦有

餘當時相公何事便講和邦彥曰以國家無兵故也師道曰不然凡戰與守自是兩事戰或不足守則有餘京師百萬衆盡皆兵也邦彥曰素不習武事不知出此師道歎曰相公不習兵豈不聞往古守城者乎又曰聞城外居民悉爲賊殺掠畜產甚多亦爲賊有當時既聞賊來何不悉令城外居民撤去屋舍移其畜盡入城中乃遽閉門以遺賊資何也邦彥曰倉卒之際不暇及此師道笑曰亦太慌忙耳左右皆笑時議人人異同惟李綱與師道合而邦彥不從時朝廷日輸金幣於金而金人需求不已日肆屠掠四方勤王之師漸至李綱

言金人貪婪無厭兇悖日甚其勢非用師不可且敵兵號六萬而吾勤王之師集城下者已二十餘萬彼以孤軍入重地猶虎豹自投陷穽中當以計取之不必與角一旦之力若扼河津絕餉道分兵復畿北諸邑而以重兵臨敵營堅壁勿戰如周亞夫所以困七國者俟其食盡力疲然後以一檄取誓書復三鎮縱其北歸半渡而擊之此必勝之計也帝深然之約日舉事种氏姚氏皆素爲山西巨室姚平仲以父古方帥熙河兵入援慮功名獨歸种氏乃云士不得速戰有怨言帝聞之以語李綱綱主其議令城下兵緩急聽平仲節度帝曰

遣使趣師道戰師道欲俟其弟師中至因奏言過春分乃可擊時相距纔八日帝以爲緩平仲請先期擊之二月丁酉朔平仲帥步騎萬人夜斫敵營欲生擒斡離不及取康王以歸夜半帝遣中使諭李綱曰姚平仲已舉事卿速援之平仲方發金候吏覺之斡離不遣兵迎擊平仲兵敗懼誅亡去李綱率諸將出救遂與金人戰於幕天坡以神臂弓射卻之師道復言劫寨已誤然兵亦有出其不意者今夕再遣兵分道攻之亦一奇也如猶不勝然後每夕以數千擾之不十日賊遁矣李邦彥等畏懦皆不果用金斡離不召諸使者詰責用兵

違誓之故張邦昌恐懼涕泣康王不爲動金人異之乃使王
汭來致責且請更以他王爲質汭至李邦彥語之曰用兵乃
李綱姚平仲爾非朝廷意也戊戌罷李綱以謝金人廢親征
行營司時宇文虛中領兵駐於汴河會姚平仲失利援兵西
來者皆潰虛中總而人京帝欲遣人奉使辯劫營非朝廷意
大臣皆不欲行虛中承命慨然而往庚子太學生陳東等上
書於宣德門言李綱奮勇不顧以身任天下之重所謂社稷
之臣也李邦彥白時中張邦彥趙野王孝迪蔡懋李棁之徒
庸謬不才忌嫉賢能動爲身謀不恤國計所謂社稷之賊也

陛下拔綱中外相慶而邦彥等嫉如仇讐恐其成功因緣沮敗且邦彥等必欲割地曾不知無三關四鎮是棄河北也棄河北朝廷能復都大梁乎又不知邦昌等能保金人不復敗盟否也切恐虜兵南向大梁不可都必將遷而之金陵則自江以北非朝廷有況金陵正慮童貫蔡攸朱勔等徃生變亂離欲遷而都之又不可得陛下將於何地而奠宗社耶邦彥等不爲國家長久之計又欲沮李綱成謀以快私憤李綱罷命一傳兵民騷動至於流涕咸謂不日爲虜擒矣罷綱非特墮邦彥等計中又墮虜計中也乞復用綱而斥邦彥等且以

楊先生至此乃始言

閫外付种師道宗社存亡在此一舉書奏軍民不期而集者數萬人會邦彥入朝衆數其罪而罵且欲毆之邦彥疾驅得免吳敏傳宣令退衆莫肯去撾壞登聞鼓喧呼動地殿帥王宗濋恐生變奏帝勉從之帝乃遣耿南仲號於衆曰已得旨宣綱矣內侍朱拱之宣綱後期衆臠而磔之并殺內侍數十人知開封府王時雍麾之不退傷時言士民出於忠憤非有作亂之心無足深罪李邦彥首畫遁逃之策捐金割地質親王以主和議罷李綱而納誓書李梲奉使失詞惟虜言是聽此二人者國人所同棄而敷告中外乃推二人和議之功非

先王憫天自民之意宜收還榜示以慰人心上從之顧戸部尚書聶昌傳出諭旨諸生始退乃復綱右丞充京城四壁防禦使既而鄰人又言願見种師道詔促師道入城彈壓師道乘車而至衆搴簾視之曰果我公也相麾聲喏而散明日詔誅士民殺內侍爲首者禁伏闕上書王時雍欲致太學諸生於獄人人惴恐會朝廷將用楊時爲祭酒遣聶昌詣學宣諭然後定吳敏欲弭謗議奏東爲太學錄東力辭以歸（傳信錄云入見）上於福寧殿余泣拜請死上亦泣有旨復尚書右丞京城四壁守禦使余固辭上不允俾出東華門至右掖門一帶安撫軍民余稟上旨宣諭乃稍散去再對於福寧殿上命余復節制勤王之師先放遣民兵盡不有用兵意也先是所留三鎮

詔余既罷乃遣宇文虛中齎詔金人軍中復差臧再秦檜爲割地使宇文虛中至金營見斡離不暮遣王汭隨虛中入城欲御筆書定三鎮界方退軍更請肅王爲質癸卯帝命肅王樞爲質於金乙巳康王張邦昌自金營還詔割三鎮以畀金初金人犯咸豐門蔡懋號令將士金人近城不得輒施矢石將士積憤及李綱復用下令能殺敵者厚賞衆無不奮躍稍稍引卻至是宇文虛中復奉詔如金許割三鎮地斡離不得詔遂不俟金幣數足遣閤門使韓光裔來告辭退師北去肅王從之京師解嚴种師道請乘其半濟擊之帝不許李邦彥立大旗於河東河北有擅出兵

此下採傳信錄

者並依軍法种師道曰異日必爲國患御史中丞呂好問進言於帝曰金人得志益輕中國秋冬必傾國復來禦敵之備當速講求不允庚戌李邦彥罷以張邦昌爲太宰吳敏爲少宰李綱知樞密院事耿南仲李棁爲尚書左右丞金人退師肆赦天下宰執對延和殿綱奏曰澶淵之役雖與遼盟約而退猶遣重兵護送之葢恐其無所忌憚肆行虜掠故也金人退師今三日盡遣大兵用澶淵故事護送之宰執皆以爲太早綱固請之上可是日分遣將士以兵十餘萬數道並進且戒諸將度便利可擊卽擊之金人厚載而歸輜重旣衆驅虜

婦女不可勝計氣驕甚擊之決有可勝之理將士踴躍以行澤州奏金粘罕兵至高平縣朝廷震懼恐其復渡河而南宰執咎綱盡遣城下兵以追斡離不之師將無以支捂綱曰斡離不之師既退自當遣大兵護送初不虞粘罕之來也粘罕之師雖來聞既和亦當自退必無復渡河之理又太行懸車之險已遣統制官郝懷將兵二萬屯河北控扼險道決無他慮而執政中有密啟上以金字牌悉追還諸將之兵諸將之兵及斡離不之師於邢趙間相去二十餘里金人聞大兵且至莫測多寡懼甚其行甚速而諸將得追詔卽還綱於上前

力爭得旨復遣而諸將之還已五程矣雖復再進猶與金人相及於滹沲河然將士知朝廷議論二三悉解體不復有要擊之意第遙護之而已於是金人復旁出抄掠及深祁恩冀閒其去殊緩而粘罕之兵聞已和果退乃命种師道爲河北河東宣撫使駐滑州以姚古爲制置使總兵以援太原以种師中爲制置副使總兵以援中山河閒諸郡時朝廷僉議以三鎭界不可割有如兵民能爲國家堅守不下卽遣使再議以租賦歸之求保祖宗之地故也

太學生陳東上書乞誅六賊謂蔡京蔡攸童貫朱勔高俅盧

此事一差必大決裂不具此識度不可爲大臣

宗原於是議遣聶山爲發運使密圖之山請詔書及開封府使臣數十人以行綱因奏事福甯殿留身奏上曰此數人者罪惡固不可恕然聶山之行恐朝廷不當如此措置昔唐肅宗欲發李林甫墓李泌諫謂其如明皇何肅宗抱泌頸泣曰思不及此使山之所圖果成驚動道君此憂在陛下使所圖不成爲數人所覺萬一挾道君於東南求劍南一道陛下何以處之上感悟曰奈何綱對曰不若罷山之行顯謫童貫等乞道君去此數人者早回鑾輿可以不勞而事定上以爲然山乃不果行而童貫等相繼皆去道君還次南都徘徊不進

欲詣亳州上清宮燒香及取便道如西都上以爲憂又每有書至必及朝廷改革政事又批道君太上皇后當居禁中出入正門於是喧傳且有垂簾之事又批吳敏李綱令一人來莫曉聖意皆言事且不測綱奏上曰所以欲臣及吳敏來無他欲知朝廷事耳吳敏不可去陛下左右臣願前去奉迎如蒙道君賜對臣且條陳自圍城以來事宜以釋兩宮之疑決無他慮上初不許綱力請之乃聽上令綱齎御前書達道君且賜行宮官屬茶藥銀各有差以十七日離國門十八日早次陳留縣秋口遇道君太上皇后船綱具榜子拜謁道左道

君太上皇后艤舟令內侍楊修傳敎旨勞問綱附奏曰陛辭日有所得聖旨合具奏知乞依趙野例幄前奏事復傳敎旨允綱遂登舟入幄中於簾前拜訖具道上聖孝思慕且敘致方艱危中蒙上擢任感激之意道君太上皇后親加獎諭綱再拜謝訖道君太上皇后曰朝廷欲令於何處居止綱對曰朝廷見以擷景園爲甯德宮奉道君太上皇后葢遵稟道君太上皇帝十二月二十三日聖旨指揮道君太上皇后曰已得旨令居禁中綱對曰以皇帝聖孝殿下聖慈母子之情豈復有閒但稽之三從之義道君太上皇帝居甯德宮而殿下

居禁中於典禮有所未安朝廷討論但欲合典禮以慰天下之望兩宮安則天下安矣道君太上皇后曰朝廷須是措置令是則得因泛語他事綱拜辭登岸因呼內侍楊修李倈等三人坐幄次與再道前語三人者巨璫也以綱言爲然因入白之復傳教旨曰相公所論甚有理但既居甯德宮後欲一到禁中神御前燒香可否但奏來綱對曰道君太上皇帝既居甯德宮皇帝自當時詣省問萬一欲暫到禁中豈有不可之理因遣使賜香茶酒食等錢五百貫給散隨行使臣從人綱以前語具劄子奏知且云道君太上皇后已有詔居甯德

宮意願一切不須示以疑阻以昭聖孝二十日抵南都得旨三十一日引對是日道君御幄殿綱起居訖升殿奏事具道上聖孝思慕欲以天下養之意道君泣數行下曰皇帝仁孝天下所知且獎諭曰都城守禦宗社再安相公之力爲多綱再拜謝訖因出劄子二紙進呈其一乞道君早回鑾輿不須詣亳社西都以慰天下之望其一自叙蒙道君教育擢用於國家艱危之中得效犬馬之力欲乞身歸田廬之意道君慰勞再四因曰相公頃爲史官因何事去綱對曰臣昨任左史得侍清光者幾一年以狂妄論列都城水災伏蒙聖恩寬斧

鉞之誅訖今感戴道君曰當時宰執中有不喜公者綱遜謝因奏曰臣昨論水災實偶有所見自古雖無道之國水猶不冒其城郭天地之變各以類應正爲今日兵革攻圍之兆大抵災異變故譬一人之身病在五藏則發於氣色形於脈息善醫者能知之非有物使之然氣之先至者爾所以聖人觀變於天地而修其在我者故能制治保邦而無危亂之憂也道君以爲然因詢虜騎攻圍都城守禦次第綱具以實對復曰賊既退師方渡河時何不邀擊綱曰朝廷以肅邸在金人軍中故不許道君曰爲宗社計豈可復論此綱於是竊歎道

君天度之不可及也詔既浹洽道君因宣問行宮止遞角等三事綱對曰只緣都城已受圍恐爲人知行宮所在非有他也方艱危時兩宮隔絶彼此不相知雖朝廷應付行宮事亦不容無不至者在聖度照之而已道君因詢朝廷近事如追贈司馬光及拆毁夾城等凡三十餘事綱逐一解釋謂追贈司馬光止欲得民心拆毁夾城止欲防奸細之類因奏曰皇帝仁孝小心惟恐一有不當道君意者每得御批詰問輒憂懼不進膳臣竊譬之人家尊長出而以家事付之子弟偶遇强盜劫掠須當隨宜措置及尊長將歸子弟不得不恐然爲

爵長者正當以其能保田園大計慰勞之不當問其細故今皇帝傳位之初陛下巡幸適當大敵入寇爲宗社計故政事不得不小有變革今宗社無虞四方以甯陛下同鑾臣以爲宜有以大慰安皇帝之心者其他細故勿問可也道君感悟曰公言極是朕只緣性快問後卽便無事因內出玉帶金魚袋象簡以賜曰行宮人得公來皆喜以此慰其意便可佩服綱固辭不允因服之以謝而退二十二日扈從道君詣鴻慶宮燒香初綱次拱州見奉迎道君禁衞寶輦儀物等適至南都士女民庶夾道聳觀得旨來早辭訖先還闕賜酒食香茶

等二十三日辭再對於幄殿道君宣諭曰本欲往亳州太清宮以道路阻水不果又欲居西洛以皇帝懇請之勤已更指揮更不戒行公先歸達此意慰安皇帝因袖中出書付綱仍宣諭曰公輔助皇帝捍賊守宗社有大功若能調和父子使無疑阻當書青史垂名萬世綱感泣再拜受命辭訖卽先具劄子以所得道君聖語奏知上批答曰覽卿來奏知奏對之語忠義煥然朕甚嘉之二十五日還抵闕下對於垂拱殿進呈道君御書具道所以問答語上嘉勞久之以道君太上皇帝所賜玉帶牙簡銀絹等具劄子進納有旨不允二十七日

宰執奉事延和殿進呈車駕出郊詣資福寺迎奉道君儀注耿南仲建議欲盡屏道君左右內侍出榜行宮門敢留者斬先遣人搜索然後車駕進見綱獨謂不若止依常法不必如此示之以疑必欲過爲之防恐卻有不可防者南仲曰易曰或之者疑之也古人於疑有所不免綱曰古人雖不免於疑然貴於有所決斷故書有稽疑易曰以斷天下之疑倘疑情不解如所謂竊鐵者則爲患不細南仲紛紛不已綱奏曰天下之理疑與誠明與闇而已誠則明明則愈誠自誠與明推之可以至於堯舜疑則闇闇則愈疑自疑與闇推之其患有

不可勝言者耿南仲當以堯舜之道輔陛下而其人闇而多
疑所言不必深採上笑之而南仲拂然怒甚旣退再召對於
睿思殿賜茶訖南仲忽起奏曰臣適遇左司諫陳公輔於對
班中公輔乃二月二日爲李綱結搆士民伏闕者豈可處諫
職乞送御史臺根治上及宰相皆愕然綱奏曰臣適與南仲
辨論於南和殿實爲國事非有私意而南仲銜臣之言故有
此奏伏闕之事陛下素所鑒察臣不敢復有所辨但臣以非
材冒處樞輔仰荷特達之知未能有所補報區區素志欲俟
賊騎出疆道君鑾輿還闕然後求歸田廬臣之願也今南仲

之言若此臣豈敢畱顧以公輔事送有司臣得乞身待罪上
笑曰伏闕士庶以億萬計如何結搆朕所洞知卿不須如此
南仲猶不已綱再拜辭上而出居啟聖院不復歸府入劄子
求去章凡十餘上上皆批答封還不允差御藥宣押造朝及
押赴樞密院治事復即時上馬四月朔車駕詣甯德宮復遣
御藥宣押扈從道君太上皇帝以三日入國門綱以守禦使
職事迎拜於新東門內道君於輦上顧揖翼曰扈從朝於龍
德宮訖復上章懇請求罷樞密院事上降手詔數百言不允
復令吳敏徐處仁諭旨又召至內殿面加慰諭且曰賊馬方

退正賴卿協濟艱難今遽欲捨朕何之前事不足介懷宜為
朕少留辭意懇惻綱不得已再拜受命就職○止聶山之行閣南仲之計陰
消國家大禍只是忠誠至足則智慮周詳大臣當國家危疑
大故束手無策卒攜大難者只是素乏忠誠
綱上條具所以備邊禦敵者凡八事其一謂唐之藩鎮所以
拱衛京師故雖屢有變故卒賴其力及其弊也有尾大不掉
之患祖宗鑒之銷藩鎮之權罷世襲之制施於承平邊備無
事則可在今日則手足不足以捍頭目為今之計莫若以太
原真定中山河間建為藩鎮擇帥付之許之世襲收租賦以
養將士習戰陣相為脣齒以捍金人可無深入之患又滄州

與營平相值隔黃河下流及小海其勢易以侵犯宜分濱棣德博建橫海軍一道如諸鎮之制則帝都有藩籬之固矣其二謂自熙豐以來籍河北保甲凡五十餘萬河東保甲凡二十餘萬比年以來不復閱習又經燕山雲中之役調發科率逃亡流移散爲盜賊今所存者猶及其半宜專遣使團結訓練令各置器甲官爲收掌用印給之蠲免租稅以償其值武藝精者次第遷補或命之官以激勸之彼既自保鄉里親戚墳壟必無逃逸又平時無養兵之費有事無調發之勞此最策之得者其三謂自祖宗以來養馬於監牧擇陝西河東河

北美水草高涼之地處之凡三十六所比年廢罷殆盡而更爲給地牧馬民間雜養以充數官吏便文以塞責而馬無復有善者又驅之燕山悉爲敵人所得今諸軍缺者大半宜復祖宗監牧之制權時之宜括天下馬量給其直則不旬日間數萬之馬可具也其四謂河北塘濼東距海西抵廣信安肅深不可涉淺不可以行舟所以限隔胡騎爲險固之地而比年以來淤泥乾涸不復開濬官司利於稻田往往洩去積水隄防弛壞又自安肅廣信以抵西山地形低下處可益增廣其高仰處卽開乾濠及陷馬坑之類宜專遣使以督治之其

五謂河北河東州縣城池類多隤圯堙塞宜徧行修治而近京西輔郡諸畿邑皆當築城創制樓櫓之屬使官吏兵民有所恃而安萬一有賊騎深入虜掠無所得可以坐困其六謂河北河東州縣經賊馬殘破蹂踐去處宜優免租賦以賑恤之往年方臘擾浙東猶免三年今三鎮之民爲朝廷固守安可不議所以大慰其心者其七謂河北河東諸州最以儲峙糴買糧草爲急務宜復祖宗加擡糧草鈔法一切以見緡走商賈而實塞下使沿邊諸郡積蓄豐衍則虜不敢動矣其八謂陝西解鹽無煮海之勞而給邊費足民食其利不貲因行

東府鹽法而解鹽地分益陝西邊益貧願復祖宗舊制以慰關陝兵民之心上俾宰執同議而其間所論異同雖建橫海軍一道以安撫使總之而藩鎮之議寢雖委提舉官遵舊制教閱上戶保甲三分之一而遣使盡行團結訓練置器甲之議不行雖委沿邊增修塘濼城池而輔郡畿邑已降指揮旋即罷止雖委諸路相視監牧而不復括馬雖放河北河東租税而止及一年雖行加擡糧草鈔而貼以四分香藥雖復解鹽而地分不如舊制綱力爭之不能得自賊馬既退道君還宮之後朝廷恬然遂以爲無事方建議立東宮開講筵斥王

安石置肴烁博士而臺諫所論不過指摘京黼之黨殆無虛
日防邊禦寇之策反置而不問綱𥨨私憂之惟兵事樞密院
可專行乃與許翰條具調發防秋之兵大槩有五一日係將
兵二日不係將兵三日土兵四日民兵五日保甲係將兵除
已起發外見在者十將將以三千人爲率不過三萬人民兵
弓箭社刀弩手之類是也不過一萬人保甲除河北河東外
起於陝西不過三萬人并見在河北河東兵通爲二十萬以
控制要害之地奏上得旨頒行然後關三省其間猶有以爲
不須如此者又乞降旨在京許監察御史以上在外監司郡

守帥臣各薦材武智畧大小使臣樞密院籍記姓名量材録
用上從之又建議謂京馬步軍十餘萬隸於三衙近年不復
教閱士卒驕惰緩急用之旋差將佐統領兵將不相識難以
責成功乞自樞密院選差大小使臣分四壁教閱因勤成部
伍以備緩急上初可之已而殿帥王宗濋等以爲侵紊非祖
宗制詔罷之綱然後竊歎知事之難成也少宰吳敏建議欲
置詳議司簡詳祖宗法制及近年敝政當改革者次第施行
詔以徐處仁吳敏及綱爲提舉官命既行爲南仲沮止敏乞
去不果綱奏上曰陛下即大位於國家艱難之時宜一新政

事以慰天下之望而朝廷玩愒日復一日未聞有所變革近欲置司討論尋復罷之今邊事方棘調度不給前日爵祿冒濫耗蠹邦財者宜稍裁抑以足國用此政事所宜先者上以爲然委綱條具以聞綱奏上三十餘事謂知節度使至遥郡刺史祖宗本以待勳臣故俸給特厚當時員數絶少今皆以戚里恩澤得之除邊功外宜悉換授環衛官以抑其濫又三省堂吏祖宗時轉官止於正郎崇觀間始許轉至中奉大夫今宜復祖宗之制餘皆類此上深然之降付三省已而揭榜通衢曰知樞密院李綱陳請裁減下項又榜東華門曰守禦

使司給諸軍卸甲錢多寡不均御前特再行等第支給而守禦使司初未嘗給卸甲錢也綱聞之驚駭徐詢所以乃執政密白上以綱得都城軍民之心欲以此離間之綱始憂懼不知死所矣方欲復丐罷會守禦使司補進武副尉二人具狀奏知上批出有惟辟作福惟辟作威大臣專權寖不可長之語綱惶懼於上前辨明日始親征行營及守禦使司得旨一切以便宜行事給空名文武官告勅帖等三千餘道自置司以來用過三十一道而已此二人者乃齎御前蠟書至太原當時約以得回報即與補授故今以空名帖補訖奏聞乃遵

上旨非專權也且叙孤危之蹤爲人所中傷者非一願罷職任乞骸骨歸田里上溫顔慰諭謂偶批及此非有他意綱退居定力院入劄子待罪丐去章十餘上上悉批荅不允遣使押入綱不得請即徑出通津門欲東下上遣中使宣押挽舟入城絡繹於道既歸府復鎖府門綱翼日見上曰人主之用人疑則當勿任任則當勿疑而大臣以道事君不可則止今陛下惑於人言於臣不能無疑又不令臣得去不知此何也上安慰久之綱自此多在告日欲去而未能會种師中沒於軍种師道以病告歸執政有密建議以綱爲宣撫使代師道

者上納建議者之說決意用綱宣撫兩路督將士解圍太原一日召對睿思殿諭所以欲遣行者綱再拜力辭自陳書生不知兵在圍城中不得已爲陛下料理兵事實非所長今使爲大帥恐不勝任且誤國事死不足以塞責上不許綱退卽移疾力陳所以不可爲大帥且云必有建議不容於朝者章十餘上悉不允或謂綱曰公知上所以遣行之意乎此非爲邊事乃欲緣此去公則都人無辭耳公堅臥不起讒者益得以行其說上且怒將有杜郵之賜奈何綱感其言起受命上錄裴度傳以賜綱入劄子具道吳元濟以區區環蔡之地抗

唐室與金人強弱固不相侔而臣曾不足以望裴度之萬一以度況臣實爲非倫且諸葛亮出師表謂親賢臣遠小人此先漢之所以興隆也親小人遠賢臣此後漢之所以傾頹也夫君子小人於用兵若不相及而亮深以爲言者誠以寇攘外患有可掃除之理而小人在朝蠹害根本寖長難去其患有不可勝言者是以吉甫贊周王以北伐必有孝友之張仲裴度相唐宗以東討必去奸邪之元稹用能成功焜燿圖史君子小人之不兩立從古已然臣竊觀陛下嗣位之初適遭金人入寇宵旰憂勤勵精圖治思刷前恥雖古帝王勤儉之

德無以遠過然君子小人尙猶混淆於朝翕訿成風殊未退聽謂宜留神炤察在於攘逐戎狄之先朝廷既正君子道長則所以捍禦外患者有不難也今取裴度論元稹魏洪簡章疏節其要語輒塵天聽上優詔寵答宣撫使得兵二萬人而闕馬綱白上曰戎事以馬爲先今之馬如此無以奮張軍容昔天寶末封常清出師幽薊人見其軍容不整皆叛去今臣出師安知無窺覘者所繫國體非細故也事迫矣請括都城馬給價償之可得數千匹上以爲然綱條具以聞既而榜於開封府曰宣撫司括馬事屬搔擾可更不施行其意與前榜

同綱竊歎息而已以二萬人分爲五軍時捷勝兵叛於河北遣左軍徑招撫之又遣右軍屬劉翰時劉翰除宣撫副使乃唐恪所薦綱初不知也又以解潛爲制置副使代姚古以折彥質爲河東句當公事與潛治兵於隆德府宣撫司兵凡萬二千人綱請銀絹錢於朝廷各百萬纔得二十期以六月二十六日啟行而庶事皆未辦集乞量展行期上批曰遷延不行豈非拒命綱惶懼入劄子辨所以未行者且曰陛下前以臣爲專權今以臣爲拒命方遣大帥解重圍而以專權拒命之人爲之無乃不可乎願併罷樞筦之任擇信臣委之得乞

骸骨因以告敕繳納上封還遣使趣召數四綱入見具道所以爲人中傷致上聽不能無惑者祇以二月五日士庶伏闕事今奉命出使無緣復望清光上驚曰卿只爲朕巡邊便可還闕綱奏曰臣之行無有復還之理昔范仲淹自參知政事出安撫西邊過鄭州見呂夷簡語暫出之意夷簡曰參政豈復可還其後果然今臣以愚直不容於朝使臣既行之後無沮難無謗讒無錢糧不足之患則進而死敵臣之願也萬一朝廷執議不堅臣自度不能有所爲即須告陛下求代罷去陛下亦宜察臣孤忠以全君臣之義上頗感動乃以二十五

日戒行綱犒軍訖號令將士斬裨將焦安節以狗初安節隸姚古帳下在威勝軍虛傳賊馬且至鼓扇衆情勸姚古退師兩郡之人皆驚擾走散而初無賊馬至是從古還闕綱召斬之翼日進師以七月初抵河陽入劄子以畿邑氾水關西都河陽皆爲形勝之地城壁頹圮當亟修治今雖晚然併力爲之倘可及也又因望拜諸陵具奏初綱陛辭日爲上道唐恪聶山之爲人陛下信任之篤且誤國故於此申言之批答有銘記於懷之語留河陽十餘日訓練士卒修整器甲之屬進次懷州自出師後禁士卒不得擾民有趕奪婦人釵子者立

斬以狥拾遺棄物決脊黥配逃亡捕獲者皆斬以故軍律頗肅嘗以步不勝騎騎不勝車金人以鐵騎奔衝非車不能制之有張行中者獻戰車制度兩竿雙輪前施皮籬鎗刃運轉輕捷每車用甲士二十五人執弓弩鎗牌之屬以輔翼之結陣以行鐵騎遇之皆退遁造千餘兩日肄習之俟防秋之兵集以謀大舉而朝廷降旨凡詔書所起之兵悉罷遣之綱上疏力爭其大畧曰臣昨待罪樞府伏蒙陛下委令措置防秋人兵臣輒不自揆爲陛下措畫降詔書以團結諸路防秋之兵大約不過十餘萬人而欲分布南北沿邊雄霸等二十餘

郡山中河間眞定大名横海五帥府腹裏十餘州軍沿河一帶控扼地分翊衛王室隄防海道甚急者解圍太原收復忻代以捍金人夏人連兵入寇不知此十數萬人之衆一一皆到果能足用而無賊馬渡河之警乎今臣被命出使去清光之日未幾朝廷已盡改前日詔書調兵防秋之計既罷𢌿丁又罷弓手又罷土兵又罷四川福建廣南東路將兵又罷荆湖南北路係將不係將兵而京西州郡又皆特免起發是前日詔書所團結之兵罷去大半不知金人聚兵兩路入寇將何以支吾而朝廷何恃不留意於此也臣竊思之以兵爲

不須起者大槩有五川廣福建荆湖之地遠一也錢糧犒賞之費多二也河北寇退天下已無事三也太原之圍賊馬不多不攻自解四也探報有臨牙高麗之師金人牽制未必深入五也若以川廣福建之地遠則詔書之下以四月期天下兵以七月當時聞報三省何不即止今已七月遠方之兵皆已在道始復約回是復蹈今春勤王之師約回之弊也一歲兩起天下之兵中道而兩止之天下謂何臣恐朝廷自此不復能取信四方而將士解體矣國之大事在戎宗社安危所係而且行且止有同兒戲臣竊痛之若以爲錢糧犒賞之多

今春無兵捍寇致令誤國土地寶貨人民皆爲所取今惜小費而不爲之備臣恐後來所取又不止於前日也況原降指揮防秋人兵各令齎糧以行則錢糧犒賞之乏自非所患廟堂不深思宗社大計而惜小費臣竊所不取也若以河北寇退天下無事則邊郡日報金人聚兵聲言某月入寇當取某地强敵臨境非和非戰朝夕恐慄懼其復來天下果無事乎賈誼謂厝火積薪之下而坐其上火未及燃因謂之安以今日觀之何止於火未及然殆處於烈焰之旁而言笑自若也若謂太原之圍賊馬不多不攻自解則自春徂秋攻守半年

曾不能得其實數姚种二帥以十萬之師一日皆潰彼未嘗有所傷衂不知何以必其兵之不多以為可以不攻而自解者臣以為非愚則誣至林牙高麗牽制之報理或有之然不可恃彼之不來當恃我之有備則屯兵聚糧正今日之先務不可忽也今河北河東州郡日告危急乞兵皆以三五萬為言而半年以來未有一人一騎可以副其求者防秋之兵甫集又皆遣罷不知此何理也若謂不須勤天下之兵而自可無事則臣誠不足以任此責陛下胡不遣建議之人代臣坐致康平而重為此擾擾也除范世雄所統湖北兵聞已至襄

唐間臣已作奉聖旨令疾速發赴宣撫司外所有餘路乞依
原降詔書起發庶幾不誤國事未報間再具奏曰近降指揮
減罷防秋之兵臣所以深惜此事者一則河北防秋闕人恐
有疏虞二則一歲之間再令起兵又再止之恐無以示四方
大信防秋之計臣前奏論之已詳請爲陛下更論不可失信
之意昔周爲犬戎所侵嘗以烽火召諸侯兵恐諸侯之未必
至也舉烽以試之諸侯之兵大集知其試已皆忿而歸其後
眞舉烽無復至者去冬金人將犯闕詔起勤王之師遠方之
兵踴躍赴難至中途而寇已和有詔止之皆憤惋而反今以

防秋之故又起天下之兵亘非獲已遠方之兵卒皆就道又皆約同將士卒伍甯不解體夫以軍法勒諸路起兵而以寸紙罷之臣恐後時有所號召無復應者矣竟不報上日以御批促解太原之圍於是宣撫副使劉韐制置副使解潛察訪使張灝句當公事折彥質都統制王淵折可求等會議於隆德府期以七月二十七日諸路進兵平定軍遼州兩路劉韐王淵主之威勝軍路解潛折彥質主之汾州路張灝折可求主之而宣撫副使制置副使察訪使句當公事皆承受御前處分事得專達進退自如宣撫使雖有節制之名特文具耳綱

奏上以節制不專恐誤國事雖降指揮約束而承受專達自若也至期出師解潛與賊遇於南北關轉戰四日殺傷相當金人增兵潛軍力不能勝而潰平定汾遼之師皆逗遛不進其後張灝又違節制用統制官張思正復文水縣已而復爲賊所奪綱極爲上論節制不專之弊又分路進兵賊以全力制吾孤軍不若合大兵由一路進會范世雄以湖南兵至卽薦爲宣撫判官方欲會合親率師以討賊而朝廷之議變矣初賊騎既出境卽遣王雲曹曚使金軍中議以三鎮兵民不肯割願以租賦代割地之約至是遣回有許意其實以款

我師非誠言也朝廷信之耿南仲唐恪尤主其議意謂非歸
租賦則割地以賂之和議可以決成乃詔宣撫司不得進兵
而議和之使紛然於道路矣既而徐處仁吳敏罷相而相唐
恪許翰罷同知樞密院事而進用聶山陳過庭李回等綱竊
歎曰事無可爲者矣因入表劄奏狀一乞罷初唐恪謀出綱於
外則處仁敏翰可以計去之數人者去則綱亦不能留也至
是皆如其策章數上猶降詔批答不允綱具奏力道所以材
能不勝任者且得昏憒之疾不罷決誤國事并敘曩日楊前
之言於是上命种師道以同知樞密院事巡邊交割宣撫司

職事召綱赴闕且俾沿河巡視防守之具綱連上章乞罷知樞密院事守本官致仕行至封丘縣得尚書省劄子有旨除觀文殿學士知揚州時九月初也綱具奏辭免且上疏言所以力丐罷者非愛身怯敵之故特事有不可爲者難以虛受其責始宣撫司得兵若干并防秋若干今屯駐某處皆不曾用始朝廷應付銀絹錢若干及御前降到若干除支官兵食錢并犒賞外今皆椿留懷州及在京降賜庫具有籍可考按也臣既罷去恐不知者謂臣喪師費財惟陛下遣使覈實雖臣自以不才丐罷願益擇將帥撫馭士卒與之捍敵金人狡

猶謀慮不淺和議未可專恃一失士心無與禦侮則天下之勢去矣臣自此不復與國論敢冒死以聞既而果有言綱專主戰議喪師費財者又指言十罪於是著落職宮觀責授保定軍節度副使建昌軍安置又以綱上疏辨論謂退有後言以惑衆聽專責甯江周舍綱自建昌假道長沙以趨川陝適荆南爲寇賊所據道梗少留時都城復爲虜騎攻圍朝廷不通耗者累月端憂多暇探篋中取自上龍飛綱遭遇以來被受御筆內批及表劄章奏等命筆吏編次之時靖康二年歲次丁未二月二十五日長沙漕廳錄 傳信錄

靖康二年春行次長沙蒙恩復舊官除資政殿大學士領開封府事時金寇再犯闕都城圍閉道路阻絶久之聞命即率湖南勤王之師入援以四月初啟行自巴陵乘舟泛江五月初次繁昌得元帥府檄方審都城破二聖播遷號慟幾絶次大平州覩今上登位赦書改元建炎悲喜交集是時金陵爲叛卒周德等所據因帥宇文粹中殺官吏居民焚舟船刼掠官民財物一空綱遣齎文檄諭之令聽節制勤王乃肯釋甲然猶桀傲欲乘閒遁去次金陵因與轉運叛官權安撫使李彌遜謀盡誅其首惡四十餘人而其衆千餘人令提舉常平

官王枋統之以行因奉表詣行在賀登極且辭領開封府事上書論時事并奏金陵新羅兵火宜早擇帥以鎮撫之次寶應聞已降麻廷除正議大夫尚書右僕射兼中書侍郎隴西郡開國侯加食邑實封荷上特達之知感極而繼之以泣次泗上以汴流淺涸捨舟陸行是時四方勤王之師皆已放散因留湖南金陵兵卒於泗奏取指揮獨取數百人防護以往次虹縣始被受尚書省劄子有旨趣召奉表劄以辭恩命次會亭上遣中使王嗣昌傳宣撫問賜茶藥各一銀盒奉表以謝次穀熟御史中丞顏岐遣人押文字封以御史臺印開視

之乃論綱不當爲宰相疏其大意謂張邦昌爲金人所喜雖以爲三公眞王宜更加同平章事增重其禮綱爲金人所惡雖已命相宜及其未到罷之以爲中太一宮使兼講筵官置之閑地前後凡五章皆不降出故岐封以示綱欲綱之罷外而不進也乃知命相盡出於淵衷獨斷而外廷所以沮之者無所不至葢以感懼或勸綱不若遂罷綱曰國家艱危至此極矣豈臣子事形迹避嫌疑自愛惜之時哉上知遇如此得一望淸光敷陳腹心退就田里死且不朽如岐言何足恤會復遣使趣召遂行有旨賜御筵於金粟園命中書侍郎黃潛

善押宴尚書右丞呂好問同知樞密院事汪伯彥同與卽具
奏辭免次金葉園龍圖閣學士兼侍讀董耘來見傳上旨常
遣從事郎劉嘿齋御書由湖北往迓卿書中有學窮天人忠
貫金石方今生民之命急於倒懸諒非不世之才何以協濟
事功之語感激流涕遂如行在過三執政南都門外告以已
具辭免御筵乃歸館以城北鈐轄司爲府第少頃上遣使趣
見進對於內殿見上叙致不覺涕泗之橫流上亦感動因奏
曰余人不道專以詐謀取勝中國而朝廷不悟一切墮其計
中旣登城矣猶假和議已成之說以疑四方勤王之師凡都

城子女玉帛乘輿服御歷代所傳寶器下至百工技藝無不畢取然後刼遷二聖東宮后妃嬪御親王宗室凡係於屬籍者悉驅以行遣奸臣傳命廢滅趙氏而立張邦昌僞號大楚在京侍從百官北面屈膝奉賊稱臣莫有死節者自古夷狄之禍中國未有若此之甚賴天祐我宋大命未改故使陛下總師於外爲天下臣民之所推戴系墜緒繼絶統非人力乃天授也興衰撥亂持危扶顛內修政事外攘夷狄以撫萬邦以還二聖皆責在陛下與宰相宜得有大過人之材者相與圖治以成中興而首及微臣力小任重恐不足以仰副陛下

特達知遇之意伏望追寢成命改爰其人天下幸甚上曰朕知卿忠義智略甚久在靖康時宜力爲多特爲同列所不容故使卿以非罪去國而國家有禍故如此朕常進言於淵聖欲使夷狄畏服四方安甯非相卿不可今朕頼卿左右扶持以濟艱難此志已定卿其勿辭綱頓首泣謝且道董耘所傳聖語雖糜捐不足以報德然臣未到行在數十里閒御史中丞顔岐封示論臣章疏謂臣爲金人所惡然岐之論臣謂材不足以任宰相則可謂爲金人所惡不當爲相則不可且爲趙氏之臣而金人惡之此必有以得其心者而反用以爲相

則自古賣國以與人者皆爲忠臣矣今陛下用臣斷自淵衷而岐之論如此如臣迂疎自知不足以當重任但願一望清光乞身以歸田里至於陛下命相於金人所喜所惡之間更望聖慮審處於此上笑曰岐嘗有此言朕告之以如朕之立恐亦非金人所喜岐無辭以對此不足恤綱奏曰陛下天縱睿聖固不難察此然臣材力綿薄實不足以勝任因出劄子再拜力辭上慰諭久之遣御藥邵成章押赴都堂治事時六月朔日也翼日有旨立新班奏事對於内殿同執政奏事訖留身奏上曰自古人主惟論一相相得其人則朝廷正而天

下之事舉相非其人則朝廷亂而天下之事廢方承平無事之時猶當考論其相而況艱難多事之際乎譬如負重致遠力祗足以勝百斤而使之荷千鈞之重則必顛踣於道路矣以今日國勢觀之外則強敵陵侮二聖在其掌握内則兵力單弱盜賊竊發破州縣者不可勝數朝廷之上僭僞之臣方且保崇信任與聞國政州縣官吏顧望進退視朝廷號令如罔聞知當此之時雖聖賢馳騖有所不足而欲以臣之迂疎獨任其責雖三尺之童有以知其難也伏望聖慈博選天下之才智爲相而臣憂患餘生得以退藏於深渺幸甚上曰卿

素以忠義自許豈可於國家艱危之時而自圖安閒朕決意用卿非在今日社稷生靈賴卿以安卿其無辭綱感泣再拜曰臣愚陋無取不意陛下知臣之深也然今日之事中興之功在陛下而不在臣昔管仲語齊桓公曰不能知人害霸也知而不能用害霸也用而不能任害霸也任而不能信害霸也能信而又使小人參之害霸也夫人能信任之而參以小人猶足以害霸況於爲天下而欲建中興之業乎方靖康之初淵聖皇帝慨然有圖治之意而金人退師之後漸謂無事不能分別邪正進君子退小人而賢否混淆是非雜揉且和

且戰初無定議至其晚節專用姦佞而黜忠良虜騎再來遂
有宗社不守之變如臣者徒以愚直好論事爲衆人不容使
總兵於外而又不使之得節制諸將自度不足以任責乞身
以退而又百端讒譖竄逐遠方必欲殺之而後已賴淵聖察
臣孤忠特保全之卒復召用然已無及矣不謂今日遭遇陛
下龍飛初無左右先容之助徒採虛聲首加識擢付以宰柄
顧臣愚區區何足以仰副責成之意然靡不有初鮮克有終
如臣孤立寡與更望聖慈察管仲害霸之言留神於君子小
人之間使臣得以盡志畢慮圖報涓埃雖死無憾昔唐明皇

欲相姚崇崇以十事邀說皆中一時之病類多施行後世美之臣常慕其爲人今臣亦敢以十事仰干天聽陛下度其可行者願賜施行臣乃敢受命其未合聖意者願賜折難臣得以盡其說上可之綱因出劄子奏陳其一曰議國是大畧謂中國之御夷狄能守而後可戰能戰而後可和而靖康之末皆失之今欲戰則不足欲和則不可莫若自治專以守爲策俟吾政事修士氣振然後可議大舉其二曰議巡幸大畧謂車駕不可不一到京師見宗廟以慰都人之心度未可居則爲巡幸之計以天下形勢觀之長安爲上襄陽次之建康又

次之皆當詔有司豫爲之備其三曰議赦令大約謂祖宗登極赦令皆有常式前日赦書一切以張邦昌僞赦爲法如赦惡逆選人循資責降罪廢官盡復官職皆汎濫不可行謂當改正以法祖宗其四曰議僭逆大略謂張邦昌爲國大臣不能臨難死節而挾金人之勢易姓建號身處宮禁南面以朝其後不得已乃始奉迎朝廷尊崇之爲三公眞王參與大政是宜正典刑垂戒萬世其五曰議僞命大略謂國家更大變故鮮仗節死義之臣而奉賊旨受僞官屈膝於其庭者不可勝數昔肅宗平賊而汙僞命者以六等定罪今宜倣之以勵

士風其六曰議戰大畧謂軍政久廢士氣怯惰宜一新紀律信賞必罰以作其氣其七曰議守大畧謂賊情狡猾勢須復來宜於沿河江淮措置控禦以扼其衝其八曰議本政大畧謂崇觀以來政出多門綱紀紊亂宜一歸之於中書則朝廷尊其九曰議久任大畧謂靖康間進退大臣太速功效蔑著宜審擇而久任之以責成功其十曰議修德大畧謂上初膺天命宜益修孝悌恭儉之德以副四海之望而致中興每劄讀訖又敷陳其所以然上皆令留櫥上詳觀有當施行者降出翼日降出議國是巡幸赦令戰守五劄餘皆留中次日與

執政同奏事於內殿進呈議國事劄子上曰今日之策正當如此可付中書省遵守次進呈議巡幸劄子有旨令促留守司修治京城祗備車駕還闕欽謁宗廟詔永興軍襄陽府江甯府增葺城池量修宮室官府以備巡幸次進呈議赦令劄子僉謂藝祖登位會赦惡逆今已行難追有旨選人惟有職者循資謫降罪廢官令刑部具原犯申朝廷等第叙復次進呈議戰議守劄子有旨令討論修舉軍政措置控禦條件以聞奏事訖執政退綱留身奏上曰臣愚瞽輒以管見十事冒瀆天聰已蒙施行五事加議本政久任修德三事無可施行

自應留中所有議張邦昌僭逆及受僞命臣僚二事皆今日
政刑之大者乞早降處分上曰執政中有與卿議論不同者
更俟款曲商量綱奏曰邦昌僭逆之罪顯然明白無可疑者
天下皆謂邦昌處虜中歲餘厚結虜酋得其歡心故破都城
遷二聖東宮盡取親王宗室以行邦昌益與其謀此固不可
知然邦昌當道君朝在政府者幾十年淵聖即位首擢爲相
奏使虜中方國家禍患之時如能以死守節推明天下所以
戴宋之義以感動其心虜人未必不悔禍而存趙氏邦昌方
自以爲得計偃然當之正位號處宮禁者月有餘日虜騎既

退四方勤王之師集邦昌擅降僞詔以止之又遣郎官分使趙野翁彥國等皆齎空名告身數百道以行廹彥國等因其使而勤王之師日進邦昌知天下之不與也不得已乃請元祐太后垂簾聽政而議奉迎邦昌僭逆始末如此而議者不同臣請備論而以春秋之法斷之若都城之人則謂因邦昌之立而得生且免再取科金銀而德之若元帥府則謂邦昌不待征討遣使奉迎而恕之若天下則謂邦昌建號易姓其奉迎特出於不得已而憤嫉之都城德之元帥府恕之者私也天下憤嫉之者公也春秋之法人臣無將將而必誅趙盾

不討賊則書以弒今邦昌已僭位與賊退而止勤王之師非特將與不討賊而已其罪爲何如昔劉盆子以宗室當漢室中衰爲赤眉所立其後以十萬衆降光武祇待以不死今邦昌以臣易君其罪大於盆子不得已以身自歸朝廷旣不正其罪而又尊崇之以爲三公眞王參與國政此何理也譬之巨室之家偶遭寇盜主人之戚屬悉爲驅虜而其僕欲奄家室奴僕而有之幸主人者有子自外歸迫於衆議不得已而歸所有乃欲遂以爲功其可乎陛下之立乃天下臣民之所推戴邦昌何力之有臣於劄中論之詳矣方國家艱危陛下

欲建中興之業當先正朝廷而尊崇僭逆之臣以示四方其
誰不解體又僞命臣僚一切置而不問何以勵天下士大夫
之節執政中有議論不同者乞降旨宣召臣得與之廷辨如
臣理屈豈敢復言上許之乃令小黃門宣令黃潛善呂好問
汪伯彥再對上語之故而潛善主之甚力大槩不出前所陳
詰難數四乃屈服然猶持在遠不若在近之說綱曰邦昌當
正典刑何遠近之有借使在近當幽縶而反尊崇之何也潛
善不能對上顧呂好問曰卿在城中知其詳謂當如何好問
對曰邦昌僭竊位號人所共知既已自歸惟陛下裁處又引

德宗幸奉天不挾朱泚行後以爲悔以附會潛善不若在近之說綱曰好問之言首鼠兩端且援朱泚以爲例非是方德宗之狩奉天朱泚益未反也姜公輔以其得軍心恐資以爲變請挾以行德宗不聽而其後果然今邦昌已僭逆豈可使之在朝廷使道路指目曰此亦一天子哉因泣拜曰臣不可與邦昌同列正當以笏擊之陛下必欲用邦昌第罷臣無不可者上頗感動而汪伯彥亦曰李綱氣直臣等不及上曰卿欲如何處置綱曰邦昌之罪理當誅夷陛下以其嘗自歸貸其死而遠竄之受僞命者等第謫降可也上曰俟降出卿劄

子來日將上取旨綱拜謝既退竊思若邦昌之事順逆曉然而猶費力如此其他豈可不憂是夕劄子果降出翼日同執政進呈潛善猶左右之乃以散官安置潭州次進呈議僞命劄子上曰國家顛覆士大夫不聞死節往往因以爲利如王及之坐蕃衍宅門詬詈諸王余大均誘取宮嬪以爲妾卿知之否綱奏曰自崇觀以來朝廷不復敦尚名節故士大夫鮮廉寡恥不知君臣之義靖康之禍視兩宮播遷如路人然罕有能仗節死義者在內惟李若水在外惟霍安國死節顯著餘未有聞願詔京畿諸路詢訪優加贈恤如王及之余大均

朝廷見付御史臺推鞫必得其實臣聞方金人欲廢趙氏立張邦昌令吳幵莫儔傳道意旨往返數四京師人謂之捷疾鬼王時雍徐秉哲奉金人旨追捕宗室戚里令居民結保不得容隱以衣袂聯屬以往若囚繫然其後迫道君東宮后妃親王出郊皆臣子之所不忍言又受僞命皆爲執政此四人者當爲罪首上以詢呂好問好問以爲有之得旨皆散官廣南遠惡州軍安置餘以次謫降內王及之余大均胡思陳冲等以贓濫繫御史臺候結案日取旨李若水贈官外霍安國贈延康殿學士有死節者令諸路詢訪以聞又進呈顏岐待

罪章疏執政贊上欲令依舊供職有旨令除待制與宮觀執政退綱留身上曰卿昨日内殿爭張邦昌事内侍輩皆泣涕卿今可以受命矣綱拜謝曰自非陛下英睿豈能決斷天下幸甚臣雖愚陋敢不黽勉以圖報

綱爲上言今日國勢比之創業爲尤難蓋創業之主乘興起之運積小以成大猶或易爲今日當國家委靡不振之時夷狄盜賊憑陵擾攘之後士風偷惰人情畏怯府庫空虛郡縣殘破百度廢弛而欲奮勵整頓以成中興之功正猶大廈之傾持顛扶危須一一修葺而材料鮮少此所以爲尤難也正

賴陛下剛健不息以至誠惻怛之意加之不爲羣議之所動搖先其大者急者而小者緩者徐圖之信任而責成功乃得以竭盡思慮以裨補萬一臣竊觀自古創業中興之主莫如漢之高祖光武唐之太宗皆有英明之資寬誠之德仁厚而有容果斷而不惑故能決大事成大功故能勘定禍亂身致太平臣嘗取其行事大節編爲一書便於觀覽欲繕寫進呈以備乙夜之觀應今日之變誠以數君爲法中興之功亦不難致上可之因論高祖光武太宗數事合於今日者上皆以爲然復奏曰人主莫大於兼聽廣視使下情得以上達今艱

難之際四方休戚利害日欲上聞而士民之願效其智慮尤多陛下即大位已踰月而簡〔諫〕鼓院猶未置恐非所以通下情而急先務者上日屢語執政猶未措置卿可便與施行綱退因批旨置登聞鼓院於行在便門之外差官吏權攝又請置看詳官兩員於侍從職事官中選用應士民上封事陳獻利害候降出並付看詳官僉擬可施行者將上取旨又於省門置司以受詞訴公狀至是已三具表劄辭免恩命皆降批答不允仍斷來章乃詣閤門受告有旨兼充御營使以覃恩告廷轉正奉大夫加食邑實封時六月六日也已上建炎進退志止之上

主不英斷臣不輯睦是南渡痼疾國家時時有規模有先後緩急不論極治極危皆有之惜知之者少遂亂動手腳以致不支耳此奏是當時起死回生之劑一

是日同執政對於內殿綱奏上曰以今日國勢而視靖康間其不逮遠矣然而有可爲者陛下英斷於上而羣臣輯睦於下庶幾革靖康之風而中興可圖然而今日之事須有規模而知先後緩急之序所謂規模者外禦強寇內銷盜賊修軍政變士風裕邦財寬民力改弊法省冗官誠號令以感人心信賞罰以作士氣擇帥臣以任方面選監司郡守以奉行新政俟吾所以自治者政事已修然後可以議興舉而問罪金人迎還二聖此規模之大略也至於所當急而先者莫先於料理河北河東兩路夫河北河東者國家之屏蔽也料理稍

字不可移易

全然後中原可保而東南可安今棄置兩路不復料理而欲自安於東南譬猶外有寇盜不爲之藩籬而欲安於堂奧其可得乎今河北河東雖爲金人殘破而河東所失者忻代太原澤潞汾晉其餘猶存也河北所失者不過眞定懷衛濬四州而已皆靖康之末失之其餘中山河間慶源保塞雄霸深祁恩冀邢洺磁相信安廣信二十餘郡皆爲朝廷守兩路士民兵將所以戴宋者其心甚堅在州郡者依城郭無城郭者依大河西山結山寨以爲固皆推豪傑以爲頭領多者數萬少者亦不下萬人如此知名者已十數處朝廷不因此時置

司遣使有以大慰撫之分兵以援其危急臣恐爲金人所迫糧盡力困坐受其斃强壯而狡猾者從賊其次者爲盜老弱稺孺渡河而朝廷何以待之且金人善因兵於敵兩路軍民雖懷忠義之心使救援之兵久而不至危急無告必且憤怨朝廷使金人因得撫而用之皆精兵也彼復何待借兵於他國哉驅之以擾中原而將之以酋首中國之兵亦將望風奔潰未易禦也臣愚以爲莫若於河北置招撫司河東置經制司擇有材畧者爲之使宣諭陛下德意所以不忍棄兩河於夷狄者措置經營結連其豪傑而用之救援危急收復州縣

收採久矣

以山東人治河北以陝西人治河東便見人地相宜

朝廷應副錢糧告敕有功者即命以官其能全一州收復一郡隨其高下以爲節度防禦團練如唐方鎮之制使自爲守非特絕其從賊之心又可資其力以禦敵朝廷久遠無北顧之憂此最今日之急務也僉議以爲然上曰誰可任此者綱奏曰陛下倘用臣策臣當詢訪其人續具聞奏既退詢於士大夫間多謂張所可以招撫河北傅亮可以經制河東而綱亦頗聞其人張所者山東人以進士擢第有材氣謀畧當靖康間爲監察御史朝廷以金人再犯闕欲割棄河北既遣使矣虜騎薄城京師圍門所在圍城中獨上言乞以蠟書募河

北兵淵聖許之蠟書至河北士民皆喜曰朝廷欲棄我於夷狄猶有一張察院欲救我而用之乎應募者凡十七萬人故所之聲滿河北部勒既定會都城破謀弗果用上即位於南都所首至行在見上論列且條具應募首領姓名人數合措置事件以聞朝廷欲以爲郎官奉使河北以董其事會所以察官上章論黃潛善及兄潛厚姦邪不可用恐害新政潛善引去上亞之乃謫所鳳州團練副使江州安置是時綱尚未至行在也故衆謂撫河北非所不可然綱以所嘗論潛善頗難之事既迫他無可使者不得已一日過潛善閣子中相與

倘等委曲小心真經濟必有真涵蓄

婉處至此

歎語曰吾輩蒙上委任以艱難之秋實負天下之重責而四方士大夫號召未有來者前日議置河北招撫司搜訪殊無人可以承當獨一張所可用又以狂妄有言得罪如所之罪孰不以爲宜第今日事迫矣一失機會悔不可追不得已勢須收用以爲臺諫處要地則不可使之借官爲招撫冒死立功以贖過似無嫌第未知於公意何如倘能先國事後私怨爲古人之所難不亦美乎潛善欣然許諾乃薦之於上且道潛善意上悅借所通直郎直龍圖閣充河北招撫使是時所已赴謫所遣使臣齎劄子召之二十餘日而後至上召對稱

旨錫五品服內府賜緡錢百萬以備募兵半年錢糧給空名
告千餘道以京畿兵千人爲衞將佐官屬聽自辟置一切許
以便宜從事傳亮者陝西人以邊功得官諳練兵事靖康初
至京師上封事請以親王爲元帥治兵於河朔淵聖不喜令
押出門其冬復有薦者再召之亮至而都城已破率陝右勤
王兵三萬人首至城下屢立功統御將佐士卒如古人嶄嶄
整一無敢犯令者上即位亮詣行在召對除通直郞直秘閣
而亮之爲人氣勁直議論不能屈折執政不喜之除知滑州
兩經殘破無城壁亮上疏自陳曰陛下復歸東都則臣能守

理到詞婉
氣和無不
動人與勸
侯同

滑陛下未歸則臣亦不能守也執政摘其語以為悖傲不遜降通判河陽府亮憤懣而去綱至行在亮已行使人召之乃來與語連日觀其智略氣節眞可以為大將者欲且試之乃薦於上以為河東經制副使而以觀察使王𤫙為正𤫙亦陝西人累立邊功僉謂在武臣可用者上宜諭亮前疏中語綱廣上意而奏曰人臣論事言不激切不足以感動人主激切則近謗訕故昔之聽言者必察其所以如果出於謗訕何所逃罪至於有所激而云則必恕之以來讜言如周昌之對高祖劉毅之答武帝皆人之所難堪者而二主恕之以其有所

激故也亮之言如此但欲激陛下以歸京師耳非有他故願聖度有以容之且人材難得而將帥之材爲尤難如亮者今未見其比異日必爲朝廷立大功氣勁言直乃關陜氣俗之常不足深責上乃許並召對賜璣袍帶賜亮五品服與兵萬人告敕銀絹與川綱之在陝西者詔京西陜西漕臣應副糧草餘如張所已得旨而遣之又請降詔褒慰兩路守臣將佐軍民諭以朝廷措置救援不棄之意守臣各轉兩官進職餘具職位姓名以聞又詔自今有能收復兩路已陷州郡及救解危急保全一方功效顯著者並除本處節度觀察團練防

禦使依方鎮法又詔兩路軍民自今不得擅造事端以疑虜擅殺官吏於是兩路知天子德意人情翕然蠟書至間有破賊捷報虜人圍守諸郡者往往抽退而山寨應招撫經制司募者甚衆又擇武臣可用者置沿河巡察使自河陽抵濱滄凡六處各有地分以爲斥候而潛善建議令馬忠將所部兵會雄州弓箭手李成所募兵凡五萬人擣虛入界虜必釋諸郡之圍以自救綱曰解雜亂紛糾者不控捲救鬬者不搏擊批亢擣虛形格勢禁則自爲解此固古法今日士怯兵弱恐未可以深入而馬忠者在靖康初雖嘗宣力其後官崇志滿

自燮惜不肯決戰屢敗衄恐不足以任此莫若使之與張所協力先復濬衛懷三州士氣既振乘勢鼓行而北則諸郡之圍必解而眞定可復河北可以得無事矣事固有因時而制宜者此也是時金人留兵三州祇數千人餘驅虜吾民剃剪用之張所遣閒與之結連多願爲內應者以官軍民兵相表裏而圖之功可指日而成故綱之策出此而濬善堅執其議

上可之綱不欲力爭乃以忠爲河北經制使而以張換副之換者陝西人質朴有謀而善戰其材遠勝於忠既使副忠又令與張所相應援而換亦以綱之策爲然

開封府與留守闕官綱薦宗澤於上以爲留守非澤不可澤淛東人自爲小官卽卓犖有氣節敢爲不詭隨於世以故屢失官靖康間知磁州上以康邸持節使虜中時金人已再犯河北澤力挽留以爲不可行其後有元帥之命遂卽大位澤之功爲多同列忌之譖毀百端不得留府中旣而除知襄陽府綱到行在澤適至與語衮衮可聽發於忠義至慷慨流涕故綱力薦之上笑曰澤在磁凡下令一切聽於崔府君綱奏曰古人亦有用權術假於神以行其令者如田單是也澤之所爲恐類於此京師根本之地新經擾攘人心未安非得人

以鎮撫之不獨外寇爲患亦有內變可虞使澤當職必有可觀上許之乃除延康殿學士知開封府兼留守澤至京師果能彈壓撫循軍民畏愛修治城池樓櫓不勞而辦屢出師以挫賊鋒雖疾之者衆竟不能易其任也

一曰同執政奏事內殿綱留身進呈三劄子一曰募兵二曰買馬三曰募民出財以助兵費綱奏上曰國家以兵爲重方熙豐盛時內外禁旅合九十五萬人至崇觀間而闕額不補者幾半西討夏人南平方寇北事幽燕所折閱者又三之一至靖康間金賊再犯闕潰散逃亡者又不知其幾何方建炎

初天下勤王之師集於都城側者三十餘萬人其閒多係召募民兵倘擇正兵之可用者留十餘萬分屯要害州郡運糧給之以爲後圖亦足以壯聲勢而備急朝廷乃一切放散而京東河北之兵在元帥府者又皆援例以歸遂使行在禁旅單弱雖旋蒐裒其勢不多何以捍強敵而鎮四方今已散之兵既不可復追而東南之人其性輕剽不可使之遠戰耐勞苦習戰陳惟西北之人可使爲今日之計莫若取財於東南募兵於西北方河北之人爲金人擾未有所歸之時而關陝京東西流爲盜賊强壯不能還業者甚衆乘此遣使四路

優給例物以招募之新其軍號勤以部伍得十數萬人付之將帥以時教閱不年歲閒皆成精兵於要害州郡別置營房屯戍使之更番入衛行在此最今日不得已之急務也夫金人專以鐵騎取勝而中國馬政不修騎兵鮮少乃以步軍當其馳突宜乎潰散葢祖宗朝養馬於監牧孳生蕃盛所在雲布故軍旅之用足至崇觀閒監牧廢而給地牧馬有其名而無其實既無孳生馬益稍耗其後燕山陷沒馬之入夷狄者不可勝數金人初犯闕河北京畿之馬爲之一空其後破都城首下令括馬而京師之馬入於賊者萬有餘匹今行在之騎

兵既已不多又皆疲劣官馬既無獨陝西京東西諸路尚有私馬宜降指揮立格尺以善價買之可以濟一時之乏民間養馬必皆上戶及僧道命官之家中下戶自無馬可養取之既不屬民而旬月間馬遂可集朝廷討論監牧之制修復馬政命四川茶馬司益市馬責效在年歲之外馬不患乎不足此亦今日不得已之急務也國家新罹急難京師帑藏盡為金人所取外路州郡以調發勤王之師財用為之一空今又募兵買馬招捉盜賊措置邊事應副殘破州縣振舉百度以圖中興非常賦之所能供辦又不可橫賦暴斂科取於民如

與賣官鬻爵又不同

免夫錢天下至今咨怨惟上二等物力有餘之家可行勸誘使斥其羸餘以佐國用而以官告度牒之類償之使朝廷軍馬精强措置邊事就緒盜賊衰息彼乃得保其財産不然雖欲保家室不可得況財産哉宜命州縣委曲諭以德意必有樂輸從命者此又不得已之急務也然募兵買馬勸民出財全藉州縣官吏體朝廷德意而奉行之其有抑勸科配致搔擾者重寘於法奉行有敘不擾而辦者量加旌賞令諸路監司保明按察以聞則三者可以指日而辦上皆以爲然綱以劄子付中書省條具取旨乃與黃潛善商議於陝西河北募

兵各三萬人於京東西募兵各二萬人合爲十萬計召募白身於諸色廂軍中揀選招收潰散兵卒改刺創置軍號驍勝壯捷忠勇義武龍武虎威折衝果毅定難靜邊凡十軍每號四軍每軍二千五百人例物白身人全給依上禁軍法量增分數餘給半諸用諸路闕額禁軍錢常平司錢不足即自朝廷應副每募及一軍就本路選差有材武大小使臣充將官部隊將押赴行在內京東西委兩路提刑司河北委招撫司陝西委經制司而以錢益依舊爲陝西經制使又議買馬分爲三等格尺價直除命官將校見養馬不許括買外餘並籍

記赴官揀選及格尺中披帶者即時給還價直每及百匹差
官一員管押赴行在隱寄妄冒有馬不籍及無馬而抑勒令
置買者並科違制之罪委逐路提刑司主之又議募民出財
助國者籍記姓名多寡申朝廷給降度牒賞之。入財多者取
旨推恩應勸誘到財物並別項椿管聽候朝廷指揮專充募
兵買馬緣邊事支用若有科配搔擾者命官竄謫吏人決配
委監司按察凡募兵買馬勸民出財奉行有叙保明推賞中
書條具進呈有旨從之
又議措置控禦修舉軍政綱謂唐之方鎮當時實賴其力以

與時勢知變通非大胸襟不能及此

定患難節措置失宜而其後行姑息之政威柄浸移乃有尾大不掉之患祖宗革去其弊削弱州郡之權一切委以文吏非緣邊諸路雖藩府亦屯兵不多無敢越法行事以處太平無事之時可也一旦夷狄長驅盜賊蠭起州縣莫有能抗之者遂至手足不足以捍頭目爲今之計莫若稍倣方鎮之制擇人任之假以威權減上供錢穀使之養兵而訓練之大小相維遠近相援庶幾可以救今日之患夫方鎮者節度使之兵也其次有觀察團練防禦今既以爲階官不可復改宜於沿河沿江沿淮諸路置帥府要郡使帶總管鈐轄都監以寓

軍政賞罰後世皆可

方鎮之法許其便宜行事辟置僚屬將佐不數年閒必有可
觀昔馬燧之鎮太原也承鮑防之後兵力衰單燧募厮役悉
補騎士教之戰數月成精卒居一年闢廣場集兵三萬威震
北方李抱眞之鎮澤潞也乗戰伐後賦重人困軍旅彫刓乃
籍大戶三丁擇一蠲其徭租給弓矢閑月得比偶習射歲終
較親按籍第能否賞責比三年皆爲精兵舉所部得戍卒二
萬遂雄山東天下稱昭義步兵爲諸軍冠此方鎮之效也要
在責人以任之寛其銜勒以責成功而誅賞廢置之柄悉在
朝廷使無不掉之患則今日控禦之策宜無大於此者至於

依法酌用

軍政當法古揆今而更張之古者自伍兩卒旅積而至於二千五百人而爲師又積而至於萬二千五百人而爲軍其將帥正長皆素具故平居恩威足以相服行陣節制足以相使若身運臂而臂使指無不可者此所以能捍患禦敵而成功也國朝之制惟以五十人爲一隊五百人爲一指揮而有故出師始命將佐取具臨時兵將初不相識而欲其臨難而用命指揮如意葢亦難矣今宜法古五人爲伍中擇一人爲伍長五伍爲甲別選一人爲甲正四甲爲隊有隊將正副二人五隊爲部有部將正副二人五部爲軍有正副統制官節制

統制官有都統節制都統有六帥皆平時選定閑居則閱習有故則出戰非特兵將有以相識而恩威足以相服驅之行陣益多益治此韓信多多益辦之術也夫用兵以賞罰爲勸沮而自崇觀以來有功者賞踰期敗衂者罰不及用命死敵者以收身不到爲名而無賻卹遇敵奔潰者以轉山迷道爲辭而反招收賞罰如此豈復有軍政哉宜置賞功司凡士卒有功者即時推賞後有不實坐所保將帥而將之敗衂卒之逃潰者必誅臨陣死敵者寬主將之罰使必以實告而優賻卹之庶幾士氣猶可作也且祖宗嚴禁軍逃亡之法嚴犯階

級之法嚴離部伍之法嚴失主將之法而近年俱不復行若此之類皆宜申明約束增重法制又納級計功之法有當議者如選鋒精騎陷陣卻敵神臂弓强弩勁弓射賊於數百步外豈可責以斬首級哉若此之類宜命將帥保明全軍推賞綱又具劄子於上前論之甚詳僉謂帥府要郡之制可行但未可如方鎮割隸州郡措置軍政當先施行於御營司及招置新軍乃命京東東西路京西南北路河北東路永興軍路淮南江南兩浙東西路荆湖南北路皆置帥府要郡次要郡帥府爲安撫使帶馬步軍都總管要郡帶兵馬鈐轄次要郡

帶兵馬都監許以便宜行事辟置寮屬依帥臣法屯兵聚糧皆有等差遇朝廷起兵則副總管爲帥副鈐轄都監各以兵從正官願行者聽轉運使副一員隨軍一員留本路而提刑彈壓本路盜賊遇有盜賊則量敵多寡出兵會合以相應援本路帥臣當職官措置兵馬先就緒者當優議施賞招置新軍及御營司兵並依新法團結五人爲伍伍長以牌書同伍四人姓名二十五人爲甲甲正以牌書伍長五人姓名百人爲隊隊將以牌書甲正四人姓名五百人爲部部將以牌書隊將正副十人姓名二千五百人爲軍統制官以牌書部

將正副十人姓名有所呼召使令按牌以遣而逃亡死傷皆可周知三省樞密院同置賞功司置籍以受功狀三日不簡舉施行者必罰受賂乞取者行軍法遇敵逃潰者斬因而爲盜賊者誅其家屬凡軍政申明約束及更改法制者數十條皆敕榜遍衢將士觀者皆奮勵

又奏金人專以突騎取勝而中國騎少步多固宜多致潰散夫步不足以勝騎而騎不足以勝車此必至之理故古人之戰多以兵車衛青所以能深入匈奴者以用武剛車自環而依以爲固也馬燧所以兵雄朔方者以製爲戰車冒以狻猊

不識今時尚存遺制

犀象列戰於後行以載兵止以爲陣遇險則制衝冒也後世但見房琯嘗以車戰敗遂不復用殊不知制禦突騎非車不可顧所以用之如何耳但當以革冒之以備火攻故古之兵車謂之革車者所以防火也臣在靖康閒駐軍河陽制車簡易輕捷數人可推運行進退旋轉曲折皆如人意每車用卒二十五人行則爲行陣止則爲營壘平原可以馳逐險阻可以控扼士卒有所依而鐵騎不得奔衝其制甚精凡造數百兩較閱月餘士卒皆習熟會臣罷不果用今宜頒其制於京東西俱制造而教閱之因繪圖進呈有旨令御營司製造教

習諸將皆以爲可用乃頒降兩路委提刑司總領之
又奏大河江淮皆天設之險帝王所恃以守其國者也然須
措置控扼以人續加之乃爲我用苟委之自然不復措置雖
大河奔湍虜騎潛渡如衽席之上況江淮哉嘉祐中范仲淹
請於河陽上流置戰艦水軍習水戰以備契丹之深入當時
不從其議至於靖康間金人渡河如入無人之境蓋無水軍
戰艦以擊其渡而控扼之也昔曹操盛兵以臨江表周瑜以
舟師破之赤壁而操終身不敢窺吳由是觀之使有水軍戰
艦因其半濟而擊之得一勝則敵人破膽矣且虜人便於騎

射而舟楫非所便以我所長攻彼所短其勝萬全但有其備使彼不敢輕濟為利已博況勝之哉為今日計莫若於沿河沿江沿淮州郡置造戰艦因其俗之所宜招募水軍凡習水而能操舟者皆籍記其姓名平居許其自便有故則糾集而用之逐時教閱量行給賞不年歲間皆為精兵則所以固吾圉者莫要於此其詳具劄子中有旨如所請招置水軍以樓船淩波為號又命官齋空名告往江淛募人造船餘路委提刑司總領

又奏詢訪陝西山東及諸路武臣材畧可用者百餘人乞召

詆湞極矣以其舉動順人心而條敎號令又明切故也

千古失君王者

審察以備將佐偏裨之用有旨皆召赴行在自六月初至是凡四十餘日措置邊防軍政之類始漸就緒

是時朝廷議遣使金國綱奏上曰堯舜之道孝弟而已孝弟之至可以通於神明今陛下以上皇淵聖遠狩沙漠食不甘味寢不安席思迎還兩宮致天下養此孝弟之至而堯舜之用心也然今日之事正當枕戈嘗膽內修政事外攘夷狄使刑政修而中國強則二聖不俟迎請而自歸不然雖使冠蓋相望卑詞厚禮朝迎暮請恐亦無益今所遣使但當奉表通問兩宮致思慕之意可也上以為然命綱草表并致書二虜

乃遣使齎表及書以往

又奏上曰陛下當艱難之時爲臣民所欣戴纂承大統宜降哀痛之詔以感動天下忠臣義士之心具言祖宗功德涵育海内之深金賊不道屠戮生民之酷社稷艱危之急二聖播遷之痛今日所以報天下士民同心協力相與扶持保守以致中興者凡所告諭必盡誠意明白言之無有隱諱使讀而聞之者雖武夫悍卒知所激勵然後按其所言次第行之無爲虛文務施實惠必能昭格天意感激人心轉危爲安有不難也上乃命綱撰其詔文進呈頒降

是時四方潰兵爲盜如祝靖薛廣黨忠閻瑾王在之徒皆招安赴行在凡十餘萬人綱謂今日盜賊正當因其力而用之如光武用銅馬綠林下江之屬以定天下曹操亦用黃巾以破袁紹顧所以駕馭何如耳不移徙其部曲則易以叛去移徙之則彼必致疑正當以術致之使由而不知則可乃以此意奏上御營司差官每招安到一頭領即先號令有元係良民願歸業及有營房兵卒願歸營者給劵及公據遣之遣去大半又擇其羸弱不勝兵者放散獨留强壯願充行陣立功者以新法團結每一軍差大小使臣充部隊將及擇有材畧

者爲統制官以統之而其頭領皆命以官於他統制下充准備將領及差遣之類於是無叛去者獨淮南劇賊杜用山東李昱丁順楊進皆擁衆數萬不可招而拱州之黎驛單州之魚臺皆有潰兵數千人作過綱奏上曰方今朝廷外有大敵而盜賊乘閒竊發擾吾郡縣其勢不先靖內寇則無以禦外侮盜賊雖主於招安然不震耀威武使知所懼則彼無所忌憚勢難遽平宜分遣兵將討殄數處則餘者自服上以爲然乃命御營都統制王淵率師討杜用都巡簡劉光世討拱州叛兵統制官喬仲福討李昱韓世忠討魚臺賊不旬月閒皆

破之斬杜用李昱獲甲馬寶貨不貲餘悉平殄丁順楊進乃就招撫司招安過河惟李孝忠者破襄陽擾京西湖北綱建議遣范瓊討之瓊初有過朝廷疑之瓊不自安至是綱奏遣之討賊使離都城瓊以朝廷委用之心乃安卒殺孝忠招安其餘以赴行在

一日與執政奏事便殿上出絹背心宣諭曰道君自燕山密遣使臣齎來領中有親書八字曰便可即眞來救父母綱與執政皆泣涕奏曰此乃陛下受命於道君者宜藏之宗廟以示後世道君遠幸沙漠所望於陛下者如此臣敢不竭盡駑

述前警後

鈍措置邊事以副陛下聖孝思慕之意執政退綱留身論及靖康間事上曰淵聖勤於政事省覽奏章有至終夜不寢而卒有播遷之禍何也綱奏曰淵聖在東宮十餘年令德聞於天下及即大位憂勤恭儉雖古之賢主無以遠過適當國步艱難之時勤儉有餘而英明不足不能分別忠邪羣言紛至爲小人所惑故卒誤大事人主之職但能知人而任之近君子而遠小人雖不親細務大功可成不然雖衡石程書衛士傳餐亦無益也上以爲然綱因論靖康之初金人犯闕中國所以應之者得策凡二道君內禪一也淵聖固守二也使其

後更得一策中國可以無事而和與戰兩者皆失之遂至大敗而夷狄之患至今為梗方金人初犯闕提兵不過六萬人旣薄城下累日攻擊知都城堅而士卒奮厲不可攻則遣使厚有所邀求而請和臣獻策淵聖以謂金人之所邀求有可許者有不可許者宜遣使與之往來款曲商議俟吾勤王之師旣集然後與之約其可與者許之其不可與者堅執而勿許則約易成而和可久當時不以為然一切許之其後果不能如約遂再入寇此失其所以和也勤王之師集於都城四面者三十餘萬臣獻策淵聖以謂兵家忌分當使節制歸一

用周亞夫困七國之策以重兵與之相臨而分兵收復畿邑使無所得糧俟其困而擊之一舉可破當時不以爲然故姚平仲得先期舉事而朝廷懲劫寨小衄不復議兵賊退又不肯邀擊遂使金人有輕中國之心而中國之勢日弱此失其所以戰也夫機會之來間不容髮一失機會悔不可追譬猶醫者治病證候既明而不投藥遂有至於不可料理者矣今日機會尤不可失願陛下以靖康爲鑑審處而決斷以應之庶可以成功上曰靖康之初能守而金人再來遂不能守何也綱奏曰靖康之初與靖康之末其勢不同條目甚多臣請

論其大者金人初入寇未知中國虛實亦無必犯　闕之意特中國失備無兵以禦之故使得渡河以至城下而粘罕之兵亦失期不至及其再來兩路並進遂有吞噬中原之心此其不同者一也靖康之初賊至城下不數日間勤王之兵已集及其再來賊已圍城始以蠟書募天下兵遂不及措急緩其事此其不同者二也靖康初賊寨於西北隅而行營司出兵屯於城外要害之地四方音問絡繹不絕勤王之兵既集賊遂斂兵不敢復出其後再來朝廷自決水以浸京城西北瀰漫數十里而東南不屯一兵使賊反得以據之故城中

看他敘述靖康之初毫不矜誇已功及憤激讒臣一語

音問不傳於外而外兵亦不得以進此其不同者三也淵聖即位之初將士奮厲用命其後賞罰失當人心稍解此其不同者四也金人圍城之初城中措置有叙號令嚴肅晝夜撫循未嘗少休聞其後無任其責者賊至造橋渡濠恬不加恤以十數人登城將士遂潰此其不同者五也臣在樞密院時措置起天下防秋之兵降詔書已累月及臣宣撫河北卽詔減罷大半蓋朝廷專恃和議以謂金人不再來一切不爲之備故靖康之末不能守者勢不同而禍生於所忽也翼日奏事因裒聚靖康初建議措置與金人約和用兵次第劄子及

朝廷分置宣撫司指揮後在宣撫司論不當減罷防秋兵章
疏進呈上皆命留中
初綱嘗從容奏上曰朝廷外則經營措置河北河東兩路以
爲藩籬葺治軍馬討平賊盜內則修政事明賞罰皆漸就緒
獨車駕巡幸所指未有定所中外人心未安夫中原者天下
形勢根原也一去中原則人心搖而形勢傾矣臣嘗建巡幸
之策以關中爲上襄陽次之建康爲下今縱未能行上策猶
當適襄鄧示不去中原以係天下之心選任將帥屯列軍馬
控扼要害以折虜人之謀使今冬無虞車駕還闕天下之勢

遂定而近日外議紛紜皆謂陛下且幸東南果如所言臣恐中原非復我有車駕還闕無期而天下之勢遂傾難復振矣上曰但欲奉迎元祐太后及津遣六宮往東南耳朕當與卿等獨留中原訓練將士益兵聚馬雖都城可守雖金賊可滅矣綱再拜贊上曰陛下英斷如此雖漢之高祖光武唐之太宗不是過也因言履艱難之運者不宜懷安高祖光武太宗皆身將兵被甲冑冒矢石於馬上得之今固不待如此但車駕不去中原則將士思奮八百其勇盜賊不敢覬覦兩河易為經畧雖少勞苦而後享安逸偷取一時目前

之安如後患何中外未知陛下聖意乞降詔以告諭之上乃
命綱擬撰詔文頒降牓之兩京讀者皆感泣因措置奉迎隆
祐太后津遣六宮一行事務後半月上忽降手詔欲巡幸東
南以避狄令三省樞密院條具合行事件以聞綱留之因具
劄子極論不可且言自古中興之主起於西北則足以據中
原而有東南漢光武唐肅宗是也起於東南則不足以復中
原而有西北晉元帝是也蓋天下之精兵健馬皆出於西北
而中興之主撥亂定功以兵馬爲先一失西北則二者無自
得之形格勢禁非特失地利而已今翠華倘或南幸委中原

而棄之豈惟金人將乘閒以擾吾關輔盜賊且將蠭起跨州連邑朝廷號令不行精兵健馬反以遺賊道路梗塞人心驚潰陛下雖欲還闕有不可得況治兵勝敵以歸二聖哉惟南陽光武之所以興有高山峻嶺可事控扼有寬城平野可屯重兵西通關中可召將士南通荆湖巴蜀可取貨財東達江淮可運糧餉北距三都可遣救援暫議駐蹕自冬徂春兩河措置就緒卽還汴都策無出於此者上乃取還東南巡幸手詔令與執政商議翼日再具劄子援楚漢滎陽成臯閒曹操袁紹官渡事論天下形勢甚詳又與執政議於上前綱曰今

乘舟順流而適東南固甚安便但一去中原勢難復還夫中原安則東南安失中原則東南豈能必其無事一失機會形勢削弱將士之心離散變故不測且有後艱欲保一隅恐亦未易臣誠不敢任此責且陛下既已降詔獨留中原人心悅服奈何詔墨未乾失大信於天下願斷自淵衷以定大計上乃許幸南陽令措置合行事件將以秋末冬初擇日啟行而潛善伯彥陰以巡幸東南之計動上意其議頗傳於外客以告綱綱曰天下大計在此一舉國之安危存亡於是乎分成命已行倘或改易吾當以去就爭之且上英睿必不爲異議

所感不然吾可貪冒寵祿爲保身計慮受天下之責哉然自是雖未嘗有改議巡幸之命而上每批出改易已行指揮如批買馬祗令每州買馬百匹綱奏上曰原降買馬指揮不立額數祗令有馬及格尺者依等第給價買之今若每州限以百匹即無馬去處必須科配卻反成搔擾及又批出募兵改刺新軍有害軍政綱奏上曰元降募兵指揮許改刺者祗謂潰散兵卒無營房可歸者 非以見在營房兵卒許之改刺因以中書元批旨進呈上意乃悟又批出李擢已經淵聖謫降宮觀今又謫之爲太重綱奏上曰李擢在圍城中淵聖委

令提舉京城南壁實守陳州門一帶金人造橋渡濠擢恬不省察故責降宫觀其後竟自所造橋渡兵破城擢之罪大矣特城破之後淵聖不暇再行遣耳今以散官安置已為輕典倘猶以為重何以戒失守使後來者任責濟善左右之甚力上乃令降作分司又批出翁彦國與昉搔擾東南並落職與宫觀令學士院降詔慰撫初綱未至行在彦國已除知江甯府委令修城及繕治宫室朝廷給鹽鈔十萬貫彦國具劄子以為不足用綱奏上曰創修宫室一新城池鳩工聚財計畫磚灰工料浩大集事之初其勢不得無擾莫若明降指揮令

其撥移諸州神霄宮及常平司廨宇一切拆舊修葢城壁亦因舊增葺使彼有所遵守則費用省而搔擾之患自息乃命尚書劄下旣而復批出謫降蓋潛善以彥國於綱為姻家故密啟以為譖愬之端也適得江甯府奏狀彥國已死又吳昉無職名可落僉謂宮觀太優上曰彥國已死不須行遣吳昉委提刑司取勘仍降詔慰撫東南如此之類批出者頗多初綱每因留身奏事從容論治體及有所規諫雖若言逆耳上皆嘉納至是奏陳當世急務擬進指揮多不降出綱因知譖愬之言其入已深一日對內殿留身奏上曰臣以非才誤蒙

聖慈使待罪宰相當國家艱難之時付以天下之重臣夙夜黽勉雖久患痁瘧亦不敢在假將理思竭駑鈍以報稱知遇之萬一近日屢煩宸翰令改正已行事件臣逐一按據辨明幸蒙聖察及所進擬措置機務多未蒙降出顧臣孤拙寡與忌媢者多恐必陰有譖愬而離間臣者書言時則勿有間之而管仲亦以信用君子而又以小人參之為害霸夫君子小人若冰炭然勢不兩立治亂安危係其進退在人主有以察之而已因出劄子極論君子小人之理且言靖康間淵聖聽用唐恪而恪姦邪無智以御其君能得淵聖之心移易是非

變亂白黑卒譖罷徐處仁吳敏而奪之相其後遂致禍亂方
陛下勵精圖治枕戈嘗膽振起中興之功誠不願蹈覆車之
轍也夫疑則勿任任則勿疑持狐疑之心者來讒賊之口
願致察於此上慰諭曰無此但朕思慮偶及之耳其餘章疏
見省覽非晚降出綱拜謝而退至八月五日延遷綱銀青光
祿大夫尚書左僕射兼門下侍郎加食邑實封而除潛善右
僕射兼中書侍郎既命兩相則潛善顯沮張所傅亮綱以去
就爭之遂定進退雖知墮潛善策中蓋勢不得不然也
初張所既受招撫使之命建言乞置司北京候措置就緒卽

渡河移司思冀以所募兵內結陷虜兵民復懷衛濬三州解邢洺磁相中山之圍以圖收復眞定既有期矣所尙留京師招集將佐措置錢糧而河北轉運使權北京留守張益謙奏招撫司搔擾不當置司北京且言所欲起北京屯戍兵給用器甲爲非是緣置招撫司河北盜賊白晝殺人不若罷之專以其事委帥臣蓋張慤久爲河北都運與益謙善慤以綱嘗沮其執政故附潛善伯彥相與謀使益謙爲此奏以沮張所而惑上意也綱奏上曰張所畫一乞置司北京候措置就緒渡河今所尙留京師以招集將佐故未行不知益謙何以知

其擾擾而言不當置司至於守兵器甲不可輕那當今招撫司具合用數申陳自朝廷給降可也朝廷以金人攻圍河北民無所歸聚爲盜賊故置司招撫因其力而用之以解河北之急豈緣置司乃有盜賊今京東京西羣盜嘯聚攻掠州縣豈亦招撫所致耶方時艱危朝廷欲有所經畧益謙小臣乃敢非理公然沮抑此必有使之者不懲之無以戒妄議而沮奸臣上乃令降旨招撫司依畫一置司北京就緒日疾速渡河不得抽摘守兵具合用器甲申朝廷應副如招撫到河北兵民嚴行鈐束無令作過張益謙令分析以聞尚書省既劄

下矣樞密院復以益謙申狀將上取旨凡千餘言痛詆招撫司合北京行下州縣出牓後數日乃開過尚書省綱始見之乃以樞密院書旨并尚書省元降指揮同將上進呈與伯彥慭爭於上前綱奏曰張益謙所奏乃細故情涉觀望尚書省已得旨行下而樞密院又別取旨痛詆詈之此何理也不過欲與益謙相表裏以細故而害大計沮抑張所耳朝廷以兵力不足而河北之事急故委張所以招撫因兵民盜賊之力以捍強敵而復故地今措置甫就緒行且成功而沮抑之如此州縣將士知朝廷議論不同安肯協力秉事於垂成良可

惜也臣不知朝廷之於張所欲其成耶欲其敗耶欲其成則不當沮抑之欲其敗則不若罷去之無使挾私害公而不爲國家慮也沮抑一張所有何所難致誤國家之大計使河北兵民盡爲金人之所得河北州縣盡爲金人之所有中原且弗能保將誰任其責靖康間惟朝廷議論不同無以公滅私之意遂及禍敗今豈可復蹈覆車之轍耶伯彦懿無以對第云初不知尚書省已降指揮上乃令樞密院改正依前降指揮施行既不得違即爲傳亮之事初王𤫉傳亮既受命爲經制使副即具畫一申朝廷以謂河東州縣多爲金人所陷没

至與陝西連接如河中府解州亦爲所據與陝府相對以河爲界今經制司所得兵纔及萬人皆烏合之衆其間多招安盜賊及潰散之兵未經訓練撫循難以取勝乞於陝府置司訓練措置召募陝西正兵弓箭手之在民間不出者及將家子弟不旬月間可得二萬人陝西正兵及弓箭手皆精兵以童貫總兵賞罰不明皆藏於民間不出每應點集者皆其家人也故璦亮欲厚資給以募之皆一可以當百者也與正兵相爲表裏其勝可必且一面結連河東山寨豪傑度州縣可復即復之可以渡河即乘機進討以收復河陽河中解州沿

河一帶據險以扼其衝漸議深入以復澤潞太原願當方面之寄有旨從之撥川綱之在陝西者使召募西兵又命陝西京西轉運司悉力應副變亮行纔十餘日樞密院復取旨令留守宗澤節制卽日過河亮申朝廷以與前議及元降指揮不同今欲卽令過河無不可者但河外皆金人界分本司措置全未就緒既過河後何地可爲家計何處可以得糧烏合之衆使復爲金人之所潰散何自可以得兵亮等不足惜第恐有誤國事綱將上進呈奏曰河東今日之勢不同河北所失不過數郡其餘皆爲朝廷守王師渡河猶有駐泊得糧之

處河東州縣大半陷沒沿河一帶自解州河中至河陽懷衛皆爲金人所據今經制司軍旅未集遽違前議敺之渡河遂爲孤軍倘爲金人所覆不知朝廷何所更得將佐士卒當此一道而經畧之古者將帥不從中御顧且如前議盡將帥之智慮而責成俟其淹曠時月而無功則朝廷自有法以待之何必敺之若是之遽而潛善伯彥皆謂不使之亟渡河且失機會如亮等但欲逗遛耳綱曰兵事不可遙度目下亦未見有機會但當委任將帥使擇利而動耳今不恤其措置未辦集而敺之使渡河正所以爲賊餌不見其利也且亮等受命

而行纔十餘日申明朝廷前後所降指揮不同乃將帥之職豈可便以爲逗遛如趙充國堅執屯田之議不聞宣帝以爲罪也臣以謂不若只依前降指揮爲便潛善伯彥執議聖意頗惑依違不決者累日綱留身極論其理且言潛善彥伯始極力以沮張所賴聖度監察不得行其志又極力以沮傅亮蓋招撫河北經制河東皆臣所建明而張所傅亮又臣所薦用力沮二人乃所以沮臣使不安其職臣每鑒靖康大臣不和之失凡事未嘗不與潛善伯彥商議而後行不謂二人乃設心如此如傅亮事理明白願陛下虛心以觀之則情狀自

見上曰俟批出只令依元降指揮於陝府置司至翼日批出
乃云傅亮兵少不可渡河可罷經制司赴行在黃潛善留身
密啟之也綱留御批將上奏曰臣昨日謂傅亮事已蒙宣諭
俟批出依元降指揮繼奉御批乃罷亮經制使不知聖意所
謂上曰亮既以兵少不可渡河不如且已綱奏曰臣論傅亮
非謂不使之渡河緣亮乞於陝府置司與金人對壘募兵訓
練擇利過渡收復州縣朝廷已從其請今行未半月遽改命
使宗澤節制卽令過河臣謂不可者有三事從中御不盡將
帥之慮一也軍旅未集驅烏合之衆渡河卽成孤軍必爲金

人之所潰二也軍潰之後朝廷未有將佐士卒可以當河東一道之寄三也故臣以改命為非是當依前降指揮以責成功今乃緣臣爭論之故併與經制司罷之此必潛善等以私害公陰有以熒惑聖聽欲以沮臣使去耳臣荷陛下付以國柄方艱難之秋但知一意以為國家苟可以持危扶顛者知無不為誠以傅亮經制河東乃今日所當為之大者潛善等乃欲以非理沮罷之今御批猶未施行願陛下致察容臣得待罪宰司以圖報稱不然臣豈敢尸祿貪冒寵榮以虛負天下之責哉上曰如傅亮人材今豈難得綱奏曰臣嘗與亮款

語觀其謀畧智勇眞可以爲大將今以爲經制副使姑試之耳假以時日必有可觀使亮如其所請臨敵退撓而無成功臣願受誤國之罪今未嘗用而罷之則不可古之御將帥者恐不如此昔漢高祖何嘗自知韓信但以蕭何薦之爲大將遂設壇擇日拜之何之所以知信者亦以屢與之語而已使高祖不能用何之言而將韓信則何亦必不敢當相位今人材難得而將帥之材爲尤難偶得一二而朝廷所以輟那人兵應副錢糧器甲者種種辦具非涉旬月不能遣而啟行未幾遂以寸紙罷之待將帥之輕如此孰不解體且潛善所以

必欲罷亮者意不在亮所以沮臣陛下不察則臣亦何敢安職恐終無以助陛下致中興之功上無語綱以御批納上前曰聖意必欲罷傅亮乞以御批付潛善施行臣得乞骸骨歸田里因再拜榻前上猶慰諭謂不須如此綱既退亮竟罷乃入表劄求去上遣御藥宣押赴都堂治事綱到堂復上馬歸再入第二表劄皆批答不允翼日遣御藥宣押赴後殿起居隨宰執奏事訖綱留身上曰卿所爭事小何須便爲去就綱奏曰人主之職在論一相宰相之職在薦人材方今人材以將帥爲急恐不可謂之小事臣以去就爭之而天意必不可

回臣亦安敢不去乎因再拜榻前復奏曰臣以愚蠢仰荷瞻知初無左右先容之助龍飛之初首命爲相潛善伯彥自以爲有攀附之功乃虛位以召臣益已切齒及臣至而議論僞楚及請料理河北河東兩路車駕巡幸宜留中原皆與之不同而獨蒙陛下嘉納聽從固宜爲其媢嫉無所不至方潛善未相所以譖愬指摘臣者不過欲爲相而已今旣已相而猶沮抑不已以是爲非變白爲黑此不過欲臣去耳臣立於羣枉之中獨賴陛下察之得以盡區區之愚如傅亮之事曉然無可疑者又不蒙聖察是臣薦用人材不足用議論國事不

足採其失職大矣豈敢復任宰相哉且臣嘗建議車駕巡幸
不可去中原潛善等必以此動搖聖意故力沮張所傅亮而
去臣臣東南人豈不願奉陛下順流東下爲安便哉顧車駕
巡幸實天下人心之所係中國形勢之所在一去中原則後
患有不可勝言者故不敢雷同衆說以誤大事願陛下以宗
社爲心以生靈爲意以二聖未還爲念留神於此勿以臣去
而其議遂改也臣雖去左右豈敢一日忘陛下不勝犬馬依
戀激切之至因泣辭而退遂上第三表劄客或謂綱曰公決
於進退之義得矣顧讒者不止將有禍患不測奈何綱曰大

臣以道事君不可則止吾知盡事君之道不可則全吾進退之節而已禍患非所卹也畏禍患而不去彼獨不能諷言者詆訾而逐之哉天下自有公議此不足慮翼日降麻告廷除觀文殿大學士提舉杭州洞霄宮加食邑實封時八月十八日也麻制中乃以綱募兵買馬勸民出財爲罪又謂行遣僞命臣寮爲報私怨納御批除目爲慢君命不責彥國爲黨庇婣戚爭議傳亮渡河爲沮格王師如此類十數事皆潛善密以付詞臣綱具表劄辭免不敢當觀文殿大學士降詔不允是時尚未受左僕射之命有旨令閤門併賜兩告不得已拜

君昏庸如此卻無一語憤怒

爰陳謝即行而言者再論麻制中所指以爲罪者又言綱傾家貲以犒叛卒爲緋巾數千頂與之遣弟迓賊陰與之通朝廷不復究問有旨落職令鄂州居住讒謗如此自非上恩保全雖欲處江湖之善地豈可得也聞命即由江東西以抵武昌適盜賊紛擾權寓於崇陽僧舍追思當軸秉鈞纔七十五日竟以讒罷然綱既罷之後張所以罪去傅亮辭以母病不赴行在而歸招撫經制司皆廢車駕遂東巡而兩河郡縣皆陷於賊金人以次年春擾京東西深入關輔殘破尤甚此豈人力也哉建炎二年十月二十日李綱敘已上俱建炎進退志

呂中曰自綱之入相也以英哲全德勉人主以修政攘夷爲已任抗忠陳疏中時膏肓和守之議決而國是明僭逆之罪正而士氣作幸都之謀定而人心安他如修軍政變士風定經制敗弊法招兵買馬分布要害遣張所招撫河北王𤫊經制河東宗澤留守京城西顧關陝南葺樊鄧且將益據形便以爲必守中原之計朱子謂李綱入來方成朝廷者正此謂也

建炎二年十一月辛巳朔貶提舉嵩山崇福宮李綱萬安軍安置

建炎三年二月壬戌帝駐蹕杭州即州治爲行宮下詔罪已求直言赦死罪以下放還士大夫被竄斥者惟李綱不赦更不放還蓋用黃潛善計罪綱以謝金也

紹興二年春正月辛丑韓世忠聞范汝爲入建州因建居閩嶺上流賊沿而下七郡皆血肉矣亟率步卒三萬水陸並進直抵鳳凰山五日破之世忠初欲盡誅建民李綱自福州馳見世忠曰建民多無辜世忠乃令軍士駐城上聽民自相別農給牛穀商賈弛征禁脅從者汰遣獨取附賊者誅之民感更生家爲立祠

二月庚午以李綱爲湖廣宣撫使仍命岳飛等共討曹成諸盜

十一月甲戌命李綱劉洪道程昌寓解潛會兵討湖寇綱至

具荆湖南北路已見利害奏狀

潭州湖南流民潰卒羣聚爲盜者數萬人綱悉平之

十二月甲午罷湖廣宣撫使李綱綱上言荆湖國之上流其地數千里諸葛亮謂之用武之國今朝廷保有東南制馭西北當於鼎澧嶽鄂若荆南一帶皆當屯宿重兵使與四川湘漢相接乃有恢復中原之漸會呂頤浩言綱縱暴無善狀而諫官徐俯劉斐亦劾綱遂罷提舉崇福宫

四年十二月　趙鼎奏金人遁歸尤當采羣言爲善後之計於是詔前宰執議攻戰備禦措置綏懷之方時李綱退居長樂上疏八千言大畧謂守備則當先爲自固之計然後以萬全

勝敵以淮南東西及荆襄爲藩籬置三大帥屯重兵以臨之東路以揚州西路以廬州荆襄以襄陽爲帥府攻戰則淮東之帥責以收復京東東路淮西之帥責以收復京東西路荆襄之帥責以收復京西南北路川陜之帥責以收復陜西五路諸路尅捷因利乘便收京畿復故都措置則先定駐蹕之所東南形勢惟建康爲便當治城壁修宫室立官府創營房臨安平江皆澤國非用武之地綏懷則西北之民命諸帥撫循來歸者給田土内應者予爵賞官吏將士祿秩由舊許之自新又陳羣臣誤陛下閑暇則以和議爲得計而以治兵爲

失策倉卒則以退避爲愛君而以進禦爲誤國今和議退避
其效可覩宜思善後之策明政刑治軍旅選將帥修車馬備
器械峙糧糗積金帛賊來則禦俟時而奮此最上策又上六
事一曰信任輔弼二曰公選人材三曰變革士風四曰愛惜
日力五曰務盡人事六曰寅畏天戒疏奏上爲賜詔褒諭

紹興八年十二月秦檜專政力主和議時李綱退處長樂聞
之上疏曰臣竊見朝廷遣王倫使金國奉迎梓宮今倫之歸
與金使偕來乃以詔諭江南爲名不著國號而曰江南不云
通問而曰詔諭此何禮也臣請試爲陛下言之金人毁宗社

逼二聖而陛下應天順人光復舊業自我視彼則仇讐也自
彼視我則腹心之疾也豈復有可和之理然而朝廷遣使通
問冠蓋相望於道卑辭厚幣無所愛惜者以二聖在其域中
爲親屈已不得已而然猶有說也至去年春兩宫凶問既至
遣使以迎梓宫承往謚返初不得其要領今金使之來乃以
詔諭江南爲名循名責實已自乖戾則其所以罔朝廷而生
後患者不待詰而可知臣在遠方雖不足以知曲折然以愚
意料之其邀求大畧有五必降詔書欲陛下屈體降禮以聽
受一也必降赦文欲朝廷宣布頒示郡縣二也必立約束欲

陛下奉藩稱臣稟其號令三也必求歲賂廣其數目使我坐困四也必求割地以江爲界淮南荆襄四川盡欲得之五也此五者朝廷從其一則大事去矣金人變詐不測貪婪無厭縱使聽其詔令奉藩稱臣其志猶未已也必繼有號令或使親迎梓宮或使單車入覲或使移易將帥或改革政事或竭取租賦或朘削土宇從之則無有紀極一不從則前功盡廢反爲兵端以爲權時之宜聽其邀求可以無後悔者非愚則誣也使國家之勢單弱果不足以自振不得已而爲此固猶不可況土宇之廣猶半天下臣民之心戴宋不忘與有識者

至此無一毫憤激益

至此不力辭則不智矣

謀之尚足以有爲豈可忘祖宗之業生民之屬望弗圖遂自屈服冀延旦暮之命哉臣願陛下特留聖意且勿輕許深詔羣臣講明利害可以久長之策擇其善而從之疏奏上不以爲忤曰大臣當如此矣通鑑云綱知洪州上疏

紹興九年十二月以李綱知潭州荆湖南路安撫使綱具奏力辭曰臣迂疏無周身之術動致煩言今者罷自江西爲日未久又蒙湔洗畀以帥權昔漢文帝聞季布賢召之既而罷歸布曰以一人之譽召臣以一人之毀去臣臣恐天下有以窺陛下之淺深顧臣區區進退何足多少然數年之亟奮亟

加温厚和平

蹟上累陛下知人任使之名實有係於國體詔以綱屢奏不欲重違遂允其請

紹興十年正月辛卯李綱卒於福州綱邵武人自其祖始居無錫卒年五十有八贈少師謚忠定綱負天下之望以一身用舍爲社稷生民安危雖身或不用用且不久而其忠誠義氣凛然動乎遠邇

八語讀之令人淚下

史臣曰綱雖屢斥忠誠不少貶不以用舍爲語嘿若赤子之慕其毋雖怒呵猶噭噭挽其裳裾而從之

朱晦菴先生曰公平生奏草得八十卷其言正大明白而

纖微曲折究極事情絶去彫飾而變化開闔卓犖奇偉前後二十餘年事變不同而所守一說如出於立談指顧之閒使公之言用於宣和之初則都城必無危迫之憂用於靖康則宗國必無顛覆之患用於建炎則中原必不至於淪陷用於紹興則旋軫舊京汛掃陵廟以復祖宗之宇而卒報不共戴天之仇夫豈使王業偏安於江海之澨而尙貽吾君今日之憂哉

左光先曰士生而丁末造躬安攘非血忱破膽顧必不爲而識不足洞微膽不堪定難雖爲焉亦不能宋忠定李公

三者可謂兼之矣
李嗣元曰公蓋見善明而用心剛者也見善明則貞邪之界分而小人無以容其奸用心剛則復讐之志切而人主無以容其惰夫剛明之與柔暗其不相入也久矣是以亳社覆亡父兄囚辱神州赤縣之陸沉黠虜逆臣之陵轢若皆以爲可忍而獨不能忍忠臣拂士之匡持舍爾介狄維予胥忌此公之所以願爲大夫種而且思爲唐德用而不可得也嗟乎公之志亦足悲矣